글쓰기로 가는 기초 이론 여덟 구비

글쓰기로 가는 기초 이론 여덟 구비

황효일 지음

이담 Books

기초 이론 여덟 구비란 글쓰기에 앞서 익혀야
할 바탕 개념을 이른다. 이 책에서 지은이는
남이 쓴 글을 살피고 평하면서 주제, 구성,
문단, 개요 따위 낱말이 지닌 뜻을 또렷이 새
겨보았다. 이는 글 쓰는 힘을 길러 보자는 뜻
에 따른 것이다.

글쓰기는 실기(實技)다. 글을 잘 쓰고 싶으면 이론을 살피느라 애쓰지 말고 실제 글 한 편을 쓰며 골머리를 앓는 것이 훨씬 낫다. 어떤 축구선수가 도서관 책상에 앉아서 일 년 내내 책만 들여다본다면 어찌 되겠는가. 그 사람은 실력 있는 선수가 아니라 해설가나 지도자가 되는 데 그치지 않을까. 글쓰기에서도 사정은 이와 마찬가지다. 어떻게 하면 글을 잘 쓸까 고민하며 백번을 듣고 살핀다 하지 말고 한 번을 제대로 써 보아야 한다. 말은 필요 없고 실제 써야 한다.

그러나 이론과 실기가 완전히 별다른 세계는 아니다. 쓰기 능력을 기르는 데에 이론이 전혀 쓸모가 없지만은 않다. 오히려 몇 가지 요소는 글쓰기에 앞서 뜻을 꼭 익혀 두어야 할 필요가 있다.

다만, 이론 체계를 가다듬는 데어 매달려 학술차원에서만 이론을 공부한다면 글쓰기에 큰 도움이 되지 않을 것이다. 실기를 마음에 두고 이론을 다져 나가야 그 이론이 비로소 글쓰기 실제와 이어질 수 있다. 먼저 왜 글을 쓰는가라는 물음에 성실하게 부딪쳐 답을 찾아야 한다. 이어 글의 종류와 주제, 구성, 문체 따위 글과 글쓰기라는 행위를 이루는 요소를 잘 새겨야겠다. 이렇게 하여 좋은 글과 나쁜 글을 가려내는 안목을 길러 나간다면 올바르게 글을 쓰는 기준과 방향을 스스로 찾을 수 있을 것이다.

이 책에서 지은이는 글쓰기 요소 가운데 가장 중요하다고 여기는 여덟 가지에 초점을 맞추어 제 나름대로 뜻을 세워 보았다. 예문을 많이 들어 놓았는데, 단순히 보이는 데에 그치지 않고 내용과 형식을 가늠하여 가치를 평가했다. 이 모두 글을 보는 안목을 바로 세워 글쓰기 능력을 길러 보자는 뜻에 따른 것이다.

2009년 8월 황효일

제1장

왜 글을 쓰나?

어떤 일을 하고자 할 때 우리는 영감, 본능, 버릇 따위에만 기대지 않는다. 잘 살아가려건 삶의 의미와 목적을 또렷히 세워 바탕을 다져야 하듯이, 왜 그 일을 하는지 그 일이 우리 삶에서 어떤 의의를 지니는지 먼저 밝혀야 한다. 그래야 우리가 지닌 자질과 노력을 제대로 남김없이 그 일에 쏟아부을 수 있다. 그래서 '왜 글을 쓰는가?'라는 물음을 첫째로 살펴본다.

1. 사람과 말

사람은 사람과 말을 나누며 산다. 사람이 다른 동물보다 우수하다는 점을 드러내는 데 이 사실은 톡톡히 한몫을 한다. 말을 증거와 구실로 내세워 우리는 아주 오래전부터 사람이 가장 뛰어난 종(種)이라고 주장했다.

꿀벌, 돌고래, 침팬지 따위 몇몇 동물도 일정한 방법으로써 자기들끼리 뜻을 주고받는다고 한다. 특히 돌벌이 지니고 있는 의사전달능력은 오래전에 널리 알려졌다. 꿀벌이 어떻게 서로 뜻을 주고받는지 전문서적에서 도움말을 얻어 살펴보자.

'꿀벌의 소통양식을 세상에 처음 소개한 사람은 Von Frisch(독일, 1972)이다. 그에 따르면 꿀벌은 원형으로 춤을 추어 반경 100미터 이내에 있는 꿀의 위치를 알려 준다. 이보다 먼 거리에 있는 꿀은 8자로 춤을 추어 알리는데, 정확한 거리는 일정한 시간에 8자를 그리는 횟수에 따른다. 예를 들어 100미터일 대는 15초 동안에 9~10회, 200미터이면 4회, 6킬로미터이면 2회 8자를 그린다. 그리고 꿀이 있는 방향은 춤이 기울어지는 각도로써 알린다.'(김방한, 「언어학의 이해」, 민음사, 1992, 31~2쪽 내용 요약) 그뿐만 아니라 '이 춤을 빠르고 활기 있게 추면 꿀의 당도가 높다는 뜻이고, 반대로 천천히 힘없이 움직이면 질이 좋지 않다는 뜻이다.(김진우, 「인간과 언어」, 집문당, 1992, 19쪽)

꿀벌이 지닌 의사전달체계는 말하자면 '춤언어'인데, 뜻밖이고 놀랍다. 아주 작은 곤충일 뿐인 꿀벌이 이토록 대단한 능력을 지녔다니! 심하게 말하면 웬만한 사람보다 나은 것 같다. 그러나 앞뒤 사정을 조금만 더 따져 들어가 보면 꼭 그렇지만은 않다. 꿀벌이 추는 춤은 꿀을 따는 데 필요한 몇 개 뜻 외에 또 다른 뜻을 펼치지 못한다. 여기서 한계가 아주 또렷하다. 몸을 움직여 꿀이 있는 곳의 방향과 거리 심지어 꿀의 당도까지 표현할 수 있다지만…… 그러나 그뿐이요 그 이상으로 복잡, 다양한 뜻은 전혀 전하지 못한다. 상황이 변하는 것에 맞추어 나가는 능력도 사람이 쓰는 말을 결코 따르지 못한다.

예를 들어, 지금 이곳에서 동쪽으로 200미터 떨어진 곳에 꿀이 있다고 하자. 꿀벌이 춤으로써 전할 수 있는 내용은 '동쪽 200미터 지점에 꿀이 있다.', 이것뿐이다. 상황이 변하는 데에 따라 '동쪽 200미터 지점에 꿀이 있었다.'(과거)나 '동쪽 200미터 지점에 꿀이 있을까?'(의문) 또 '동쪽 200미터 지점에 꿀이 있지만, 오늘은 일하기 싫다.'(감정, 취향), '동쪽 200미터 지점에 꿀이 있으니 가져오라.'(명령), '동쪽 200미터 지점에 꿀이 있고, 서쪽 200미터 지점에는 꿀이 없다.'(설명) 따위로 뜻을 넓히지 못한다.

우리 사람은 어떤가. 사람은 춤이 아니라 말(언어)로써 자기 뜻을 그야말로 끝도 없이 표현할 수 있다. '동쪽으로 200미터 지점에 꿀이 있다.'는 문장을 뿌리로 하여 이에서 파생하는 새로운 문장을 이 자리에서 계속 만들어 본다고 하자. 아마 죽을 때까지 한다 해도 끝을 보지 못할 것이다. 이는 우리 사람이 '끝도 없이' 여러 가지 생각을 하고, 그것을 일정한 의사전달체계(말)로써 얼마든지 표현할 수 있기 때문이다.

그러니 꿀벌이 아무리 똑똑하다고 해도 결국 사람 손바닥에 머무는 수준을 벗어나지 못한다. 일정한 의사전달체계로 사람처럼 넓고 깊게 생각을 주고받는 존재는 오직 사람뿐이다. 그래서 말(언어)은 사람이 지닌, 사람을 다른 동물과 아주 또렷하게 구별해 주는 고유자질이라고 추켜세우는 것이다.

여기에서 이런 질문을 해 본다. 그렇다면, '사람은 왜 말을 하나?' 또는 '우리는 말 안 하고 살 수 없나?' 하늘에 떠 있는 구름과 천년 동안 오직 한 자리만을 지켜 온 바위, 늘 푸른 소나무 따위를 보자. 오랜 세월 세상에서 보고 들은 것이 참 많기도 많을 텐데, 그 안에 수없이 많은 사연과 생각이 깃들어 있을 것인데…… 그저 침묵할 뿐이다. 한없이 무던하고 비할 데 없이 의젓하다. 사람은 이처럼 고요하고 우아하게 살지 못한다. 도저히 입을 다물지 못하는지라 늘 말하고 떠들고 노래까지 부른다. 왜일까? 그 까닭을 두 가지로 헤아려 본다.

2. 표현욕구 때문에!

「삼국유사 권2」를 보면 신라 48대 임금인 경문대왕 이야기가 적혀 있다. 일부를 옮겨 적었다.

> 왕은 즉위한 후 귀가 갑자기 당나귀 귀처럼 자랐다. 왕후와 궁인들은 모두 이 사실을 알지 못하고 오직 복두장 한 사람만 알고 있었다. 그러나 평생토록 다른 사람에게 말하지 않았다. 어느 날 그는 죽을 때가 되자 도림사(道林寺, 옛날 입도림(入道林)가에 있었다.) 대숲 가

운데로 들어가 사람이 없는 대나무를 향해 외쳤다.

“우리 임금님 귀는 당나귀 귀다.”

그 후 바람이 불면 대나무 숲에는 이런 소리가 났다.

“우리 임금님 귀는 당나귀 귀다.”

왕은 그것을 싫어하여 대나무를 모두 베어 버리고는 산수유를 심었는데, 바람이 불면 이런 소리가 났다.

“임금님 귀는 길다.”

이야기 주인공 복두장은 지금 매우 어려운 상황에 빠져 있다. 자기가 모시고 있는 임금님 귀가 당나귀 귀처럼 길어졌다. 이는 더할 나위 없이 신기하고 놀라운 사건이다. 누가 사팔뜨기니 짝궁뎅이니 하는 따위와 같이 그냥 한번 웃어넘기면 그만이게 가벼운 꺼리가 아니다.

복두장은 이 일을 누군가에게 말하고 싶다. 자기가 직접 두 눈으로 본, 희한하기 짝이 없는 꼴을 속 시원하게 털어놓으면서 신나게 웃고 떠들고 싶다. 그러나 상대는 왕이다. 나라를 쥐락펴락하는 최고 권력자다. 예를 들어 복두장의 목숨 따위야 필요하다면 언제든 쉽게 거두어들일 수 있을 만큼 넉넉한 권력을 가지고 있다. 복두장은 마음 놓고 나발을 불면서 나다닐 수 없는 것이다. 그랬다가는 곧바로 목이 달아나기 십상이다.

내친 김에 상상의 폭을 좀 더 넓혀 보자. 복두장은 속이 편하지 않다. 말하고 싶어 견딜 수 없이 입은 근질거리는데 감히 입술을 뗄 수 없기 때문이다. 입을 다물자니 말하고 싶은 욕구가 목에 치밀고, 말하자니 목숨이 위태롭다. 진퇴양난이요 자아분열이다. 복두장이 떠안은 상황이란 심각하게 말해서 ‘생명보존욕구’와 ‘표현욕구’가 날카롭고 치열하게 부딪히고 있는 마당이다. 생명을 이어가려는 욕구와 자기가 본 것을 마음껏 펼쳐 내고 싶은 욕구를 두고, 어느 것이 먼저이고 무엇이 좀 더 귀하다고 할 수 없다. 두 가지 다 사람의 본성과 본질에 뿌리를 두고 있기에 눌러 두거나 해쳐서는 안 되는 고유욕망들이기 때문이다. 이 두 기둥이 조화를 이루지 못하고 충돌한다. 복두장이 떠안은 처지란 이토록 딱하기 그지없으며 우리는 이에 넉넉히 동감할 수 있다.

그런데 복두장은 비밀이 서린 자물통을 꼭 잠근 채 그저 묵묵히 무덤으로 가지 않았다. 그렇다고 동네 한복판에서 대놓고 떠들지는 못했다. 역시 목숨은 하나뿐이니까. 그 대신 그는 아무도 없는 대숲에서 실컷 소리를 질러 그동안 눌러 두었던 욕구를 마음껏(?) 터트렸다.

누가 이긴 것일까? 생명을 보존하려고 한 복두장이인가 거침없이 표현 욕구를 펼치고자 한 복두장이인가. 생명욕구가 판정승을 한 듯하다. 아니면 무승부쯤으로 해 두자. 어쨌든 이 설화는 말하고 있다. 사람이 지니고 있는 표현욕구는 생명보존욕구 달리 말해 목숨에 버금가는 의미와 가치를 지닌다고.

임금이 대나무를 모두 베어 버리고 산수유를 심었다고 하지만, 복두장의 말과 자유, 표현욕구는 결코 사라지지 않았다. 비록 음절 몇 개가 떨어져 나갔지만 뜻은 전과 다름없이 살아 있지 않은가. '임금님 귀는 길다'……. 표현욕구가 사람에게 얼마나 치열한지 이 문장은 거듭 힘주어 말하고 있는 것이다.

그런데 사실 복두장이는 우리와 조금도 다르지 않다. 그는 설화 또는 신화에서나 볼 수 있는 이상한 사람이 아니라 그저 우리와 똑같이 평범한 사람이다. 다만 그가 겪어 낸 일이 좀 이상하다면 이상하다 할까. 어떤 이해관계에 전혀 얽혀 있지 않아도 우리 사람은 자기가 보고 듣고 겪은 일을 말하고자 하는 욕구가 복두장이처럼 마음에 가득하다. 대상을 파헤쳐 보려 하고 그 결과를 밖으로 드러내고자 하는 욕구가 늘 넘쳐난다.

이것이 바로 표현욕구다. 표현욕구는 자유와 생명에 바로 이어진 본능가치이다. 사람이 사람으로서 살아가려면 기본 조건으로 자유를 꼭 지녀야 한다. 자유가 없으면 죽은 목숨과 같다. 사람을 가두어 두면 어찌 되는가. 살아도 살아 있다고 말할 수 없다. 표현 욕구를 억제하는 것도 이와 마찬가지다. 말을 못하게 하면 덩달아 생명력도 시들어 버린다.

그래서 이렇게 주장한다. 말은 인격을 이루는 바탕이며 자유와 생명을 증명한다. 이 때문에 헌법에서도 국민이 당연히 누려야 할 권리로서 표현의 자유를 밝혀 놓았다. 자유를 마음대로 누려 생명력을 한껏 펼치려고 사람은 말을 한다. 이것이 사람이 말을 하는 첫 번째 까닭이다.

3. 모여 살기 때문에!

'인간은 사회적 동물이다!' 이는 서양에 살았던 한 현자가 내린 정의로서 이천 년도 훨씬 더 된 말이다. 그러나 세월이 제아무리 많이 지나도 이 말에 담긴 뜻이 지니고 있는 설득력과 정당성은 좀처럼 변치 않을 듯하다. 오히려 오늘을 살아가면서 순간순간 구석

구석에서 새롭게 되새겨진다. 그저 평범한 주장으로 느껴지는가 하면 이처럼 올바른 지적이 다시 또 없다고 여겨지기도 한다. '인간은 사회적 동물이다.' ……영원한 금언(金言) 같은 이 명제가 지니고 있는 의미는 참 여러 가지다. 그 가운데 한 가지를 헤아려 본다.

사람은 누구나 행복해지려 한다. 그래서 늘 무엇인가를 좇는다. 돈이든 명예든 권력이든 사랑이든 사람마다 구체 목표는 다 다르다. 아무튼 그 '무엇'을 얻고 이루려고 끊임없이 움직인다. 그런데 여기서 말하는 여러 가지 '무엇'이란 사람과 사람이 만나는 데에서 비로소 생겨난다. 돈도 그렇고 명예와 권력은 물론 사랑도 마찬가지다. 두 손바닥이 마주쳐야 비로소 소리가 나듯이, 모든 가치와 목표는 사람과 사람이 만나는 자리에서 비로소 싹이 트고 의미를 이루고 끝을 맺는다. 무인도에 갇혔던 누구처럼 사람이 저 홀로 산다고 생각해 보자. 그렇다면 돈도 명예도 권력도 사랑도…… 아예 뜻조차 생겨날 수 없다. 사람은 갈데없이 그리고 꼼짝없이 '사회적 동물'인 것이다.

그래서 사람은 혼자 살 수 없다. 이 땅에 태어났다는 사실 자체가 결국 다른 사람과 부딪치며 살아가게끔 만들어졌다는 것을 뜻한다. 물론 그렇지 않은 사람도 있기는 있다. 산속에 은거하는 수도자와 타고난 독신주의자, 세상을 떠도는 데 좀 더 많은 가치를 두고 사는 김삿갓 같은 분들이 그렇다. 그러나 평범한 우리는 대개 사람과 만나서 이야기하고 관계를 이루며 그 속에서 울고 웃는다. 어느 단체에든 속해서 친구와 적을 만나고, 무엇이 되었든 간에 사업을 꾸미고, 책을 읽고, 음악을 듣고, 여행을 하고, 싸우고, 남을 돕고, 사기당하고…… 대한민국 땅에서 미래를 설계하고 꿈꾸고 추진해 나가며, 인간존재에 얽힌 뜻과 목적을 밝혀 나간다.

바로 이러한, 모여서 살아가야 한다는, 웬만해선 피해 갈 수 없는 존재성 때문에 우리 사람은 말을 한다. 절벽 끝을 홀로 지키고 서 있는 한 그루 소나무라면 굳이 무슨 말이 필요할까. 우리는 사람이기 때문에 오늘도 끊임없이, 변함없이 누군가에게 말을 하고 누군가가 하는 말을 듣는다. 그럴 수밖에 없다. 살려고, 행복지려고. 사회 속에서 사람답게 살려고 우리는 말을 한다. 이것이 사람이 말을 하는 두 번째 까닭이다.

4. 말과 생각

그래서 아주 오래전부터 사람은 사람 사이를 이어 주는 여러 가지 의사전달체(意思傳達體)를 만들었다. 봉화(烽火), 등대 불빛, 수화, 모스 부호 따위 여러 통신수단을 예로 들 수 있다. 이것들은 모두 특수한 상황에서 일정한 약속에 따라 뜻을 전해 사람과 사람을 이어주는 의사소통체계다. 이렇듯 미리 짜진 약속으로써 사람을 한데 묶는 도구 가운데 가장 일반 되고 가장 실용성이 높은 체계가 말(언어)이다.

말은 특수한 상황에서 가끔, 잠깐 쓰이고 마는 수단이 아니다. 매일매일 우리와 함께하면서 우리 입에 붙어서 일상을 이끈다. 우리는 말을 아주 오랫동안 써 왔고 큰 탈이 없으면 앞으로도 늘 즐겨 쓸 것이다. 그리고 죽을 때까지 언제나 공짜로 쓸 수 있다.

여기서 잠깐…… 사실 거의 불가능할 테지만, 우리가 말을 막 배우기 시작했던 그때 그 시절을 더듬어 보자. 말 쓰는 법을 배우려고 따로 시간을 정해서 공부했거나 누군가에게 수업료를 낸 기억이 있는가? 결코 없을 것이다. 그뿐만 아니라 말은 다른 기술보다 배우기가 훨씬 쉬웠던 것 같다. 그렇다. 말(언어)이야말로 누구나 쉽게 배워서 아무 부담 없이 쓰는 생활도구다.

그런데 이렇듯 편리하고 경제성 넘치는 도구가 처음 어떤 과정을 거쳐 어떻게 생겨났는지 우리는 알 수 없다. 근대 이후 인류는 자연과학에 한껏 매달려 왔으며, 오늘날 생명의 정체를 거의 손아귀에 쥔 듯 행세하며 아예 직접 생명을 만들어 낼 기세를 떨치고 있다. 그러나 아무리 과학이 발달한다 해도 말이 언제 어떻게 생겨났는지를 캐어 낼 재주는 없다. 타임머신을 마음대로 부릴 수 있다면 모를까, 실증에 근거하여 말의 기원을 밝혀 세울 능력은 현재 우리에게 쥐꼬리만큼도 없다. 말이란 목소리를 수단으로 하기에 일단 입 밖으로 내면 연기처럼 사라지면서 아무 흔적을 남기지 않기 때문이다.

그렇지만 어쨌든 우리는 마치 운명처럼 말에 기대어 살고 있다. 말이 없어도 목숨을 이어 갈 수는 있다. 먹고, 자고, 입고, 사랑 아니 생식은 어떻게든 이끌어 갈 수 있다. 그러나 우리가 지니고 있는 찬란한 현대문명이 주는 여러 가지 혜택을 더 이상 누리기는 힘들 것이다.

우리 정신(의식)을 드러내고 인간관계를 잘 이루면서 문화와 문명을 이끌어 가는 데에 말은 절대로 필요하다. 가슴속, 머릿속에만 머무르고 있는 한 의식은 사회 존재가 지닌 의식내용이 될 수 없다. 그것이 말에 실렸을 때 비로소 자기 자신과 남에게 의사소통내용으로서 가치를 지닌다. 예외는 있다. 악성 베토벤은 인생 말년에 음(音)으로써만 삶을 드러냈다고 한다. 우리가 다 알고 있는 사실현상이다. 그러나 우리는 악성(樂聖)이 아니다. 우리는 오늘도 우리가 지닌 일상을 열심히 누리되 다른 것이 아니고 우리말을 써서 우리 정신을 나타낼 수 있을 뿐이다. 이는 또 하나 또렷한 현실이요 사실이다.

국어학자들은 주장한다. 모름지기 우리말부터 올바르게 가다듬어야 한다고. 영어 세상으로 가는 길목에 서 있기에 고리타분한 신념으로 여길 수도 있지만, 이 주장 속에는 삶의 뿌리를 가꾸자는 뜻이 담겨 있다. 우리말을 가다듬자는 주장은 우리 정신부터 제대로 가다듬자는 의지에서 나온 것이기 때문이다. 우리가 한국말과 한글을 가지고 삶과 일상을 이끌어 간다는 평범한 사실을 잘 새기면 이 주장이 단순한 명분론이 아니고 현실에 바탕을 둔 신념이라는 사실을 넉넉히 헤아릴 수 있을 것이다.

5. 말과 글

글을 쓰기에 앞서 우리는 말을 한다. 말이 먼저 생기고 글자는 아주 나중에 생겼다. 목소리로 서로 뜻을 주고받다가 어느 순간 한계를 깨닫고 글자를 만들어 글을 쓰게 되었다. 말은 한 번 내뱉으면 흔적도 없이 사라지고 말기 때문에, 말로써는 지니고 있지 못할 생각과 느낌을 오래 간직하고 나아가 멀리 퍼트리고 싶어서 글자를 만든 것이다. 글자는 말을 잘 드러나게 하려고 만들어 낸 보조

장치이다.

그러나 오늘날 글은 말을 담아내는 보조수단에 머물러 있지 않다. 삶이 복잡해지고 문화 수준이 높아진 것이 가장 큰 이유지만, 오래전부터 우리는 삶을 이루는 주요 내용을 대부분 글로써 보존, 전달하고 있다. 학문은 물론 정치, 경제, 교육에 따른 모든 활동 내용이 글로써 널리 퍼져 나간다. 특히 좀 더 수준 높은 정신활동에 따른 결과라고 할 수 있는, 소설과 시 같은 글에서는 이러한 버릇이 더욱 두드러진다. 시인이나 소설가는 말을 하지 않는다. 문학원론에서 따져 볼 때, 그 사람들은 오직 글로써 삶을 이야기한다. 글이 수단이 아니라 목적이 된 셈이다.

글이 생겨 시간과 공간을 얼마든지 뛰어넘을 수 있게 되었고, 그 덕분에 문명이 더욱 찬란하게 피어나고 눈부시게 발전했다는 사실은 너무 잘 알고 있다. 여기서 다시 자세하게 이야기할 필요가 없으리라. 많은 이가 좀 더 좋은 글을 쓰려고 늘 노력한다. 이러한 노력이 열매를 맺으면 우리 문화가 전처에서 한층 더 발전하는 것이다.

6. 글쓰기 효용 1: 글은 사람을 잇는 핏줄

크고 작은 도서관이나 서점에 가 보라. 책꽂이마다 책이 빼곡하게 꽂혀 있다. 빈틈이 없다. 인문 사회 과학에 걸친 여러 가지 교양 도서, 시집 소설집 수필집 따위 문학작품과 잡지 그리고 학생이 보는 교과서와 참고서, 사전, 취미생활서 따위가 즐비하다. 열 손가락만 가지고는 다 셀 수 없다. 일평생을 바친다 해도 이 산더미를 결코 다 읽어 내지 못할 것이다.

이 책들은 모두 글자로 되어 있다. 우리 사람이 쓴 글이라는 것이다. 더러 사진이나 그림이 끼어 있기도 하겠지만, 책은 대개 사람이 쓴 글로 엮는다. 겨우 몇천 년 전부터라고 하지만 사람이 글을 쓰기 시작한 다음부터 얼마나 많은 글과 책이 세상에 나왔을까? 이렇게 헤아려 보니, 지금 눈앞에 펼쳐진 산더미가 그다지 커 보이지 않고 오히려 가난해 보인다.

그런데 글은 도서관이나 서점에만 있는 것이 아니다. 어디를 가나 늘 우리 곁에 펼쳐져 있다. 우리가 생활을 이루어 가는 곳…… 집, 학교, 시장, 관공서 그리고 거리마다 문장과 글이 있다. 간판, 푯말, 광고지 따위가 거리에 넘쳐나고, 신문과 고지서, 광고 안내문 따위 실용 효과에 따른 갖가지 문서가 생활 터전 곳곳에서 눈에 밟힌다. 글이 끊임없이 사람 사이로 흘러 다니고 있는 것이다. 또 글은 늘 쏟아져 나온다. 지금 이 순간에도 사람들은 수없이 많은 글을 써내고 그 글은 곧바로 인쇄되어 세상으로 퍼져 나간다.

이렇게 하여 글은 사람과 사람을 이어 주고 사람과 단체, 단체와 단체를 이어 주며 그래서 사회를 하나로 엮어 낸다. 도로와 통신을 일컬어 국토를 살아 숨 쉬게 하는 핏줄과 신경이라고 한다. 현대 사회에서 글은 우리 생활을 이끌어 가는 핏줄이자 신경이다. 글이 있어 사람과 사람은 서로 무리 없이 의사를 주고받을 수 있다. 글을 쓰고 읽을 수 있기에 삶과 사회를 이루고 있는 인간관계가 잘 맞물려 돌아갈 수 있다. 글 덕분에 사회는 제 모양을 이루고 틀을 유지하며 앞으로 발전해 나갈 수 있는 토대를 가지는 것이다. 요즈음 여러 영상매체가 글이 하는 일을 대신하기도 한다지만, 글이 우리 삶에서 차지하는 비중은 아직 가장 크다. 만약 글이 없어지면 사회 속에서 일상을 꾸려 가는 우리는 당장 큰 어려움에 부딪힐 것이 뻔하다. 이쯤 얘기했으면, 우리가 글을 쓰면서 얻는 효용을 거의 밝힌 셈이다.

그런데 이토록 수많은 글을 우리가 다 읽지 않거니와 그럴 수도 없다. 필요에 따라 가려 읽으면 그만이다. 청소년은 청소년이 좋아하는 글을 주로 읽고, 장년층은 장년층의 관심을 끄는 글에 치우친다. 학술논문이나 동호인 취미 책처럼 어떤 글은 일부 계층에 속한 사람만이 읽기도 한다.

글쓰기 현장에 얽힌 사정과 풍습을 살펴보면 사정이 이와 비슷하다. 언론인이나 문인 또는 글쓰기 교육자들이야 글쓰기에 늘 관심을 가지고 실제 글을 써 나간다지만 보통사람은 평소에 글을 잘 쓰지 않는다. 왜? 글쓰기란 그에 익숙하지 않으면 퍽 까다롭고 어려운 일이기 때문이다. 특별한 이익이 생기거나 남다른 취향과 조예를 가지고 있지 않으면 일반 생활인이 시간을 내서 글을 쓸 까닭도 없고 여유도 없다.

7. 글쓰기 효용 2: 글쓰기는 나를 밝히는 일

그렇지만 역시 말과 글, 말하기와 글쓰기는 우리 삶 우리 생활과 깊은 연관을 맺고 있다. 이제 우리가 글을 써서 얻는 또 다른 이익이 무엇인지 구체성 있게 헤아려 보자. 결론부터 말하자. 글을 쓰면 자기 생각을 또렷하게 확인할 수 있고 그에 따른 즐거움을 누릴 수 있다.

먼저 말하기와 정신이 맺고 있는 상관성을 눈여겨보자. 전문성에 기운 특별한 학술 안목에 기대지 않고 그저 소박한 일상 경험에서 예를 든다. 우리는 가끔 여러 사람 앞에서 내가 지니고 있는 생각을 말해야 할 때가 있다. 그런데 그게 쉽지 않다. 꼭 필요한 내용을 조리 있고 또렷하게 남에게 전하기가 참 어렵다. 아무나 쉽게 할 수 없다. 여러 사람이 보고 있으니 어색하고 부끄러워 그럴 테지만…… 했던 말을 또 하고, 앞뒤 내용이 틀어지고, 가다가다 생각지 않았던 말이 불쑥 새나오기도 한다. 우리 가운데, 열에 여섯 일곱은 이러한 수준에 머물러 있다.

그러나 분명한 사실이 있다. 어떤 자리에서 무엇을 발표하든지 간에 뜻한 바를 제 나름대로 애써 잘 말하고 나면 마음과 의식(정신) 속에서 그 내용은 또렷해진다. 생각이 가지런히 정리되고 조리가 서며 굳은 체계를 지니게 된다. 이는 내 생각이 바로 서는 현상인데 이에 따라서 내 삶도 바로 서게 되는 것이다. 이것이 말하기가 지닌 미덕이고 효용이다. 발표와 토론이 학습효과를 높이고 인간 정신을 잘 가다듬어 준다는 주장은 교육학 기초이론이며 널리 알려진 상식이다.

이렇게 말하기로써 생각을 한 번 다듬었다. 그 정돈된 상태에 좀 더 또렷한 틀을 지어 주는 과정이 바로 글쓰기다. 여러 사람 앞에서 자기 생각을 제대로 펼쳐 내기가 퍽 힘들다고 했다. 이제는 그 내용을 문장에 담아내려고 한다. 글쓰기는 말하기보다 한층 더 어렵고 힘들다. 글쓰기는 그럭저럭 할 수 있는데 말하기가 아주 어렵다는 사람도 물론 있다. 그러나 물 흐르듯 말은 잘하지만 그 말을 글로 쓰라고 하면 한 줄조차 쓰기 힘들어하는 사람이 더 많다. 그렇지만 말하기에 이어 글쓰기라는 고역을 끝내 잘 치러 내면, 말하기 때와 견주어 '내 생각'은 한층 더 또렷해지고 밝아진다. '내 생각'은 확고하게 존재의 집을 가지게 되는 것이다.

이렇게 볼 때 말하기와 글쓰기라는 두 과정을 지나면서 의식내용은 점점 더 세련된 꼴을 갖추어 간다고 규정할 수 있다. 지금 '나'를 먼저 똑바로 알아야 좀 더 나은 삶을 찾아 앞으로 나아갈 수 있다. 글쓰기야말로 내 삶이 현재 어떤 모습을 지니고 있는지 똑바로 살필 수 있는 아주 효과 있는 방법이다. 견고한 글자 속에 알차게 자리 잡은 내 생각을 바라볼 때, 삶은 앞뒤가 또렷해지고 우리는 큰 기쁨을 느낄 수 있다.

8. 학교 교육과 글쓰기

말하기는 삶을 이루는 본질 된 인간활동이고 글쓰기는 가장 구체성 있게 그 내용을 새기는 수단이다. 그런 까닭에 글쓰기는 사람이 사람을 교육하는 마당에서 밑바탕이 되는 수련과목이다. 달리 말해서 글쓰기는 학교교육이 담당하고 있는 모든 교과목에서 기초가 되는 과정이라는 것이다. 우리나라 대부분 대학에서 글쓰기 과목을 기초교육과정으로 삼아 운영한다. 대학은 삶에 따른 모든 경험과 그에서 우러나는 진리 내용을 가장 높은 차원에서 밝히는 곳으로서 연구 내용을 주로 글에 담아 발표하고 널리 퍼트리며 보존하기 때문이다.

대학에서 뜻한바 목표를 이루어 내려고 할 때, 학생이라면 전공이 무엇이든 간에 기초 소양이며 동시에 필수 자질로서 글쓰기 능력을 갖추어야 한다.

9. 글쓰기 목적: 진실한 삶을 찾아서

피할 수 없는 표현 욕구 때문에 우리는 말하기를 시작한다. 다음 자기를 확인하는 과정으로서 글쓰기에 몰두한다. 자기 확인은 글쓰기가 지닌 고유의미이며 본질에 뿌리를 둔 효용이자 목적이다. 그런데 이 밖에 글을 쓴다는 행위에는 또 다른 목적이 있다.

글쓰기가 좇아야 할 목적의 중심에는 '진실'이라는 낱말이 있다. 글쓰기는 자기를 찾고 밝히는 일에 효용이 있다고 주장, 규정했지만 그 뜻은 '나 자신'이라는 개인 울타리 안에만 머무르지 않는다. 글은 함께 살아가는 사람과 나누어 보는 것이기 때문이다. 글을 쓰면서 글쓴이는 읽는 이를 생각해야 하고 생각하지 않을 수 없다. 살아가는 과정에서 길어 올린 진실한 느낌, 감동, 사상을 동시대인과 나누는 행위는 자기 자신을 밝히는 일에 못지않게 중요하다. 이 두 마리 토끼는 따로따로가 아니라 한꺼번에 잡아야 할 것이다.

글은 사람과 사람을 이어 준다고 했다. 글로써 자기 자신이 먼저 참된 마음을 가꾸고 이어 이 마음을 남에게 보여 주어야 한다. 그래서 세상을 바로 세우는 데에 우리가 쓴 글이 한몫을 해야 한다. 이것이 글을 쓰는 사람이 궁극에서 좇아야 할 목적이다.

예를 들어 돈을 벌려고 그럴 듯한 이야기를 지어내거나, 잠깐 즐기는 쾌락에 매달려서 문장을 꾸미거나, 어느 특정한 목적 아래 일정한 곳으로 사람을 몰아가려는 뜻 따위를 가지고 글을 써서는 안된다. 남이 한 이야기를 자기 것인 양 둘러대는 글쓰기를 해서는 더더욱 안 된다.

요즘 남녀노소 모두 즐겨 읽는 책 가운데 '해리포터' 연작물이 있다. 영국 여인 조앤 K. 롤링이 쓴 소설이다. 널리 알려져 있는 사실로서 이 책은 현재까지 55개국 언어로 번역되어 전 세계에서 2억 부 이상 팔렸다고 한다. 더 잘 알려진 사실이지만, 그래서 지금까지 작가가 벌어들인 돈이 우리나라 돈으로 무려 10조 원에 이른다고 한다. 이제 글을 쓰고자 뜻을 세운 사람이 이 사실을 새긴다면 여러 가지 생각에 빠져들 수 있으리라. 나도 글을 써서 어서 저 사람처럼 돈을 많이 벌어야 하겠다, 팔자를 고쳐야 하겠다는 바람이 크게 들지도 모르겠다. 더욱이 조앤 K. 롤링은 한때 아이에게 줄 우유 값조차 없어서 쩔쩔매기도 했다 하니 글로써 말 그대로 인생역전을 이룬 셈이고, 이 점은 글쓰기 지망생들의 가슴에 뭔가 더욱 거센 부채질을 할 것이다. 비단 조앤 롤링만이 아니라 우리 주위에는 글을 써서 돈을 많이 벌었다는 사람이 꽤 많다.

글을 써서 돈을 버는 일이 결코 나쁘지는 않다. 그러나 글을 써서 돈을 버는 일은 애초에 두 번째 사항이고 어디까지나 다음 문제이다. 글을 쓰고자 마음을 먹었다면 누구든 다음과 같은 자세를 첫째 바탕으로 삼아야 한다. 글은 바로 나 자신이요 내 삶을 기록한 것이다. 참되고 올바르게 말하고 쓰면서 참되고 올바른 자기를 또렷이 세우고, 그 참됨과 올바름을 되도록 널리 퍼트려야 한다. 그래서 세상을 아름답게 가꾸어 가는 데에 이바지해야 한다. 이것이 바로 글을 쓰는 목적이다.

제2장

무엇을 쓰나?(주제와 소재)

어떤 글이든 결국 '무엇'을 이야기하려고 쓴다. 그 '무엇'이 주제다. 주제가 없으면 당연히 글도 없다. 읽는 이는 주제가 어떠한가에 따라 제 나름대로 글에 값어치를 매긴다. 그러므로 글쓴이는 진실한 체험에서 주제를 건져 올리고 충분히 가다듬은 뒤 소중하게 펼쳐야 한다.

1. 주제란 무엇인가

어떤 이가 있어 글을 써야겠다는 생각을 온전히 굳혔다고 하자. 그렇다면 그 사람은 무엇인가 꼭 해야 할 말을 마음속에 지니고 있는 것이다. 여기서 '꼭 해야 할 말'이 주제다.

국어사전에 따르면 주제는 '1. (연설이나 토론 따위의) 주요한 제목 또는 중심이 되는 문제 2. 예술 작품에서 작가가 그리려고 하는 중심 제재나 사상 또는 악상'이다. 이 설명을 정리, 요약하면 주제란 '중심 문제'이며 '중심 제재'이고 글쓴이가 글로써 말하려고 하는 '핵심 내용'이다.

소재는 주제를 구체성 있게 펼쳐 내는 데 쓰는 재료다. 사교육을 금지하자는 주장을 펼치고자 논설문 한 편을 쓸 때, 늘어만 가는 가계 부담이나 양극화심화 따위 사교육에 따른 폐단을 드러내는 사례와 통계자료를 근거로 삼아 주장을 뒷받침할 수 있다. 이때 '사교육 금지'가 주제이고 '사례와 통계자료'는 소재이다. 또, 돌아가신 어머니를 그리워하며 글을 쓴다고 하자. '어머니'가 주제이고 어머니의 모습, 생전에 남기신 언행, 어거니가 오래 쓰시던 물건 따위가 소재가 될 수 있다.

이러한 내용은 일반성에 따라 주제와 소제를 가늠한 개념이다. 이제 생각하는 방향을 조금 달리 하여 주제가 무엇인지 살펴보자.

먼저 다음 물음에서 출발하자. **'인생이란 무엇인가?'** 또는 **'산다는 것은 무엇인가?'** 살다 보면 누구나 한 번쯤 이 물음과 똑바로 마주친다. 여간해서 피해가기 힘들다. 그러나 지금 여기에서 궁극에 이른 답을 내놓기는 어렵다. 깊은 통찰력으로써 답을 헤아릴 지혜와 연륜을 우리는 아직 지니고 있지 못하기 때문이다. 참다운 답은 뒤로 미루어야 할 것이다. 현재는 다만 어설프게 더듬어 볼 뿐이다.

'인생이란 무엇인가?', 이 질문을 하는 주인은 바로 '나'다. 내 인생은 분명 '나'가 살고 '나'가 주체가 되어 벌이는 과정이다. 그러니 인생을 살피는 어떤 생각도 '나'를 중심으로 삼아 '나'에서 시작하고 끝난다. 그렇다면 **나는 무엇 때문에 사는가?** 라는 질문으로 넘어가 보자.

이는 '인생이란 무엇인가?'를 달리 펼친 물음이다. 그런데 구체성이 짙어서일까, '인생이란 무엇인가?'보다 퍽 실감으로 다가오면서 윤곽이 잡히는 듯하다. 배고파서, 돈을 벌려고, 결혼하려고 따위 직접 동기에서 답을 찾을 수 있다. 그밖에 어떤 신념을 좇아 또는 신(神)이 부르는 소리에 따라 산다고 믿기도 한다. 그런가 하면 또렷한 생각을 가지기도 전에 어쩔 수 없는 시대 격랑에 휩쓸려 일생을 보내는 사람도 있다. 어쨌든 '나는 무엇 때문에 사는가?'…… 이 질문에 우리는 자주 신경을 기울이고 고민한다.

이제 논의 초점을 '나' 자체에서 '나'를 둘러싼 세상에 맞춰 볼 차례다. '나'가 무엇을 하려고 또는 지금 무엇을 하면서 몸담고 있는 **이 세계는 무엇이냐** 를 따져 생각해 보자. 이 물음도 '인생이란 무엇인가?'를 다른 측면에서 바라본 것이지만 우리는 평소 이 각도에서는 생각을 잘 이어가지 않는다. 오늘 여기에 눈을 돌려 우리 삶이 이루어지는 시간과 공간을 살펴보자.

우리는 던져진 존재라고 한다. 태어나고 싶은 곳과 때를 자기 마음대로 골라 세상에 등장한 사람은 없다. 그러니까 우리는 틀림없이 던져진 존재다. 그리고 하필 '지금 이곳'에 던져졌다. '나'는 '지금 이곳'에서 산다.

'지금 이곳'을 이르는 낱말이 몇 개 있다. 그것은 '세계, 세상, 자연' 따위이다. 이 가운데 가장 포괄성이 큰 낱말은 '세계'이다. '세계' …… 이 낱말이 지닌 의미 범위 안에 속하지 않는 사물이나 개념은 없다. 세계를 창조한 신(神) 정도가 예외일 수 있을까. '지금 이곳' 안에 있는 모든 것…… 산, 강, 하늘, 건물, 도로, 자동차, 전화, 사과, 옷, 책상, 세종대왕, 임진왜란(현재는 과거와 이어진 것이다. 그러므로 과거도 '지금 이곳'을 이루는 일부로 본다.), 이명박 대통령 그리고 지금 이러한 생각을 하고 있는 '나'조차도 '세계' 안에 속한다. 세계는 시간과 공간 안에 있는 세상 만물을 다 이르는 낱말이다.

'나'는 이 세계 안에서 산다. '나'는 날마다 세계와 마주하면서 산다. 그리고 죽을 때까지 이 세계를 떠나지 못할 것이다. 이는 아무도 거역하지 못한 운명이다. 여기에서 우리는 '인생이란 무엇인가?'라는 질문에 대한, 다음과 같은 소박한 답 하나를 얻는다. **'인생이란 '나'가 세계에 끊임없이 반응하는 과정이다.'** '나'가, 내 의식과 감각이 세계와 늘 '자극−반응' 관계를 유지하며 그에 따라 무엇인가를 의식, 인식하고 그것을 깊이 다져 사고와 사상을 일궈 낸다. 이것이 바로 '사는 것', 삶이다.

그런데 '나'가 태어나서 죽을 때까지 한시도 손에서 놓지 않는 이 세계는 얼마나 넓고 얼마나 깊은가. 우주는 고사하고 하늘과 땅

사이에도 끝없이 드높은 산이 있고 한없이 넓고 깊은 바다와 강이 흐르며 숲과 벌판에는 온갖 빛과 향기와 소리가 넘친다. 그런가 하면 세상에 사람은 또 얼마나 많은가. 온통 사람뿐이다. 사람이 엮어 내는 사연과 사건과 제도와 풍속과 시대와 역사가 또 한도 없고 끝도 없다.

그러니 너나 할 것 없이 할 이야기가 얼마나 많을까? 시간과 공간이 변하고 우리 사람이 그에 부딪쳐 나가며 온갖 사물과 사건을 빚어내고 그에 따라 '나'는 매일 다양한 상황에 처하여 제 나름대로 보고 느끼고 깨달으며 갖가지 희로애락에 빠져든다. 그래서 할 이야기가 너무나 많고 하고 싶은 말이 넘칠 수밖에 없다. 눈을 좀 더 크게 뜨고 마음을 넓게 열기만 한다면 끝도 없이 많은 이야기를 우리는 펼칠 수 있다.

세계와 세계가 품고 있는 끝도 없는 이야기가 소재와 주제를 이루는 원천이다. **'무엇을 쓰나?'** …… 이 '끝도 없는 이야기'를 쓰는 것이다. 끝도 없는 이야기 가운데에서도 지금 당장 '나'가 꼭 하고 싶은 말, 드러내고 싶은 생각이 바로 지금 쓰고자 하는 글에서 '주제'가 된다.

2. 주제 좁히기

그런데 주제를 길어올리는 원천인 이 끝도 없이 많은 이야기를 몇 개 낱말로 나누어 정리할 필요가 있다. '세계'라는 큰 범위를 잘

게 추려 생각을 구체성 있게 끌어가기 위해서이다. **'정치, 경제, 사회, 문화'** 들이 세계 다음으로 포괄성이 큰 낱말이다. 여기에 **'자연, 역사, 시대, 사랑, 행복'** 따위를 끼워 볼 수 있다. 이 낱말들은 인간사에 큰 영향력을 지니고 있는 영역을 가리킨다.

사람은 자연에서 나온 존재이고 자연에 깃들 때 큰 기쁨과 위안을 느낀다. 그런가 하면 사람은 시대와 역사, 정치와 권력이 만든 울타리 안에서 살기 마련이다. 또 사회 환경 속에서 일상을 이어가며 사랑을 좇고 행복을 꿈꾼다. 그러나 **'정치, 경제, 사회, 문화, 자연, 역사, 시대, 사랑, 행복'** 들은 주제로 삼기에 아직 범위가 너무 넓다. 우리를 감싸고 있기에 우리가 피해 갈 수 없는 개념들이지만 내 생활에서 어떤 영향력으로 자리하는가를 구체성 있게 살펴 폭을 좀 더 좁혀야 한다. 차례대로 조금씩 관심의 폭을 조절해 보자.

첫째, 자연은 사람이 몸담고 사는 집이다. 그곳에 산이 있고 강이 흐르고 바다가 있다. 그리고 온갖 동식물이 함께 살아 숨 쉬고 있다. 우리 오관이 이에 반응하지 않을 수 없다. 밤과 낮을 배경으로 하여 자연에 심취한다. 꽃과 나무와 함께 호흡한다. 앞뜰에 핀 목련화 한 송이, 집에서 기르는 붕어 한 마리를 골똘히 바라본다. 달과 파도가 가슴에 젖어든다. 눈 덮인 설악에 오르고 붉은 해가 솟아오르고 있는 정동진 수평선에 마음을 담근다. 요즘은 금강산에 다녀와 이야기꽃을 피우기도 한다. 비가 내리거나 눈이 쌓이면 마음이 여러 가지 모양(?)으로 변하기 마련이다. 이렇듯 자연에 깃들어 살다 보면 자연이 사람에게 미치는 영향을 따지고 의미를 밝히려 한다. 이것들 하나하나, 마음이 움직이는 하나하나가 다 글에 담길 주제이다.

둘째, 우리에게는 매일 누리는 생활이 있고, 이 생활을 지탱하는 뿌리는 인간관계이다. 사람은 살아가는 동안 수많은 타인과 만나고 헤어진다. 가족과 친구가 있고 애인과 직장 상사, 스승과 제자, 좋아하는 연예인, 이웃집 아저씨와 아줌마 그리고 대통령과 이장이 있다. 가깝게 또는 멀게 자리를 잡고 있는 사람들과 얽혀 '나'는 갖가지 희로애락을 엮어 낸다. 사람 사이에서 일을 하고, 학교에 가고, 신문을 보고, 실패하고, 화를 내고, 여러 가지 시험에 시달리며 사랑과 행복을 일궈 낸다.

그래서 부모님께 드리는 감사 편지를 쓰고, 어린 시절 함께 놀던 친구와 고향이 불현듯 떠오르면 붓을 든다. 세상에는 내가 좋아하고 사랑하는 사람이 있고 내가 증오하는 사람도 있다. 그에 따라 진정한 사랑을 탐구하고 영원한 이성상(異性像)을 만드는가 하면 사랑과 우정이 어떻게 다른지 골똘히 생각하기도 한다. 이것들이 구체성을 띤 주제이다.

셋째, 시대와 역사가 낳은 정치, 경제, 사회 상황이 사람을 통제한다. 집, 길가, 건물 속에는 우리가 세운 온갖 법과 제도가 넘쳐나는데, 이는 우리 몸을 얽어맨 거미줄 같다. 또 많은 사람이 어우러져 사는 곳이기에 공동체에는 언제나 사건이 일어나고 문제가 생긴다. 사회와 시대에 펼쳐지는 갖가지 문제를 우리는 그때그때 적절하게 풀어낼 수 있어야 한다. 이러한 문제들이 글쓰기 주제가 된다. 이라크에 우리 병사를 보내야 하는가, 미국산 쇠고기를 먹어야 할까, 기부금입학제는 허용할 수 있는가 들이 직접 생활에 와 닿을 뿐만 아니라 공동체 구성원으로서 우리가 꼭 생각해 보아야 할 주제이다.

넷째, 일상과 공동체가 쳐 놓은 울타리를 넘어가는, 그리고 보기에 따라서는 그 뿌리가 되는 관심거리가 있다. 인간 존재와 신, 죽음 따위에 깃들어 있는 본질 내용들이다. 이러한 주제는 심각하고 어렵다. 그러나 이러한 주제도 결국 우리가 피해갈 수 없으며, 조금만 더 관심을 기울이면 생활에 가까이 끌어올 수 있다. 올바른 신은 그 실체가 무엇일까 따지든지, 현대인이 짐 진 조건과 종교가 떠안은 역할을 고민하든지 또는 성활 현장 곳곳에서 참다운 종교인이 지녀야 할 자세를 발견한 내용을 다루어 볼 수 있다.(주제 좁히기는 제6장의 '3. 주제와 소재 고르기'에서 다시 말한다.)

3. 주제를 찾고 세우는 방법

결국 이제까지, 세상에는 보고 듣고 느낄 것이 너무나 많다는 이야기를 거듭한 셈이다. 너무나 당연한 말을 했다. 누가 뭐라 하지 않아도 세상은 원래 그토록 넓고 깊다. 누가 이 사실을 모를 것인가. 그러나 일상에 파묻혀 살다 보면 까맣게 잊어버리기 십상이다. 굳이 기억할 필요가 없기도 하기 때문이다. 세운 목표가 있고 주어진 일상과 환경이 있으니 앞만 보고 살아야 하지 않겠는가.

그러나 역시 세상에는 너무나 많은 사물, 사건, 문제가 있다. 글을 쓰는 사람은 첫째 삶을 사랑하고 경험을 귀하게 여겨 이를 글로 옮기려는 욕구를 가다듬어야 하며 그러려면 마음의 문을 활짝 열어 놓고 사고하는 자세가 몸에 배어 있어야 한다. 무엇이든 받아들여 깊이 느끼고 생각하는 자세가 버릇이 되어야 한다. 작은 것은 작은 것대로 마음에 담아 두고 유별난 것은 좀 더 주의를 기울여 무심하게 지나치지 말아야 한다. 그래야 할 이야기가 생기고 나눌 화제가 마음에 고인다.

다음, 세계를 바라보는 자기 생각을 세워 제 나름대로 또렷한 가치관과 사상을 지녀야 한다. 남이 쓴 글을 많이 읽으면 글을 쓰는 데 큰 도움이 된다고 흔히 말한다. 우리 경험 세계는 것이 엄연히 한계가 있고 어떤 가치와 행동이든 결국 인간관계 속에서 일구어 낸다고 볼 때, 이 지적은 언제나 옳다. 글을 쓰고자 하는 사람이 꼭 새겨야 할 사항이고 지녀야할 자세다. 그러나 남이 쓴 글이란 무릇 자기 인생관과 가치관을 바탕으로 하여 읽어야 한다. 그래야 그 내용을 온전히 받아들여 삶과 사물에 어린 참모습을 볼 수 있다. 주관 없이 책을 읽으면 자칫 단편 된 지식만을 얻는 데 그칠 수 있다. 단편 된 지식을 무시하고자 하는 말이 아니다. 단편 지식은 글을 이루는 소재로서 쓰이기에 많을수록 좋다. 다만 단편 된 지식들을 해석하여 거기에서 뜻을 새기고 찾아내는 일이 그보다 좀 더 중요하다는 것이다.

한편 마음에 떠오른 이야기들은 즉시 간단하게나마 필기하는 버릇을 들이는 것이 좋다. 당장 글을 쓰기가 곤란하다고 그냥 흘려버리지 말고 하나하나 적어 두었다가 적당한 때에 꺼내 놓고 글로 바꾸면 될 것이다. 이것이 주제를 찾고 세우는 방법이요 동시에 소재를 쌓는 길이다.

4. 주제는 우러나오는 것

글쓰기는 삶에 어린 문제를 진지하고 성실하게 바라보고 탐구하여 자아를 밝히는 일이고, 글은 그 결과다. 방금 말했지만, 글을 쓰려면 세계 속에서 살아가는 존재로서 세계를 보는 눈, 세계를 이해하는 창구를 지니고 제 나름대로 세계를 읽어야 한다. 그런데 그 창구는 시대와 풍습 그리고 상식 따위 자아 바깥에서 찾을 수도 있고, 온전히 자기가 발견하고 고안해 낼 수도 있다. 어느 쪽이 되었든 상식과 관습에 얽매이지 말고 자발성 어린 호기심과 감수성으로써 세계에 끊임없이 관심을 기울여야 한다. 그래야 삶을 바라보는 눈이 밝고 넓고 깊어지며 그에 따라 주제와 소재도 늘 새롭고 풍부할 것이다.

좀 더 깊이 새겨야 할 점이 있다. 주제는 이미 글쓴이가 마음에 지니고 있는 것이어야 한다. 물론 막연하게 글을 쓰고 싶은 마음이 일어나고 그다음 무엇을 쓸 것인가 정하기도 한다. 그러나 어떤 일을 경험한 뒤 가슴과 머리에 생각이 절로 넘쳐나서 글을 써야 참다운 글쓰기가 된다. 글쓴이가 지금 실제 느껴 깊은 관심을 가지고 살핀 내용과 가장 절실하게 고민하는 문제를 주제로 삼아야 한다는 것이다. 그래야 자신 있게, 또렷하게, 자연스럽게 어떤 뜻을 펼칠 수 있고 글쓰기라는 행위가 삶에서 소중하고 유익한 매듭이 될 수 있다.

예를 들어 학생이 교실에서 선생님이 내린 주제에 매달려 강제로 글쓰기를 하기도 한다. 이러한 글쓰기는 엄밀히 말하면 글쓰기라고 할 수 없다. 주제는 글의 중심내용이요 글쓴이 자신이 안고 있는 문제와 관심사를 일컫는다. 그런데 이러한 문제와 관심사를 남에게서 받는다니 이상하지 않은가.

주제가 글쓴이의 삶에서 우러나와야 하고 글쓴이가 매일 겪는 일과 깊이 이어져 있어야 한다는 점을 강조하고 싶다. 만약 원고 청탁 같은 뜻하지 않은 동기에 따라 불현듯 글을 쓸 때에도, 지금 자기가 가장 절실하게 고민해야 할 문제가 무엇인지 살피고 무리 없이 적절하게 다룰 수 있는 문제를 헤아려 주제를 찾아야 한다. 그리고 자세히 들여다보고 여러 가지 면에서 깊이 헤아려 생각이 제대로 무르익은 다음 글을 써야 할 것이다.

한편 글은 나 자신을 바라보려고 쓰지만 동시에 남에게 보이려고 쓴다. 글은 내 삶을 남과 함께 나누고자 하는 것이다. 나와 함께 살아가는 사람들에게 보여 주지 않고 서랍 속에만 꼭꼭 숨겨 두고 있어서야 글이 가치와 의미를 지닌다고 할 수 없다. 따라서 될 수 있으면 모든 이에게 흥미와 감동을 줄 수 있는 주제와 소재를 가지고 글을 써야 바람직하다.

그렇다고 어떤 주제에 사람들이 관심을 가질까 하고 잔뜩 벼르면서 일부러 글감을 찾아 헤매는 버릇은 옳지 않다. 거듭 강조하지만 자기가 참으로 절실하게 느끼고 고민한 일과 생각을 가지고 글을 써야 한다. 바로 그 지점에서 글쓰기를 시작해야 한다. 그렇게 쓴 글이어야 비로소 이웃에게 감동을 줄 수 있다.

제3장

문장쓰기 방식 네 가지
(설명, 묘사, 논증, 서사)

자음과 모음을 이어 '음절'을 이루고 음절을 모아 낱말을 만든다. '산', '겨울', '어머니', '해바라기', '푸르스름하다' 들이 낱말이고, '산', '겨', '해'가 음절이다. 우리나라 문법에서는 '명사, 대명사, 수사, 동사, 형용사, 부사, 감탄사, 조사, 관형사'로 하여 낱말을 아홉 가지로(9품사) 나눈다. 문법 규칙에 따라 낱말을 이어 놓으면 '문장'이 된다. '나는 사람이다.', '낮말은 새가 듣고, 밤말은 쥐가 듣는다.', '아! 봄이 왔다.' 따위가 문장이다. 그런데 글을 읽고 쓰다 보면 몇 가지 문장 태도가 자주 눈어 띈다. 이를 문장쓰기 기본 방식이라고 하자.

1. 삶과 문장

끊임없이 세계에 반응한 결과 가운데 어느 하나를 주제 삼아 다른 이와 소통하려고 글을 쓴다고 했다. 그런데 글을 쓰는 상황이란 참 여러 가지이다. 친구를 생각하며 기쁜 마음으로 편지를 건네고, 선생님으로서 학생을 가르치려고 무엇을 알려 주며, 투자자를 모으려고 자기나 자기 회사를 광고하기도 한다. 또 법정이나 강단에서 상대와 치열한 말싸움을 벌이는가 하면 대자연 앞에서 평소 누리지 못한 큰 감동에 빠져 감탄사를 품기도 한다.

이러한 갖가지 상황에 부딪쳐 지니는 처지와 태도는 그때그때 다르기 마련이며 그에 따라 상대에게 전달하는 의미 내용, 전달 목적, 방법들이 다를 수밖에 없다.

이렇듯 상황에 맞춰 다양하게 문장을 쓰다 보면 몇 가지 꼴이 두드러지는데 이것이 문장쓰기 기본 방식이다. 이 '기본 방식'이란 그러므로 문장쓰기 방식이기에 앞서 우리가 사람과 세상을 대하면서 누리는 삶의 모습이요 밑그림이다. 어떤 글을 쓸지, 어떠한 방식으로 문장을 쓸지는 글쓴이가 삶을 끌어가는 태도, 취향, 글쓴이가 읽는 이와 맺고 있는 관계 따위에 따라 결정될 것이다.

삶을 이루는 기본 태도이면서 동시에 글쓰기 방향을 가늠하는 문장 기본방식은 설명, 묘사, 논증, 서사…… 이렇게 네 가지를 들 수 있다.

2. 설명

    누군가에게 사실과 정보를 전해야 할 때가 있다. 선생님이 학생에게 수학 공식을 풀어 줄 때, 제품을 구입한 고객에게 제품 사용 방법을 알릴 때 또는 공무원이 여러 공지사항을 문서로 꾸며 주민들에게 보낼 때에 그렇다. 이때 사물, 상황, 문제 따위에 어린 개인 감정, 의견, 주장 따위는 중요하게 다루지 않는다. 예를 들어, 어디로 가야 동대문이 나오는지 묻는 이에게 동대문은 민족사가 서린 감개무량한 건축물이니 아니니 하면 되겠는가. 그보다는 전달 대상이 지닌 개념, 특성, 속성, 원리, 장단점, 연혁, 사건 진행과정, 일정한 계획에 따른 앞뒤 사항 따위에 초점을 맞춰 문장을 써야 한다. 이는 주관성이 아니라 객관성에 따라 대상을 다루는 것이다. 이러한 문장쓰기 방식이 설명(說明)이다.

    설명에 속하는 방식 가운데 첫째 '정의(定意)'가 있다. 정의는 '어떤 개념의 내용이나 용어의 뜻을 다른 것과 구별할 수 있도록 또렷하게 한정하여 세우는 일'(국어사전)이다. 그래서 정의는 대상을 자세히 설명하기에 앞서 이루어지는 기초 설명 행위라고 할 수 있다. 예를 들어, '언론'이라는 낱말을 정의하면 다음과 같다.

    언론은 말이나 글로 자신의 사상을 발표하는 일, 또는 그 말이나 글이다. (국어사전)

그런데 정의 내용은 때와 곳에 따라 또는 대상을 가늠하는 이가 어떤 시각에 서 있느냐에 따라 달라지기도 한다. '언론'이라는 낱말을 정의할 때도 그와 마찬가지이다. 오늘날 누군가 '언론'을 정의하여 '현대사회를 지배하는 제4의 권력이다.'라고 할 수 있다. 그러나 이 정의는 동감을 얻을 수 있을지 몰라도 설명이 되지는 못한다. 설명은 객관성과 일반성을 좇는 것이 원칙이다. 이 문장은 설명행위로서 지녀야 할 일반성이 부족하다.

예를 하나 더 들어 보자. 사전을 보면 '사회에서 일어난 새로운 사건이나 화제 따위를 빨리 보도·해설·비평하는 정기 간행물'이라고 신문을 정의하고 있다. 이것이 객관성과 일반성에 따라 '신문'을 정의한 문장이다. 이와 달리 '99% 흥미와 1% 잉크로 버무려 낸 규격화된 휴지다.'라로 신문을 정의했다고 하자. 문장을 쓰는 태도나 형식을 볼 때, 낱말의 개념을 세우고 한계를 정하려 했으므로 이 문장은 정의라고 할 수 있다. 그러나 글쓴이가 제 나름대로 내린 정의지 설명에 따른 정의는 아니다. 주관성에 기운 서술로서 객관성이 떨어지기 때문이다. 이 문장에는 오늘날 신문이 진실을 보도하지 못한다는 비판의식이 담겨 있다. '휴지'라는 낱말에는 짙은 혐오감이 배어 있기도 하다. 신문을 정의하고 있다기보다는 논평하고 있는 것이다.

누군가 '신문은 현대사회를 지배하는 제4의 권력이다.'라고 또 다른 측면에서 정의할 수 있다. 이 문장에 담긴 주장은 사실 널리 알려져 있고 많은 이들이 이에 동감한다. 그러나 아직 공통으로 받아들일 정도는 아니다. 개성 어린 깨달음에 바탕을 두고 날카롭게 논평했지만 역시 일반성이 부족하다. 이는 '99% 흥미와 1% 잉크로 버무려 낸 규격화된 휴지다.'와 마찬가지로 제 나름대로 신문을 정의한 문장일 뿐 설명 행위에 따른 정의 내용이라고 할 수 없다.

설명이란 객관 정보를 전하여 사물과 상황, 개념 따위를 읽는 이가 잘 이해할 수 있도록 하는 데에 목적을 둔다. 글쓴이 개인감정이나 자기주장에서 벗어나 객관성에 따라 문장을 써야 한다는 것이 가장 중요한 사항이다.

정의 말고 설명에 속하는 문장쓰기 방식으로 둘째, 분석이 있다. 분석은 대상이 지니고 있는 요소 하나하나와 요소 사이에 있는 관계 따위를 파헤쳐서 대상에 어린 속성을 알리는 것이다. 원래 무엇을 설명한다는 것 자체가 대상을 '쉽게 풀어내서 알리는 일'이다. 분석은 대상을 좀 더 세밀하게 '풀어내서 알리는' 방식이다. 예를 들어 국가, 사회조직, 기계 따위가 어떻게 구성되어 있나, 기구나 장치가 어떤 원리로 작동하나 따위를 알리거나 어떤 동작이나 행위를 하는 방법과 순서, 사건과 상황에 깃든 원인과 결과를 밝힐 때 분석을 시도한다. 신문 사회면에서 육하원칙에 따라 일정 사건을 전하는 것도 분석이라고 할 수 있다. 다음에 예문 몇 개를 들어 본다.

① 고구려의 관료등급은 대체로 12등급으로 분화, 발달되고 뒤에 그 등급이 더 증가되어 14등급까지 있었다. 그때 관료의 관계(官階)는 아직 분화되지 않은 상태였다. 그 관료체계는 대소 족장세력의 전제왕권에의 예속과 수취체제의 정비과정에서 점차적으로 갖추어지게 되었다. 고구려가 관료체계는 원래 족장세력을 의미하는 '형(兄)의 계열(諸兄, 小兄, 大兄, 頭太兄, 太大兄)'과 공부(貢賦) 징수의 직역(職役)을 의미하는 '사자(使者)'의 계열(上位使者, 拔位使者, 大使者, 大夫使者)의 관등이 복합되어 이루어진

것이었다. 또 사자, 조의선인 등 원래의 부족장의 가신체제가 분
화되면서 패자, 대로, 주부, 우태 등 중앙관료체제 속에 흡수되어
일원적인 집권체제로 편제되었다.
(고준환, 「하나되는 한국사」, 한국교육진흥재단, 1992, 206~7쪽.)

② 그럼 에어백은 어떤 원리로 순식간에 부풀어 오르는 것일까? 통
상적인 방법으로는 이렇게 짧은 시간 동안 에어백을 부풀릴 만큼
의 기체를 한꺼번에 발생시키는 것은 대우 어렵다. 에어백을 부
풀리기 위해서는 나트륨과 질소로 이루어진 '아지드화나트륨NaN3'
이라는 화합물을 이용한다. '아지드화나트륨'은 350℃ 정도의 높
은 온도에서도 불이 붙지 않으며 충돌이 일어나도 폭발하지 않을
정도로 안정적인 화합물이다. 그러나 이 화합물 속에 '산화철'이
섞이게 되면 순간적으로 높은 열이 발생하면서 불꽃이 발생하게
되는데 이 불꽃으로 인해 '아지드화나트륨'은 3/100초 이내에 분
해되면서 에어백 속에 많은 양의 질소를 삽입시켜 부풀리게 된
다. 이렇게 부푼 에어백은 시간이 지나면 에어백에 있는 아주 작
은 구멍들을 통해 빠져나가 원래의 모습으로 돌아가게 된다.(Kist
메일진, 「과학 향기」, 북로드, 141 – 142쪽, 2004.)

③ 한때 한국과 일본을 떨게 했던 중동 축구가 모래성처럼 무너지
고 있다. 10일 열린 월드컵 아시아최종예선 A조 경기에서 카타르
는 일본과 1대1로 비기며 탈락이 확정됐고 바레인은 호주에 0대2
로 패해 3위를 장담하지 못할 신세가 됐다. B조에서도 UAE(아랍
에미리트연합)가 일찌감치 탈락한 가운데 사우디아라비아와 이란
이 벼랑 끝에 몰렸다. 월드컵 본선에 중동 국가가 하나도 오르지
못할 가능성도 있다.
……(중략)……
설기현(사우디아라비아 알힐랄)의 에이전트인 지쎈의 김동국 사장
은 "중동의 폐쇄적 왕족 문화도 축구 발전을 가로막는 걸림돌"이
라고 했다. 그는 "사우디의 경우 팀 운영이 축구단을 장악한 왕
족들의 뜻에 좌우되기 때문에 외부의 비판이나 변화에 한국처럼
신속하게 대응하지 못한다."고 했다. 여기에 오일 달러로 많은 연
봉을 받는 선수들이 세계적 클럽 진출 대신 국내 안주를 택하면

서 침체가 깊어졌다는 분석도 있다. 설기현은 잉글랜드 풀햄에서 알힐랄로 임대되며 연봉 250만 달러(31억여 원)를 받았다. 잉글랜드 시절(20억)보다 11억 원이나 늘어난 금액이다. 사우디 선수들로선 해외 진출의 현실적 동기가 별로 없는 셈이다.
전통의 축구 강호인 이라크가 미국과의 전쟁 이후 몰락한 것도 중동의 경쟁력을 약화시켰다. 이라크는 아시아 3차 예선에서 일찌감치 탈락하는 수모를 맛봤다. UAE, 카타르, 바레인 등의 경기력까지 동반 침체되면서 한국·일본에 호주까지 가세한 동부 아시아의 전력을 넘기엔 역부족이 됐다는 분석이다. (조선일보 2009. 06. 11.)

①은 고구려 때 관료체제가 정비된 과정과 편제를 밝혀 적었다. ②는 자동차 에어백이 작동하는 원리와 순서를 서술했다. ③은 중동 축구가 약해졌다는 현상을 내놓고 원인을 파헤쳤다. 월드컵 예선전에서 중동 국가들이 모두 졌다는 것이 현상이고, 오일 달러와 이라크 몰락이 그 원인이다.

③에서 '중동 축구가 모래성처럼 무너지고 있다.'는 문장을 빼고, 관료 체제 정비 과정과 편제, 에어백 원리와 순서, 중동 축구 몰락 현상과 원인 따위를 밝힌 문장들은 모두 대상을 분석하여 설명한 예이다.

셋째, 예시가 있다. 예시는 말 그대로 예를 들어 대상을 설명하는 것이다.

④　성찰의 서사가 가져다준 가장 중요한 효과는 전쟁 체험의 극복이었다. 이호철, 하근찬, 박경리, 최인훈을 공히 아우르는 문제의식은 전쟁과 분단이 한국인의 삶을 어떻게 훼손시켰는지를 추적하면서 전쟁과 분단의 상처를 극복할 수 있는 가능성이 무엇인가

를 탐색하는 것이다. 이들은 전쟁과 분단을 인간의 존재론적 운명으로 추상화시키지 않고 구체적 현실을 바라본다. 하근찬의 작품이 대표적인 예라 할 수 있을 터인데, 가령 「흰 종이수염」은 전쟁이 인간의 운명을 어떻게 뒤바꿔 놓았는지를 희화적으로 보여 준다.(하정일, 「1960년대 문학연구」, 깊은샘, 1998, 22쪽)

이 글에서 글쓴이는 '성찰 서사'가 거둔 효과가 '현실 반영과 극복'에 있다고 설명하고 몇몇 작가를 예로 들었다. 이어 이들이 전쟁과 분단에 따른 상처를 극복하려고 구체 현실을 바라보았다고 지적하고, 「흰 종이수염」이라는 작품을 예로 들어 구체성 있게 뒷받침했다. 그런데 성찰서사가 전쟁극복으로 이어진다는 서술은 보기에 따라 '지적＋예시'로 된 설명이 아니라 '개인 주장＋근거'로 된 논증으로 여길 수도 있다. '몇몇 작가'를 평가하는 시각이 평자에 따라 다를 수 있기 때문이다. 다음에 좀 더 일반성 어린 예를 들어 본다.

　　지독히 건조한 사막에서도 여러 가지 생명이 자라난다. 그 가운데 사막의 식물은 가뭄을 이겨 낼 수 있는 특수한 구조를 갖추고 있다. 그래서 어떤 식물은 긴 건조기 동안을 씨앗으로 지내다가, 우기가 되면 싹을 내고 꽃을 피워서 새 씨앗을 남긴 뒤 곧 말라 버린다. 또 어떤 식물은 뿌리를 길게 뻗어 지하수를 찾거나 잎을 작게 하는 등 될 수 있는 대로 물기가 달아나는 증산 작용을 닦아 가뭄을 이겨 낸다.(「최신학습그림백과 – 자연의 탐구」, 계몽사, 1993, 46쪽.)

이 글은 사막에서도 식물이 살아간다는 사실을 전하려 한다. 그리고 식물이 실제 어떻게 건조한 사막기후를 견뎌 내는지 예를 들어 서술했다. 각 예에 해당하는 식물 이름까지 밝혔다면 좀 더 구체성 있는 설명이 되었을 것이다.

넷째, 비교와 대조가 있다. 비교는 두 대상을 견주는 방식이다. 어떤 대상을 알리려고 그와 비슷한 사물을 가져와 견주어 보면서 대상이 지닌 속성을 또렷이 드러내려는 방식이다. 대조는 비교에 속한 것으로서 두 대상을 견주어 보되 '비슷한' 것이 아니고 '서로 다른' 속성을 지닌 대상을 견주는 방식이다.

⑤ 수필과 에세이는 사실 그 개념이 아직 또렷하게 구별, 확정되어 있지 않다. '수필'이라는 용어는 중국 남송 때 홍매(1123~1202)가, '에세이'는 프랑스에서 몽테뉴(1533~1629)가 처음 썼다. 각각 어떤 성격을 지닌 글인지 발생 과정을 좇아 따져볼 때, 수필은 일상에 좀 더 밀착하여 사물과 사건을 바라본 개인감정에 초점을 두기에 부드러운 문장으로 되어 있다. 반면 에세이는 인생 문제 전반 또는 사회상을 탐구하여 가치판단을 내리려는 성격이 강하여 대체로 딱딱하다. 수필은 감성과 주관성을 중심으로 하고, 에세이는 이성과 객관성에 기운다는 것이다.

그래서 수필이라 하면 대개 개인이 지닌 감정을 자유롭게 쓰는 산문으로 알고 있다. 그러나 실제 논리성과 객관성을 주된 내용으로 하는 글도 수필이라는 이름으로 퍽 많이 출간되어 읽히고 있다. 논리와 감성이 원래 칼로 자르듯 구별되는 자질이 아니기 때문일 것이며, 이 점을 들어 산문으로 쓴 모든 글을 폭넓게 이르는 용어로 수필을 이해하고 받아들여야 한다고 주장하는 사람이 있다. 이런 사정은 에세이에서도 같다. 에세이는 논리와 지성을 좇는 속성이 우세하지만 여기에 더해 소박한 개인 감정과 일상을 담아내는 속성도 퍽 크다. 지성과 감성이 어우러져 있다는 것이다. 이렇듯 수필과 에세이는 사람이 쓰는 산문을 폭넓게 포용한다는 점에서 같다. 원래 기본에서 시, 소설이 아니요, 설명문이나 논설문도 아닌 산문이라는 점에서 수필과 에세이는 일치한다. 또 정해진 기간에 글을 한꺼번에 쓰지 않고 한 편 한 편 그때그때 적어 두었다가 나중에 한데 모아 책으로 엮어낸다는 점도 같다. 수필과 에세이를 같은 갈래로 여기려는 이가 퍽 많은 것은 이 때문이다.

위 두 문단에서 글쓴이는 수필과 에세이가 어떤 특성을 지니고 있는지 밝히려고 수필과 에세이를 비교, 대조했다. 첫 단락에서는 두 갈래가 상이점을 지니고 있다고 했고 두 번째 단락에서는 공통점을 지닌다고 지적했다. 비교와 대조 방법을 함께 써서 수필과 에세이를 이해하려고 한 것이다.

다섯째, 분류와 구분이 있다. 분류와 구분은 일정한 기준에 따라 공통점을 지닌 것끼리 몇 개 단위로 나누고 묶어 대상을 살피는 설명방식이다. 예를 들어 지금 여의도 광장에 달리기 대회가 열렸고 사람이 많이 모여 있다고 하자. '학교에 다니느냐 안다니냐'라는 기준에 따라 이 사람들을 '학생과 일반인'으로 나누어 볼 수 있다. 이어 '학생'이라는 대상을 '나이' 또는 '학년'이라는 기준에 따라 초등학생, 중학생, 고등학생, 대학생 따위로 갈라볼 수 있다. 광장에 모인 사람을 이렇게 일정 기준에 따라 학생과 성인으로 나누고 다시 '초등학생, 중학생, 고등학생, 대학생'으로 나눈 것은 대상을 좀 더 작은 단위 또는 요소로 쪼개어 이해, 정리하는 방식이다. 이것이 구분이다.

분류는 이와 반대다. 지금 광장에 초등학생을 비롯하여 중, 고, 대학생뿐만 아니라 중장년과 노인도 많다. 이 가운데 초, 중, 고, 대학생은 학생이니 학생부에 중장년층과 노인은 학생이 아니니 일반부에 속한다고 하여 나눈다고 하자. 이는 일정 기준에 따라 대상을 쪼개 나가는 것이 아니라 좀 더 큰 몇 개 단위로 묶어 대상을 정리, 이해하는 방식이다. 이것이 분류이다.

이처럼 구분은 작은 단위로 쪼개 가는 것이고 분류는 큰 단위로 묶어 가는 것이다. 그래서 분류와 구분은 서로 전혀 다른 것이라기보다는 같은 내용을 반대 각도에서 풀어내는 방식들이다. 다음에 예를 하나 더 들어 본다. '농산물'이라는 대상을 구분, 분류하여 정리, 이해하려는 예문이다.

⑥ 봄철이나 여름철에 청과물 도매 시장에 가면 여러 가지 농산물을 볼 수 있다. 수박, 포도, 시금치, 참외, 오이, 깻잎, 토마토, 복숭아, 미나리, 딸기, 고구마, 사과, 감자 따위가 산지에서 직송되어 소비자를 기다리고 있다. 이 농산물들은 나무에서 나느냐 밭에서 나느냐 하는 기준에 따라(기준은 보는 이에 따라 다를 수 있다.) 과일과 야채로 나눌 수 있는데, 포도, 복숭아, 사과가 과일이고 수박, 시금치, 오이, 깻잎, 토마토, 미나리, 딸기, 고구마, 감자 따위가 야채이다. 여기서 야채는 어느 부분을 먹느냐 하는 기준에 따라 다시 잎 야채, 줄기 야채, 뿌리 야채, 열매 야채로 나눌 수 있다. 시금치와 깻잎은 잎을 먹는 야채이고 미나리는 줄기를 먹는 야채이며 감자와 고구마는 뿌리를 먹는 야채이다. 수박, 오이, 딸기는 열매를 먹는 야채이다.

⑦ 봄철이나 여름철에 청과물 도매 시장에 가면 수박, 포도, 시금치, 참외, 오이, 깻잎, 토마토, 복숭아, 미나리, 딸기, 고구마, 사과, 감자 따위가 산지에서 직송되어 소비자를 기다리고 있다. 이 가운데 포도, 사과, 복숭아는 나무에서 수확하는 것이기에 과일이라 하고 수박, 시금치, 참외, 오이, 깻잎, 토마토, 미나리, 고구마, 감자는 밭에서 수확하는 것이기에 야채라고 한다. 과일과 야채는 농산물로서 수산물과 더불어 식탁에 자주 오르는 먹을거리다.

윗글은 '여러 가지 농산물'을 '수확하는 곳'과 '먹는 부분'이라는 기준으로서 나누어 살폈다. ⑥은 위에서 아래로 세분하며 대상을 설명하는 방식이므로 구분이고, ⑦은 이와 반대로 아래에서 위로 가며 큰 단위로 정리해 나가는 방식이므로 분류이다.

지금까지 살펴본 정의, 예시, 비교, 분류, 대조는 사실과 정보를 파악하고 그것을 알리려고 쓰는 설명 방식들이다. 대상을 보면서 좀 더 깊은 지식을 얻고 상황에 따라 그때그때 현명한 판단을 내릴 수 있으려면 먼저 상황과 사물이 지닌 속성을 정확하게 알아야 한다. 그러므로 설명은 올바른 인식을 쌓고 원활하게 생활하는 데에 기초가 되는 문장쓰기 방식이다.

그러나 굳이 특별하다고 여겨야 할 것은 아니다. 특별한 기술이므로 전문성에 따라 배우고 익혀야 하는 것이기에 앞서 우리가 사물과 세계를 받아들여 인식을 세울 때 ㅈ의 본능에 따라 사용하는 효과 어린 방법이라고 하겠다. 설명문을 비롯한 여러 가지 글을 쓰면서 필요에 따라 이 방식들을 고루 활용할 수 있다.

3. 묘사

우리는 스스로 대상을 느낄 줄 아는 존재다. 객관성에 따라 대상을 다루어 상대에게 무엇을 전하는 단계에만 머무르지 않고 사물과 상황에 부딪혀 얻은 내 고유한 느낌에 따라 문장을 쓰기도 한다. 묘사는 이 점에 초점을 맞추는, 남보다 나를 좀 더 앞세우는 문장쓰기 방식이다.

묘사는 첫째, 대상이 지니고 있는 형태, 빛깔, 감촉, 소리, 향기, 맛 따위 실제 상태를 옮긴다. 둘째 이러한 여러 특성이 어우러진 총체성 어린 인상을 좇는다. 여기에서 사물에 어린 객관 사실과 속성만이 아니라 사물을 바라보고 글쓴이가 품은 개성 어린 감각과 감정이 드러난다. 대상을 어떻게 어떤 깊이에서 담아내느냐는 글쓴이의 눈과 마음이 사물을 바라본 각도와 정도에 따라 다를 것이다. 이 두 관점에 서서 묘사를 설명 묘사, 감각묘사, 표현 묘사…… 이렇게 세 가지로 나눈다.

설명묘사는 대상 안팎에 깃들어 있는 성질을 객관성에 기대어 재현하듯 서술하는 방식이다. 대상을 좀 더 긴밀하게 관찰하고 서술할 뿐 설명묘사는 사실 설명과 크게 다르지 않다. 예를 들어 보자.

> 나는 이상호 씨를 지난겨울에 처음 보았다. 그 남자는 키가 180센티미터다. 머리카락은 늘 단정하게 빗어 넘겼고 얼굴은 작은데 팔다리는 보통 사람보다 길다. 걸음걸이와 행동은 느리지만 말투는 언제나 또렷하다.

여기에 쓰인 문장들은 '그 남자'가 지닌 외부 속성을 객관된 시각으로 서술한 것이다. 설명묘사다. 감각묘사는 여기에서 한 걸음 더 나아간다. 대상이 내비치는 감각 특성에 초점을 맞춰 대상이 지닌 형태, 동작, 빛과 향, 소리, 촉감 따위를 그리듯 하여 실감과 생동감을 살린다. 개념어로써 대상을 설명하지 않고 감각어(感覺語)로써 보여 주려고 한다.

　　나는 이상호 씨를 지난겨울에 처음 보았다. 그 남자는 키가 보통사
람보다 목 하나는 더 크고 머리카락은 아주 짧다. 얼굴은 작지만 팔다
리는 보통 사람보다 한 뼘이나 더 길어 보인다. 휘청거리는 걸음걸이
때문에 행동은 한 박자 느리지만 목소리는 언제나 또랑또랑하다.

　이 글을 읽고 우리는 ‘그 남자’를 좀 더 실감할 수 있다. 글쓴이
가 ‘목 하나’, ‘짧다’, ‘한 뼘’, ‘휘청거리는’, ‘또랑또랑’ 따위 낱말
을 쓴 덕분이다. 표현묘사는 감각묘사보다 더 적극성 있게 개인성
을 좇는다. 글쓴이가 지닌 인상을 중심으로 하여 대상을 드러낸다.

　　나는 이상호 씨를 지난겨울에 처음 만났다. 그 남자는 멀리서 보면
전봇대가 걸어오는 듯하다. 갓 입대한 군인처럼 머리카락은 늘 짧은
데 얼굴은 주먹만 하고 팔다리는 엿가락처럼 길다. 걸음걸이와 행동
은 거북이 같지만 말투는 언제나 자로 잰 듯 또렷하다. 그는 꼭 공자
님 같다.

　지난겨울 처음 만난 ‘그 남자’는 이 문장에서 ‘갓 입대한’ 군인
같고 얼굴은 ‘주먹만 하고’, ‘엿가락’ 같은 팔다리를 지니고 있으며
‘거북이’처럼 행동하고 ‘자로 잰 듯한’ 말버릇을 지니고 있다. 마지
막에 가서는 아예 ‘공자님’이 되었다. 글쓴이는 대상을 서술하되
글쓴이 개인이 얻은 인상을 중심으로 문장을 써서 다른 이가 아닌
자기 자신이 느끼고 파악한 모습을 그리고 있다. 그래서 표현묘사
는 개인묘사이며, 이 단계에서 비유법이 자주 쓰인다.

　표현묘사를 할 때 글쓴이는 객관성과 일반성을 훌쩍 넘어서기
일쑤다. 자신만이 지닌 고유한 깨달음과 느낌으로써 사물을 새롭게
인식하는 장을 연다. ‘낙엽’을 보고 ‘가을에 떨어지는 나뭇잎’이라

고 하면 설명 또는 설명묘사이고, ‘낙엽이 거리를 수북이 덮었다.’고 하면 감각묘사이다. 여기서 더 나아가 ‘낙엽은 폴란드 망명정부의 지폐(김광균, 시 「추일서정」)’라고 하면 표현묘사가 되는 것이다.

‘낙엽은 폴란드 망명정부의 지폐’라는 시구(詩句)를 음미해 보자. 글쓴이(시인)는 낙엽을 바라보면서 더할 나위 없이 쓸쓸한 가을 정서에 젖어들었다. 이 순간 글쓴이에게 낙엽은 쓸쓸함을 불러오는 사물이다. 글쓴이는 이 느낌, 마음을 표현하고 싶었고 그때, 아마 불현듯 폴란드 망명정부가 발행한 지폐를 떠올렸을 것이다. 망명정부가 발행한 지폐란 무엇이겠는가. 그것은 돈으로서 아무 가치와 권위가 없는 한갓 허망한 종이부스러기일 뿐이다. 글쓴이는 낙엽과 폴란드 망명정부의 지폐를 이었고 그로써 낙엽을 보고 느낀 스산함을 표현할 수 있었다. 글쓴이는 낙엽에서 폴란드 망명정부의 지폐를 본 것이다. 달리 말해 자신이 지닌 정서를 비춰 낙엽을 새롭게 읽어 낸 것이다. 물론 그 반대일 수도 있다.

모든 이가 이 ‘새로운 의미’에 반드시 동감해야 하는 것은 물론 아니다. 이 시구에 감동하고 말고는 오로지 읽는 이가 지닌 취향에 달려 있다. ‘낙엽＝폴란드 망명정부의 지폐’라는 연결은 다만 ‘김광균’이라는 시인 개인이 내놓은 ‘새로운’ 의미이기 때문이다. 그러나 이 묘사가 지닌 의의는 또렷하다. 만약 이에 동감한다면 평소 생각하지 못하고 느끼지 못한, 낙엽에 어린 새로운 일면을 우리는 보게 되는 것이다.

설명, 감각, 표현묘사는 실제 문장과 글을 쓸 때 여러 양상으로 혼합, 활용된다. 예문을 몇 개 더 들어 보았다. 각각에 나타난 표현 특징을 살펴보기 바란다.

① 한강을 건너 고개를 넘자마자 아직도 내게는 낯선 시장 동네가
  언덕 아래쪽에 보였다. 텅 빈 좌판과 굳게 닫힌 덧문이 연이은 시
  장 골목에는 청소원이 쓰레기 리어카를 끌어다 놓고 비질을 하고
  있었고 주택가에서 나온 개들이 비실대며 돌아다녔다. 아직 꺼지
  지 않은 외등은 빛이 바랬다. 가게의 덧문은 베니어판에 양철판을
  씌운 것이었는데 내가 검은 페인트로 쓴 번호 표시가 그대로 남아
  있다. 3이라고 쓴 덧문 앞에서 나는 작은 쪽문을 두드렸다.

(황석영, 「개밥바라기별」, 문학동네, 2008, 12쪽)

이 글에는 주로 설명묘사가 쓰였다. 동네 풍경을 그리고 있는데,
골목과 청소원, 개들, 빛이 바랜 외등이 보인다. '개들이 비실대며
걸어다녔다.'는 문장에서 감각성이 약간 보이나, 대개 눈에 보이는
대로 객관 되게 사물을 설명하는 단계에 머물러 있다. 다음에는 감
각묘사가 돋보인다.

② 그는 피부 빛이 담배 빛 같은 갈색이고 광대뼈가 약간 튀어나온
  숙성한 얼굴에 두 눈이 조금 가로 째진 듯한 인상을 주는 것이
  특징이었고 무엇보다 잠수를 해녀보다도 오래 견디는 것이 특기
  였다.

(조해일, 단편소설 「내 친구 해적」)

글쓴이는 '그'를 서술하며 얼굴빛이 '갈색'이고 광대뼈가 '튀어나
온' 것, 두 눈이 '가로 째진'을 강조하여 그리듯 재현하고 있다. 문
장에 감각 인상을 주로 담은 것이다.

③ 버려진 섬마다 꽃이 피었다. 꽃피는 숲에 저녁노을이 비치어, 구
  름처럼 부풀어 오른 섬들은 바다에 결박된 사슬을 풀고 어두워
  지는 수평선 너머로 흘러가는 듯싶었다. 뭍으로 건너온 새들이

저무는 섬으로 돌아갈 때, 물 위에 깔린 노을은 수평선 쪽으로
몰려가서 소멸했다. 저녁이면 먼 섬들이 박모(薄暮) 속으로 불려
가고, 아침에 떠오르는 해가 먼 섬부터 다시 세상에 돌려보내는
것이어서, 바다에서는 늘 먼 섬이 먼저 소멸하고 먼 섬이 먼저
떠올랐다.

(김훈, 「칼의 노래」, 생각의 나무, 2001, 21쪽.)

이 문단에서 글쓴이는 노을 속에 떠 있는 섬을 묘사한다. 그런데 섬이 구름처럼 부풀어 보이고 바다에 결박당했으며 사슬을 풀고 흘러가는 듯 보인다. 해가 뜨고 지는 것에 따라 섬이 불려 가고 돌려보내진다고 한다. 현상을 있는 그대로 보지 않고 글쓴이 자신이 지닌 심회를 강하게 비추고 있는 것이다. 시간이 흘러가는 노을 속에서 섬이 지닌 운명이 뭔가 위태로워 보이고 그 광경을 바라보는 화자는 무척 결연한 마음을 품고 있는 듯하다. 표현묘사가 단연 주를 이루고 있다. 다음 예문에는 세 가지 방식이 섞여 있다.

④ 하지만 그녀에 대해 이것만은 확실히 말할 수 있다. 첫인상은 평범했지만 1 **콧날 끝에서 윗입술에 이르는 인중선이 깎은 듯 단정해 과녁처럼** 시선의 포인트가 잡혔다는 것. 그래서 사람들이 그녀의 윗입술의 움직임에, 다시 말해 그녀의 말에 집중하게 된다는 점에서 어쩌면 막연히 예쁜 얼굴보다 여러 모로 유리한 얼굴이라 할 수도 있었다. 2 **키는 중간 정도에 날씬한 편이었다.** 몸매처럼 성격도 기름기가 없이 3 **박하처럼 싸한 기운을 내뿜었다.** 그녀는 머리가 나쁘지도 않았고 몸이 게으르지도 않았다. 그렇다고 재빠르다는 느낌을 줄 정도는 아니었는데, 4 **마치 암컷 영양처럼 우아하게 민첩하고 영리할 따름이었다.**

(권여선, '사랑을 믿다', 2008년 이상문학상 수상작품집,
문학사상사, 2008, 14쪽.)

이 글에는 세 가지 표현방식 가운데 표현묘사가 가장 많이 눈에 띈다. '과녁처럼', '박하처럼', '영양처럼' 따위 구절이 다 표현묘사를 구사한 결과이다. 그러나 세 방식이 모두 쓰이고 있다. 2는 설명묘사이고 3은 감각묘사와 표현묘사를 함께 썼으며 4는 표현묘사로 시작하여 설명묘사로 마무리했다. 앞에 있는 1에는 설명, 감각, 표현묘사가 다 보인다. 이렇듯 글쓴이가 지닌 취향과 글의 종류에 따라 세 가지 방식을 두루두루 쓰면서 문장과 글을 꾸밀 수 있는 것이다.

그런데 어떤 사람은 설명묘사에서 표현묘사로 갈수록 문장 수준이 높아진다고 생각하기도 한다. 이것은 잘못된 생각이다. 설명, 감각, 표현 가운데 어느 한 방식, 특히 표현묘사에 초점을 맞추고 비중을 두어야 훌륭한 묘사를 하는 것이고 문장과 글을 잘 쓰는 것이 되지는 않는다. 그보다는 문맥, 글의 내용, 주제와 소재 따위에 얼마나 알맞게 문장을 맞춰 나가느냐가 훌륭한 묘사냐 아니냐를 판가름한다. 상황과 필요에 맞춰 적절한 표현 방식을 선택해야 바람직하다는 것이다. 예문을 하나 보자. 황순원 단편소설 「목넘이 마을의 개」(1947. 3.)에서 따온 문장이다.

이들은 우물가에 이르자 능수버들 그늘 아래서 먼첨 목을 축였다. **쭉 한 차례 돌아가며 마시고는 다시 또 한 차례 마시는 것이었다.** 보채는 애, 아직 젖도 떨어지지 않은 어린것에게도 물을 먹이는 것이었다. 나지도 않는 젖을 물리느니보다 이것이 나을 성싶은 모양이었다. **다음에는 부릍고 단 발바닥에 냉수를 끼얹었다. 이것도 몇 차례나 돌아가며 끼얹는 것이었다.** 어른들이 다 끝난 다음에도 애들은 제 손으로 우물물을 길어 얼마든지 끼얹곤 했다. 그리고 떠날 때에는 여전히 다리를 쩔룩이며 북녘 산목을 넘어 사라지는 것이었다.

여기서 '이들'은 정든 고향을 등지고 만주, 시베리아 따위 타국으로 떠나가는 사람들을 이른다. 이들은 일제 때 식민지 착취 현실을 피해 나라 밖으로 유랑해야 했는데, 글쓴이 황순원은 작품 머리에서 이들이 떠안아야만 했던 고달픈 여정을 뒤쫓아 이들이 얼마나 지치고 피곤한지를 묘사하려 했다. 그리고 보다시피 주로 그들이 취하는 동작에 초점을 맞췄다. 이들이 물을 마시는 모습을 보면, 한 번 마시고 다시 돌려가며 한 차례 더 마신다. 발바닥에 물을 축일 때도 몇 차례나 돌아가면서 반복한다. 이는 설명 묘사에 가깝다. 그다지 힘을 들이지 않고 반복 동작을 포착, 서술하였는데, 이 사람들이 지금 얼마나 피곤한 상태인지 더할 나위 없이 실감나게 그리고 있다. 예를 들어 걸레처럼 찢어진 옷과 낡아서 헤벌어진 신발, 얼굴에 번진 누런 땟국, 퀭한 눈망울 따위를 그려 그들이 지닌 피폐한 몰골을 드러낼 수도 있었을 것이다. 그러나 작가는 그들이 취하는 단순한 반복동작에 주목했다. 그리고 이 선택은 다른 어떤 묘사보다 탁월한 효과를 거두었다.

이 문장에 어린 묘사 효과를 눈여겨보면 묘사가 읽는 이의 관심과 감동을 불러오느냐 마느냐는 설명이냐 감각이냐 표현이냐 하는 방식 자체에 매달려 있지 않다는 것을 알 수 있다. 묘사를 할 때에는 첫째, 글쓴이가 사물을 깊이 있게 바라보고 상황에 충분히 동감해야 한다. 다음, 글의 성격과 문맥에 맞는, 가장 적절하고 효과 어린 방식을 선택해야 한다. 글쓴이가 먼저 대상에 진실한 감동을 느끼고 이를 자연스럽게 펼쳐 내면 훌륭한 묘사가 될 확률이 그만큼 높다.

4. 논증

    대상을 살피고 그 내용을 문장어 담으려 하면서 객관성에 따를 때에는 설명 방식을, 주관성에 따를 때에는 묘사 방식을 구사한다. 이는 넓게 보아서 '이성과 감성'이라는 인간보편성향에 각각 뿌리를 둔 문장 쓰기이다.

    한편 여러 사람이 모여 살다 보면 상대가 어떤 자세와 주장을 지니고 있는지 서로 견주어 보게 되고 의견과 신념 따위를 주고받는다. 가족이나 연인 관계에서 대거 그렇듯이 친밀감이 두텁게 쌓여 있다면 매사 그럭저럭 매끄럽게 교류를 이어 가며 의견과 주장이 어긋나지 않을 수 있다. 그러나 이보다 좀 더 넓은 생활 영역, 인간관계가 복잡하게 얽혀 이루어지는 사회생활에서 사정은 크게 다르다. 각자가 지닌 생각이 딱 맞아 떨어지지 않을 때가 맞아 떨어질 때보다 훨씬 더 많다. 이때 조화와 일치 상태가 어그러지면서 사람 사이에 갈등과 분쟁이 생기는가 하면 심지어 치열한 분쟁을 겪고 돌이킬 수 없는 파국으로 치닫기도 한다.

    이렇게 너와 내가 지닌 의견과 주장이 부딪힐 때 어떻게 해야 하나? 답은 또렷하다. 우리가 함께 행복하고 올바른 삶을 누리려면 갈등을 원만하게 다스리고 의견을 화목하게 조정해야 한다. 자기이익에만 사로잡히거나 귀찮고 싫다고하여 이러한 과정을 피하려 해서는 안 되며 그럴 수도 없다. 오히려 흔쾌히 떠안아야 할 의무로 여겨야 한다.

    상황과 사정이 이러하니 자신이 지닌 의견만이 옳다고 할 수 없으며 남이 무조건 내 주장을 떠받들어 주기를 바랄 수도 없다. 그러한 태도는 아직 어리광을 벗지 못한 채 이기성에 물들어 있는 어린아이가 세상물정을 몰라 부리는 억지나 독재자가 강요하는 횡포일 것이다. 실제 현실에서 남에게 받아들여지기 어려울 뿐만 아니라 흔히 말하는 민주정신에도 크게 어긋난다. 사람은 제각각 자기 신념에 충실하며 살아간다. 이를 잃거나 빼앗기면 사람으로서 살아가는 가치와 의미를 잃는다. 사람은 자존심을 먹고 사는 존재라는 것이다. 그런데 누가 자기 생각을 쉽게 버리고 군소리 없이 남을 따르겠는가.

내 신념이 퍽 소중한데 상대가 나와 의견을 달리하고 사람들이 아직 내 주장에 따르지 않을 때, 어떤 일을 두고 구성원끼리 찬반이 팽팽하게 맞서 있을 때…… 이러한 때 자신이 지닌 의견, 주장, 신념을 설득력 있고 또렷하게 알려 남들이 그 뜻에 따르도록 문장을 쓰는 것이 세 번째 방식인 논증(論證)이다.

국어사전에서 '논증'을 다음과 같이 풀이하고 있다.

1. 사물의 도리를 증거를 들어 증명함, 또는 주어진 판단의 정당성이나 확실성을 이유를 들어 증명함
2. 수학 논리학에서, 몇 가지 전제를 바탕으로, 바른 추론에 의하여 주어진 명제를 끌어냄

지금 이 자리에서 말하는 '논증'은 2에서 규정하는, 수학이나 논리학 같은 학문에 속한 개념이 아니다. 우리가 실제 문장을 쓸 때 운용하는 방식인 '논증'은 그 개념이 '1'에 따른다. 특히 증거와 이유를 들어 증명한다는 구절을 눈여겨보아야 한다. 이것이 논증에서 핵심 요소이기 때문이다.

미국산 쇠고기 수입을 반대하거나 찬성할 때, '나는 미국산 쇠고기 수입을 반대한다.' 또는 '미국산 쇠고기를 들여오자.'라고 하며 아무 이유나 근거를 대지 않는다고 하자. 이 문장은 애타는 바람이 담겨 있기에 결론에 있어 정당한 주장이 될 수 있을지 몰라도, 남에게 설득력 있게 받아들여지거나 동감을 얻기는 힘들다. 논증 정신, 논증 자세가 깃들어 있지 않기 때문이다. 예를 들어, 광우병이 얼마나 위험한지 정확하고 객관된 증거자료를 내놓으며

> **검역 주권을 내주고 맺은 협상에 따른 결과이기에 미국산 쇠고기 수입을 반대한다.**

라고 진술해야 논증에 따른 문장이 된다.

논증은 내 주장과 의견을 타인이 받아들이도록 이끄는 데에 목적을 둔다. 정당한 논리와 근거로써 내 주장을 뒷받침하여 상대방이 나에게 다가오도록 하자는 것이다. 결국 논증은 주관에 목적을 두고 그 방법으로써 객관에 기대는 문장쓰기 방식이다. 달리 말해서 감성에 뿌리를 두지만 이성으로써 가지(문장)를 치고 열매(결론)를 맺는 것이다.

남과 치를지도 모를 충돌과 갈등을 앞서 방지하고 원만하게 합의를 끌어내어 조화를 이루는 것을 목적으로 한다는 면에서 논증이라는 방식에는 공동체 요소가 매우 짙기 깔려 있다. 또 상대방이 지닌 의견, 주장을 존중하는 자세를 전제로 하기에 참다운 문명 정신과 곧바로 이어진다. 의견과 주장이 서로 어긋났을 때 자신이 지지하는 처지만을 무조건 고집한다면 별 탈 없이 공동체를 이어 가

기가 매우 힘들고 때로 불가능해질 것이기 때문이다.

5. 서사

사람은 시간과 공간에 속해 살며 그 지배를 받는다. 공간에 크게 제약을 받을 뿐만 아니라 시간이 흐르면서 생기는 변화를 우리는 도저히 어찌할 수 없다. 나서 자라고 죽는 것이 다 시간에 속하며 이 흐름을 누구도 거스를 수 없다.

시간은 시대와 역사를 만들고 시대와 역사는 우리가 누리는 삶이 어떤 성격을 띨지 결정한다. 여러 가지 제도와 풍속에 얽혀 살아가는 '사회적 존재'인 우리 개인이란 때로 마치 시대와 역사가 휘몰아 가는 작디작은 물방울 같다. 먹고 입는 것, 말하는 것, 생각하는 것까지 모두 시대와 역사가 우리에게 준다고 할 수 있기 때문이다.

또 오늘이란 어제를 연장한 것이며 곧 내일과 이어진다. 어느 한 순간도 '지금 현재'에만 매달려 의미를 건져 내기 힘들다. 아주 작은 것부터 커다란 단위까지 인생에서 벌어지는 모든 행동은 시간 위에서 시작하고 진행되어 끝을 맺기 때문이다.

여기서 말하는 '시간 위에서 벌어지는 행동'을 우리는 흔히 '사건'이라고 부른다. 사건은 상황과 다르다. 상황은 어느 한 지점에 머문 일시 상태에 가깝고 사건은 시작과 중간과 끝이 있어 한 완결체로서 매듭이 지어지는 인간 활동이다. 바로 이 사건을 겪고 나서야 작든 크든 인생에 얽힌 어떤 의미를 우리는 비로소 얻는다. 달리 말해 경험을 해야만 뭔가를 깨달을 수 있으며 여기에서 시간이 근본요소라는 것이다.

그러므로 어제와 오늘과 내일이 이어진 현실을 늘 바라보며 깊은 관심을 가지지 않을 수 없고, 이를 자세히 기억하고 들여다보면서 삶을 가늠보고 이어 간다. 예를 들어 역사는 과거에 일어난 사건들이다. 이 역사를 잘 새겨 현재 우리가 어떤 상태에 놓여 있는지 현명하게 판단할 수 있고 앞으로 어떻게 처신해야 할지 제대로 선택, 결정할 수 있다.

그래서 우리 사람은 시간의 흐름이 실려 있는 이야깃거리에 흔히 큰 관심을 가지며 또 아주 좋아한다. 특히 남을 두고 이러쿵저러쿵 들쑤시는 이야기라면 궁금하여 견디지 못하면서 푹 빠져든다. 주위 사람이 자아내는 소문이 과연 어떤 전말을 품고 있는지 알고 싶어 호기심을 한껏 일으키기 일쑤다. 불구경, 싸움구경을 좋아하는 것만큼 남이 벌여 놓은 사랑이야기나 모험담에 우리는 쉽사리 열광한다.

사람이 삶을 일구어 내려고 동분서주하면서 겪고 만들어 내는 사건…… 어제, 오늘, 미래가 이어지는 양상을 기록하고자 하는 문장쓰기 방식이 바로 서사(敍事)이다. 영화, 드라마, 뮤지컬 따위가 모두 서사를 뿌리와 뼈대로 삼고 있는데, 글쓰기에서는 소설, 희곡 같은 문학과 역사서, 신문기사, 요리강좌 따위 실용문에서 이 방식이 두드러진다.

서사는 사실 모든 글을 떠받치는 바탕이다. 우리가 읽고 쓰는 글은 결국 우리가 보고 들으면서 체험한 내용에서 나오기 때문이다.

자기 느낌을 쓰든지 보고(報告)하는 글을 쓰든지 겪은 일, 달리 말해 어떤 사건을 전제로 하여 쓰는 것이다.

그러나 어떤 사건을 글로 옮긴다고 하여 시시각각 벌어진 모든 사항을 분초를 놓치지 않고 일일이 다 쓸 수는 없다. 그렇게 하면 글에 중심이 없어지고 십중팔구 지루해진다. 글쓴이가 지닌 목표, 처지, 취향, 글 성격에 따라 그 가운데 필요한 부분을 가려 뽑아야 한다. 내용과 주제를 전하는 데 꼭 필요하거나 효과가 더 큰 부분을 선택하고 그것으로써 적절하게 글을 엮어야 한다. 이러한 '선택 행위'야말로 서사 글쓰기에서 꼭 필요한 자질이요 미덕이다.

한편 서사 방식으로 문장을 쓸 때에도 대상 사건을 글쓴이가 어떤 눈으로 보느냐 그리고 자기 판단이나 가치관을 글 속에 반영하느냐 마느냐, 반영한다면 어느 정도 반영하느냐에 따라 성격이 달라진다. 널리 알려진 이야기로써 예를 들어 보자. 신라 장군 김유신은 조는 사이에 자신을 기방으로 데리고 간 애마(愛馬)를 목 베었다 한다. 이 이야기를 다음과 같이 여러 가지 뜻에 서서 다루어 볼 수 있다.

① ***년*월*일 화랑 김유신은 수련을 마치고 애마에 올랐다. 집으로 가다가 그만 말 위에서 잠이 들었는데, 애마는 습관대로 주인이 자주 가던 기방으로 길을 잡았다. 얼마 뒤 유신은 잠에서 깨고 자신이 기방 앞에 와 있는 사실에 놀랐다. 잠시 생각을 하던 유신은 칼을 빼어 애마를 목 베었다. 그 뒤 유신은 삼국을 통일했다.

② ***년*월*일 화랑 김유신은 오늘도 고된 수련을 마치고 애마에 올라 집으로 가고 있었다. 너무 피곤한 나머지 그만 말 위에서 잠에 빠지고 말았다. 평소 주인의 마음을 잘 헤아리던 애마는

주인이 자주 가던 기방으로 길을 잡았다. 얼마 뒤 잠에서 깬 유
신은 자신이 기방 앞에 와 있는 사실을 깨닫는다. 고뇌 끝에 유
신은 칼을 빼어 자신이 그토록 아끼던 애마를 목 베었다. 그 뒤
유신은 절치부심하여 온갖 고난을 극복한 끝에 삼국 통일이라는
대업을 이루었다.

위 글들은 똑같은 사건을 소재로 삼아 서사했다. 그러나 사건을
바라보는 마음 자세와 각도가 다르기 때문에 내용이 달라졌다. ①
은 단지 사건 개요를 추려 내어 객관 사실을 전하고 있다. 객관 서
사다. 반면 ②는 김유신을 시대 영웅으로 세워 보려는 뜻을 가지고
사건을 다루었다. 글쓴이가 김유신이라는 인물에게 퍽 우호 어린
감정을 가지고 있는 것이다. 그런가 하면 다음 ③에서는 글쓴이가
김유신에게 퍽 큰 반감을 가지고 있다.

③ ***년*월*일 화랑 김유신은 수련을 마치고 애마에 올라 집으로
가고 있었다. 그러나 그만 말 위에서 잠에 빠졌다. 평소 주인의
마음을 잘 헤아리던 애마는 주인이 자즈 가던 기방으로 길을 잡
았다. 얼마 뒤 잠에서 깬 그는 자신이 기방 앞에 와 있는 사실을
깨닫는다. 그는 칼을 빼어 아무 잘못도 없는 애마를 잔인하게 목
베었다. 그 뒤 그는 외세를 끌어들여 순국을 통일했다.

애마의 목을 벤 대목을 바라보는 시각이 이 글에서는 퍽 다르다.
②에서는 김유신이 얼마나 결단력이 강한지를 보이는 행동이었지
만 ③에서는 자기 목적과 소신을 좇아 신의와 염치를 여지없이 저
버리는 인간성을 암시하는 행위일 뿐이다.
②와 ③은 주관 서사다. 서사성은 글에서 바탕을 이룬다. 글쓴이
가 어떤 눈으로 사건을 바라보고 어떤 방식으로 다루느냐에 따라

글 전체에 서린 느낌뿐만 아니라 주제와 구성까지도 다른 방향으로 나아가게 된다. 그래서 서사 방식으로 문장을 쓸 때 어느 부분에 강조점을 둘 것인가 하는 문제는 물론 어떤 뜻에서 사건을 다루느냐가 아주 중요하다.

6. 네 가지 방식과 글

이제까지 글자로써 운영하는 네 가지 문장쓰기 방식을 살펴보았다. 설명, 논증, 묘사, 서사 밖에 누군가는 설득을 더해 다섯 가지로 문장쓰기 방식을 나누기도 한다. 그러나 아직까지 대개 이 네 가지를 기본방식으로 받아들이고 있다.

우리가 매일 읽고 쓰는 모든 글은 이 네 가지를 고루 활용하여 써진다. 물론 그 가운데 순수하게 어느 한 방식에만 집중하여 쓴 글도 있다. 그러나 현실에서 우리가 읽고 쓰는 글들은 어느 한 가지에 초점을 두고 필요에 따라 나머지 세 방법을 고루 더해 쓴 것이 많다.

예문을 하나 보자. 서울시 지하철 역내에 있는 게시판에서 가져왔다.

①고등학교 졸업 후, 자동차 정비기술을 배우며 수리 업소에서 8년간 일했는데, 올해 초 가게가 망하자 실업자 신세가 됐어요. 임신 7개월인 아내와 태어날 아이를 생각하니 눈앞이 캄캄하더라고요.

백방으로 뛰어다녀 봐도 마땅한 일자리는 없고, 답답한 마음에 친구에게 전화를 해 하소연을 했죠. 그 친구가 임신한 아내 굶기지는 말아야 하지 않겠느냐며, 서울시에서도 일자리를 소개해 준다는데 거기나 한 번 찾아가 보라더군요.

일용직이라도 구하려는 생각으로 찾아간 **서울일자리플러스센터**, ② 1:1 맞춤상담부터 이력서와 자기소개서 작성까지 도와주더라고요. 덕분에 지금은 식음료체인점 매니저로 일하고 있어요.

나도 몰랐던 나의 재능을 알아준 **서울일자리플러스센터**가 제 인생의 은인이죠. ③이제 사랑하는 아내와 우리 아이에게 쓰나미가 와도 흔들리지 않는 든든한 기둥이 되렵니다.

이 글은 시정(市政)을 홍보하려고 서울시에서 시민에게 보낸 안내문이다. 말하자면 우리 주위에 무심한 듯 놓여 있는 '일상글'로서, 실업자에게 일자리를 찾아주는 '서울일자리플러스센터'라는 기관을 널리 알리려고 쓴 것이다.

이 글 안에는 몇 가지 문장쓰기 방식이 섞여 있다. 우선 문단① 을 보면, 이 내용 자체가 사실인지 아닌지는 모르겠으나, 화자(글쓴이) 자신이 정상 생활인에서 실업자가 된 과정을 짤막하게 늘어놓았다. 서사 방식이다. 문장②는 일자리플러스센터에서 하는 일이 무엇인지 구체성 있게 알려주고 있다. 정보 전달이요 그래서 설명이다. 한편 문장③에는 글쓴이의 각오와 정서가 '쓰나미'라는 낱말에 집약되어 있다. '쓰나미'는 '시련', '역경' 따위를 비유한 말로서 넓게 보아 어떤 상황을 묘사한 구절이다. 읽는 이의 기억과 마음을 자극해 홍보효과를 크게 하려는 뜻에 따라 문장을 쓴 결과다. 이렇게 글이란 대개 네 가지 문장방식을 고루 활용하여 쓴다.

우리는 이웃과 얽혀 살면서 정보와 사실을 주고받는다. 이것은 현실상황이며 이러한 과정이 바로 사회생활이다. 그런가 하면 나 홀로 이 세상과 마주하여 살아가는 존재이기도 하다. 다시 말해 우리가 누리는 생활과 그에 따른 정신은 주관과 객관이라는 두 영역을 늘 넘나들며 이어진다는 것이다. 주관에 충실해야 할 때가 있는가 하면 객관에 전념해야 할 때도 있으며 더 많은 경우에서 주관과 객관을 함께 어우르고 감당하기 마련이다. 이렇게 볼 때 설명, 묘사, 논증, 서사…… 이 네 가지 방식은 우리가 정상으로 살아가는 한 늘 필요한 문장 태도이며 글 한 편 안에서 얼마든지 함께 쓰일 수 있는 것이다.

논증을 할 때 다루는 주제에 얽힌 상황과 그 상황을 일컫는 낱말이 있기 마련이다. 이것을 먼저 자세히 풀어 정의해야 논증을 제대로 할 수 있다. 감상을 쓸 때에도 앞뒤 사정을 먼저 이야기해야 감상 내용이 무엇인지 읽는 이가 잘 알 수 있다. 조금 전에 살펴본 객관 서사는 설명이며 주관 서사는 감상 행위를 머금고 있다. 설명, 논증, 묘사, 서사는 글 한 편에서 이렇게 여러 가지 꼴로 섞이어 함께 쓰인다. 전체에서 어느 쪽에 좀 더 치중하느냐에 따라 글의 성격과 종류가 결정되는 것이다.

제4장

글의 종류

　　어떤 대상이 지닌 속성을 이해하고자 할 때 우리는 자주 '종류'를 헤아리는 방법을 쓴다. '종류'는 우리가 즐겨 관심을 가지는 정보로서 대상을 파악할 때 쓰임이 크다. '그것은 무엇 무엇으로 이루어져 있나'를 알아보면 우선 대상에 어린 전체 윤곽을 살필 수 있고, 이를 바탕으로 세부 사항을 따져 보면 좀 더 깊은 이해에 이를 수 있다. 예를 들어 '동해', '서해', '태평양' 따위로 바다를 부른다. 이 이름들로써 바다를 나누어 기억하고 가늠하면서 바닷길을 헤쳐 나간다. 이 낱말들은 넓고 넓은 바다를 질서 있게 인식하려고 일정 기준에 따라 그어 놓은 선(線)이다.

　　글에서 종류를 나누려는 목적과 뜻도 이와 마찬가지다. 세상에 글은 넘쳐나게 많다. 글 세계도 바다처럼 하염없이 넓고 깊다는 것이다. 이 바다를 헤쳐 나가려고 종류를 생각한다.

1. 기준과 갈래

　종류를 따질 때에는 무릇 일정한 기준이 있어야 한다. 먼저, 허구성이 있느냐 없느냐에 따라 모든 글을 예술문과 비예술문으로 나눈다. 예술문도 비예술문도 다 글이다. 그러나 쓰는 방식과 목적이 퍽 다르다. 시든 소설이든 예술문은 글쓴이가 만들어 내는 사건, 감정이 알맹이를 이룬다. 반면 비예술문은 실제 대상을 보고 느낀 이야기가 내용이 된다.

　다음, 글에 운율이 배어 있느냐 없느냐에 따라 비예술문을 크게 두 가지로 나눌 수 있다. 운문과 산문이다. 우리가 읽고 쓰는 글은 운문이거나 아니면 산문이다. 운문은 운율이 배어 있는 글인데 비예술문에서 운문은 그리 많지 않다. 대개 한두 문장으로 되어 있기에 엄밀히 따지면 그나마 글이라고 할 수 없기도 하지만 격언과 속담, 각종 표어, 일부 광고문 따위가 운문이다. 나머지는 모두 산문이다.

　차이를 정확히 셈할 필요는 없지만, 세상에는 운문보다 산문이 훨씬 많고 그래서 우리는 산문을 더 많이 읽는 듯하다. 그러니 초점을 산문에 맞춰 다시 종류를 헤아려 보자. 이번에는 '객관성과 주관성'을 기준으로 삼는다. 대상과 주제를 다루면서 글쓴이가 객관성에 따르느냐 주관성에 따르느냐에 따라 설명문, 논증문, 감상문…… 이렇게 세 가지로 산문을 나눈다. 설명문은 객관성을, 논증문은 주관성과 객관성을, 감상문은 주관성을 각각 좇는 글이다.

　지금까지 이야기한 내용을 간단하게 정리하면 다음과 같다.

글의 종류

1. 예술문
   ① 운문 - 시
   ② 산문 - 소설, 희곡
2. 비예술문
   ① 운문 - 격언, 속담, 표어, 광고문
   ② 산문 - 설명문, 논증문, 감상문

  글을 쓰고자 할 때 자기 경험 내용이 어떤 의미를 지니고 있으며 그래서 어떤 글에 실려야 적당한지를 먼저 가늠보아야 한다. 그때 이러한 분류법이 글쓰기 방향을 잡아가는 데 도움이 될 것이다. 그러나 어느 분류 안목이든 글이 어떤 체계로 되어 있는가를 전체에서 가늠해 보려고 세운 한 잣대일 뿐이다. 예를 들어 이 책에서 세운 분류법이 절대성에 따른 것이므로 모든 글이 이 방식에만 따라 갈린다고 여겨서는 안 된다. 쌀은 쌀이고 보리는 보리이듯이 감상문은 감상문이고 설명문은 설명문이며 논증문은 그저 논증문으로…… 모든 글이 그렇게 칼로 자르듯 확연하게 구분이 되고 그 밖에 다른 글은 있지 않다고 생각해서도 안 된다. 또 이 4분법(예술문, 설명문, 논증문, 감상문)보다 좀 더 효과 있게 글을 나누는 견해와 주장이 얼마든지 있을 수 있다. 글과 글쓰기라는 인간 활동을 이해할 때 쓰일 한 도구로 이 분류법을 받아들여야 하겠다.

2. 설명문

　물건, 장소, 사실, 사건, 학술이론, 예술작품 따위 우리를 둘러싼 사물과 현상을 대상으로 하여 그 뜻과 속성을 풀어내어 알리는 글이 설명문이다. 설명문은 설명을 주요 기술 방식으로 하여 쓰며 일정한 내용을 읽는 이에게 정확히 알리고 이해시키는 데 목적을 둔다. 따라서 글쓴이 개인이 지닌 감정, 주장, 의견은 드러내지 않는 것을 원칙으로 하며, 전하고자 하는 내용을 중심으로 조리가 정연하면서도 알아듣기 쉽도록 간결하게 써야 한다.

　구청, 동사무소, 국민연금관리공단, 선거사무소 따위 국가 기관에서 주민에게 보내는 고지서와 통지서를 비롯한 각종 공문서가 설명문을 대표한다. 또 학교에서 학부형에게 보내는 알림장, 제품사용설명서, 관광안내문, 신문 기사문(記事文), 실험·관찰·조사보고서들이 우리 가까이에 놓여 있는 설명문이다. 여기에 이력서, 해설에 중심을 둔 가벼운 서평 따위도 설명문 범주에 속하고, 각급 학교에서 학생들이 교재로 쓰는 교과서와 사전 따위는 대개 설명문으로 엮는다.

　국민, 시민, 구민 가운데 한 사람으로서 사회생활을 제대로 하려면 다른 이와 원활하게 소통해야 하고 그에 따라 일정한 정보가 늘 필요하기에 우리는 싫든 좋든 설명문을 자주 읽는다. 이렇듯 설명문은 다른 글보다 실생활에 밀접하게 이어져 있고 그렇기 때문에 객관성을 토대와 목적으로 삼는 것이다.

　그런데 여기서 말하는 객관성이란 그 내용이 '1＋1＝2'처럼 옳고 그름이 또렷하여 누구나 다 인정해야 하는 사실이 되어야만 한다는 것에 초점을 맞춘 개념이 아니다. 설명문이라고 해서 늘 100% 객관성에 서 있지는 않다는 것이다. 설명문에도 글쓴이가 의식하지 못한 가운데 글쓴이 개인 기호와 의견이 조금씩 섞일 수 있다. 살아갈 방향을 결정할 때도 그렇지만, 정신과 그 산물인 글을 두고 칼로 베어 둘로 쪼개듯 또렷하게 어떤 경계를 짓기는 쉽지 않다. 중요한 것은 글 전체 내용을 가늠하는 중심이 주관성에 있느냐 객관성에 있느냐이다. 설명문을 쓸 때에는 글쓴이가 지닌 취향이나 의견을 드러내려는 욕구와 자세를 버리고 어떤 사항을 똑바로 알리고 이해시키는 데에 집중해야 한다. 이것이 원칙이다.

다음 예문들을 살펴보자.

예문 1)

조리방법
1. 끓는 물 550cc(큰 컵으로 3컵) 정도에
면과 스프, 후레이크를 넣고 약 3 – 4분간
끓이면 삼양라면 특유의 맛으로 조리됩니다.
2. 식성에 따라 김치, 계란, 마늘, 파 등을
넣어 드시면 더욱 맛이 좋습니다.

※조리 시 안전에 유의하세요.
※나트륨(식염) 섭취를 조절하기 위하여 기호에 따라
적정량의 스프를 첨가하여 조리하십시오.
* 유통기한: 전면 또는 후면표기일까지

예문 2)

대행지역 쓰레기 봉투(50L)
－생활계폐기물－
1. 음식물 쓰레기는 음식물 전용 봉투에, 재활용품은
품목별로 분리 배출하여 주십시오
2. 재활용품 및 음식물쓰레기를 이 봉투에 혼합하여
배출할 시 20만 원 이하의 과태료를 부고합니다.
3. 쓰레기를 무단으로 투기할 시 100만 원 이하의
과태료가 부과됩니다.
4. 이 봉투는 성북구 (주)태안환경에서 청소하는 지역
에서만 사용하여야 합니다.

예문 1)은 라면을 끓일 때 알아야 할 덫 가지 사항을 알린다. 예문 2)는 가정에서 쓰레기봉투를 쓸 때 꼭 지켜야 할 규칙을 서술하였다. 둘 다 우리 생활에 아주 가까이 있는 실용문이다. 조각 글을 모아 놓았으며 문장에 숫자를 매겨 도표 식으로 서술하였기에 우리가 흔히 읽는 글 한 편이라고 보기에 조금 무리가 있다. 그러나 엄연히 글은 글이다. 꼭 필요한 정보만을 독자에게 전하려고 하다 보니 이렇게 쓴 것일 뿐이다.

어떤 이는 세상에 이른바 '100% 설명믄'은 없다고 주장한다. 글은 사람이 쓰는 것이니 어떤 글이고 간에 어느 구석엔가 글쓴이 개인 생각이 스며들어 있으리라 믿는다. 앞에서도 얘기했지만 일리 있는 지적이다. 그러나 예문 ①과 ②는 각각 짧고 또렷하게 일정 사실을 전하고 필요한 사항만을 서술하고 있으니, '100% 설명문'으로 여길 만하다.

다만 예문 1)에서 2항이 조금 다른 듯하다. '맛이 좋습니다.' 라

고 한 진술은 어디까지나 개인 의견이기 때문이다. 그러나 '식성에 따라'라는 단서가 붙어 있으니 전체로 객관성에 따른 서술이라고 해도 틀린 말은 아니다. 예를 들어 예문 1)에서 글 끝에 '소비자의 입맛과 건강을 돌보는 마음으로 제품을 만듭니다.' 따위 문장을 더했다고 하자. 그렇다면 말 그대로 '100% 설명문'이라고 할 수는 없을 것이다.

다음 글은 신문기사문이다. 우리 대부분이 매일 신문을 보면서 산다. 기사문은 우리에게 가장 친숙한 설명문이다.

예문 3)

적당히 살찐 여성, 우울증 덜 걸린다
한림대 교수팀 밝혀
"발병위험 정상체중보다 0.7배 줄어"

보통 '살집이 넉넉한 사람들은 태평하다'고 말하는데 실제로 적당히 살이 찐 여성들이 우울증에 덜 걸린다는 흥미로운 연구 결과가 나왔다. 한림대 성심병원 가정의학과 조정진 교수팀이 전국 329개 회사의 20~60세 직장인 8121명(남성 5231명, 여성 2890명)을 임의 표본 추출해 비만과 우울증과의 관계를 분석한 결과, 경도비만(BMI·체질량지수 25~30) 여성은 정상체중군(BMI 18.5~24.9)과 비교해 우울증 위험이 0.7배 줄어드는 것으로 나타났다.

또 경도비만 전 단계인 정상체중 및 과체중군(18.5~24.9)에서는 BMI가 1씩 증가할수록 우울증 위험이 0.93배 줄어드는 것으로 나타났다. 여성과 달리 남성에게서는 BMI와 우울증 간 관계를 찾을 수 없었다. BMI는 체중을 신장의 제곱으로 나눈 것이다. '아시아 태평양 비만기'에서 BMI 18.5 이하는 저체중, 18.5~22.9는 정상(표준)체중, 23.0~24.9는 과체중, 25.0~29.9는 경도비만, 30 이상은 고도비만이다. 일반적으로 정상체중과 과체중(18.5~24.9)이면 건강한 체격으로 본다.

반면 저체중(BMI 18.5 이하)과 고도비만(BMI 30 이상)에서는 여성과 남성 모두가 우울증 위험이 높아졌다. 저체중인 여성은 정상체중 여성에 비해 우울증 위험이 1.42배, 남성은 정상체중 남성에 비해 1.3배 증가했다. 또 고도비만인 여성은 정상체중 여성에 비해 1.47배, 남성은 정상체중 남성에 비해 1.79태 증가했다.

조정진 교수는 "흔히 비만이 정신건강상 문제가 된다고 생각하지만 고도비만이 아닌 경우 비만이 우울증 위험을 높인다고만 볼 수 없다"며 "한국인의 경우 마른 체형보다는 다소 통통해 보이는 사람이 상대적으로 체형에 대한 자기 만족도가 높을 수 있고, 성격도 유연하고 긍정적인 사고를 가진 경우가 많다'고 말했다.

이번 연구는 한국어판 '역학연구용 우울척도(CES-D)'를 이용한 설문지 조사와 건강진단의 신체측정결과 자료를 분석해 이루어졌다. 조정진 교수는 이 보고서를 지난달 14∼17일 스위스 제네바에서 열린 16차 유럽비만학회에서 '한국의 직장인에서 비만과 우울의 관련성'이라는 제목으로 발표했다.

(김현지 기자, 동아일보, 2008. 06. 09)

많은 사람이 보는 신문에 글을 쓰는 처지에서 글쓴이(기자)는 객관성에 따라 두 가지 사실에 초점을 맞추었다. 하나는 연구 진행과 발표 과정이다. 글쓴이는 연구와 발표가 이루어진 과정을 육하원칙에 따라 간략하게 소개했다. 한림대 조정진 교수팀이 전국 329개 회사에 다니는 20∼60세 직장인 8,121명을 대상으로 비만과 우울증이 맺고 있는 관계를 분석했고, 조정진 교수는 지난달 14∼17일 스위스 제네바에서 이 연구 결과를 발표했다고 한다.

다음, 연구 결과에 따른 내용을 밝히고 있는데 이 부분이 중심내용이다. 연구 진행 과정을 설명할 때보다 당연히 좀 더 많은 지면을 쓰고 있다. 연구 결과는 경도비만여성이 정상체중인 성인 여성보다 우울증에 걸릴 확률이 낮다는 것이다. 이는 물론 조정진 교수팀이 거두어들인 실험 결과를 요약한 내용인데, 여러 측면에서 구체 수치를 나열하면서 객관 정보를 또렷하게 전한다.

그러나 조금 아쉬운 점이 있다. 'BMI', '역학연구용 우울척도' 따위 전문용어를 써서 기사를 풀어내고 있기에 일반인이 내용을 실감 있게 받아들이기는 힘들어 보인다. 'BMI'란 신장의 제곱으로 체중을 나눈 것을 뜻하고 경도비만은 수치 '25.0~29.9'를 기록하는 상태라고 설명하고 있지만, 이 수치만으로써 얼핏 구체성 있게 가늠이 서지 않는다. 'BMI 25.0~29.9'라는 수치가 무릇 얼마나 살이 찐 몸을 가리키는지 일반인이 쉽게 알아차릴 수 없다는 것이다. 좀 더 쉬운 말로써 내용을 풀어 가면서 읽는 이가 전달 내용을 잘 이해하도록 도왔다면 좋았으리라 여긴다. 그러나 신문기사문이다. 일반 과학서적이 아니므로 용어설명까지 곁들일 수는 없었으리라고 이해해야 한다.

어쨌든 연구 결과가 실제 현실과 맞아 떨어지는지 않는지에 관계없이 글쓴이는 연구팀이 조사, 연구한 내용을 있는 그대로 달리 말해 객관성에 따라 서술했다. 예를 들어 글쓴이가 '따라서 이제 우리 사회도 비만에 대한 인식을 달리해야 한다.' 따위 주관성에 따른 문장을 덧붙이기라도 했다면, 이 글은 논증문이 되었을 수도 있다. 이 글은 실험보고서를 요약하여 내놓은 기사문(記事文)으로서 설명문이 무엇인지 보여준 한 전형이라고 할 수 있다.

다음 예문에서는 주제 폭이 조금 넓어진다.

예문 4)

1966년 美 '미란다 원칙' 판결

에르네스토 미란다는 멕시코계 미국인이다. 그의 삶은 한마디로 추악했다. 하지만 아이러니컬하게도 그의 이름은 '인권의 대명사'로 길이 남아 있다.

미란다는 1963년 3월 미국 애리조나 주 피닉스 시의 한 극장 앞에서 18세 소녀를 유괴해 들판으로 끌고 가 강간했다. 경찰은 당시 21세인 그를 납치 강간 혐의로 체포했다. 경찰서로 붙들려간 그는 피해 소녀로부터 범인으로 지목받는다. 2명의 경찰이 그를 조사했다. 변호사는 선임되지 않은 상태였다. 미란다는 두죄를 주장하며 완강하게 버텼다. 하지만 2시간의 경찰 심문 끝에 그는 손을 들고 만다. 범행 자백자술서를 쓰고 서명도 했다.

재판이 시작됐다. 미란다는 갑자기 말을 바꾼다. 무죄를 주장하고 나선 것이다. 강요된 자백에 따라 진술서를 억지로 썼다고 주장했다. 재판정은 술렁거렸다. 그러나 법원은 미란다의 주장을 받아들이지 않았다. 범죄사실이 명백했기 때문이다. 애리즈나주 법원은 그에게 '최저 20년 최고 30년'의 중형을 선고했다.

미란다는 애리조나주법원에 상고했다. 주대법원의 판결도 마찬가지였다. 애리조나주대법원은 원심을 그대로 받아들였다.

그러나 여기서 끝나지 않았다. 그의 무죄를 주장하는 '미국자유시민연맹'은 연방대법원으로까지 이 사건을 끌고 갔다. 1966년 6월 13일 미연방대법원은 미란다의 손을 들어주는 극적인 판결을 내린다. 연방대법관 9명 가운데 4명은 미란다의 유죄를 주장했다. 반면 5명은 무죄라는 미란다의 주장을 받아들였다.

불리한 증언을 하지 않아도 될 권리(미국 헌법 제5조)와 변호사의 조력을 받을 권리(미국 헌법 제6조)를 침해당했다는 것이다. 이 판결로 그는 석방됐다. 아무리 흉악한 범죄를 저지른 사람이라도 자신을 방어할 수 있는 기본 권리가 침해받아서는 안 된다는 것이다.

"당신은 묵비권을 행사할 수 있으며 당신이 말한 것은 법정에서 불리하게 사용될 수 있습니다. 우리가 질문하기 전에 당신은 변호사와 상의할 권리가 있습니다."

　　경찰이 피의자를 연행할 때 반드시 알려야 하는‘미란다의 원칙’은 이렇게 탄생했다.
　　피의자의 인권에 대한 중대한 판결을 만들어낸 미란다. 그러나 그의 삶은 순탄치 못했다. 감옥에서 풀려난 후 동거 여인의 증언으로 다시 유죄가 확정돼 옥살이를 해야 했다. 1972년 가석방됐다가 4년 뒤인 1976년 술집에서 싸움을 하다가 죽었다. (책갈피 속의 오늘, 동아일보, 2008. 06. 13)

　　이 글은 ‘미란다 원칙’이 어떻게 유래했는지 그 과정을 설명하고 있다. 서사를 주된 기술 방법으로 하여 ‘미란다’라는 사람이 저지른 행적을 더듬어 내용을 펼쳐 간다.

　　그런데 범죄인 미란다와 그를 둘러싼 사건 흐름을 바라보되, 글쓴이는 어느 구절에서도 자신이 지닌 가치관이나 선호, 취향을 드러내지 않는다. 객관성에 따른 자세를 지켜 그저 사건이 시작되고 끝난 과정을 따라갈 뿐이다. 그렇지 않고 악질 살인범인 미란다를 보고 한 사람으로서 느낄 수도 있을 증오와 연민을 이야기하거나, 사건에 깃들어 있는 역설성(逆說性)에 감탄하거나 했다면 이 글은 설명문이 아니라 감상문이 되었을 것이다. 또 미란다가 무죄로 풀려난 대목에 집중하여 법 판결을 따지고 드는 논리 따위를 펼쳤다면 논증문이 되었을 수도 있다. 세 번째 문장에서 ‘아이러니컬’ 운운하며 가벼운 심회를 드러내기도 했지만 글쓴이는 객관에서 주관으로 넘어가는 경계선에 멈춰 서서 설명 자세를 잘 지켜 냈다. 오로지 사실을 전하는 데에만 신경을 쓴 것이다. 그래서 이 글도 설명문을 가리키는 전형이 된다.

　　설명문은 실생활에 필요한 정보를 전하는 데에만 그치지 않는다. 이처럼 정치, 경제, 사회, 문화 따위 여러 방면에 걸쳐 갖가지 사항을 알려 준다. 초중고 학생이 읽는 교과서는 거의 다 설명문으로 되어 있고, 대학생이 읽는 개론서 가운데에도 설명문으로 엮은 책이 퍽 많다. 이러한 책속에 들어 있는 내용은 모두 우리가 삶을 이해하는 데에 기초가 되는 정보다. 그러므로 설명문을 쓸 때에는 쓰기 전에 그 내용이 올바르고 정확한지 철저히 살펴야 한다. 또 읽는 이가 어른인지 아이인지 학생인지 주부인지 따위를 따져 수준에 맞는 질과 양으로써 내용을 채워야 한다.

다음 예문은 약간 다른 관점에서 읽어 보자. 이 글이 설명문인지 아닌지 따져 보자.

예문 5)

부부싸움을 다스리는 방법

부부는 싸우게 되어 있다. '잉꼬부부'라는 말이 있지만 일생을 함께 살면서 한 번이라도 다투지 않는 부부는 거의 없다. '로미오와 줄리엣'처럼 아무리 뜨거운 사랑으로 맺어진 부부라도 시간이 지나면 열정은 식고 틈이 벌어진다. 어쩔 수 없다.

원래 사람 사이에 갈등을 겪는 일이 좋을 리는 없지만 부부싸움이야말로 정신 건강에 결코 이롭지 않다. 가볍게 토라지거나 짜증내는 정도는 괜찮다고 여길지 모른다. 그러나 이러한 작은 상처 때문에 언성이 높아져 실망이 불신으로 이어지고 급기야 혐오감으로 번져, 오랫동안 각방을 쓴 끝에 이혼이라는 상황에 이르기도 한다. 부부싸움을 다스려 돌이킬 수 없는 비극으로 가기 길을 피하는 몇 가지 방법을 적는다.

첫째, 싸움이 될 빌미를 원천 봉쇄하라. 적잖이 전쟁을 치러본 끝에 어느 정도 이력이 붙으면 사태를 일찌감치 느낄 수 있다. 어떤 경우와 상황에 아내나 내가 어떻게 반응할 것인지 알 수 있다. 평소 이점을 머릿속에 입력해 두었다가 어떤 조짐이 보이면, '그래 내가졌다.' 따위 한 발 앞서가는 마음을 표현하여 불씨를 아예 일으키지 않는 것이다. 이는 자기를 버리는 자세인데다 순발력을 요구하는지라 몸에 익히기가 그리 만만치 않다. 그러나 일단 습관이 되면 결국 상황을 주도해나갈 수 있다는 이점이 있다.

둘째, 일단 밖으로 나가자. 나를 버리려 했지만 그래도 가끔 감정이 삐져나와 목소리가 거칠어진다. 그럴 때는 무조건 밖으로 나간다. 그리고 담배 한 가치를 피워 문다. 그러면 방금 흥분했던 마음이 서서히 가라앉으면서 좀 더 객관적인 자세를 지니게 될 것이며, 사태를 헤쳐 나갈 효과적인 언행을 떠올릴 수 있다. 이렇게 생각과 마음을 정리했으면 이제 집 안으로 들어가 '나 버리기'를 다시 시도한다.

셋째, 초심을 되새겨라. 사람이 살아가는 일인데 어찌 매일 변함없고 틀림없을 수 있겠는가. 그럴 수 없다. 오늘 대판 싸운 뒤 집을 나섰다. 그렇다면 이제 지금에서 한걸음 더 물러나야 한다. 먼 과거로 돌아가 보자. 아직 결혼하기 전 나를 그토록 잘 따르던 아내 모습을 불러오고, 함께 떠났던 여행이나 하다못해 둘이 걸었던 거리를 떠올린다. 지갑에 넣어두었던 사진을 꺼내 보라. 결혼식 당일 아름다웠던 모습을 반추하라. 그러면 초심을 회복할 수 있다.

이렇게 마음을 다스렸으면 넷째, 이제 구체적인 뒷수습에 몰두하라. 안 좋은 감정이란 오래 놔두거나 끌면 생각지 못했던 국면으로 상황이 펼쳐지기도 하는 법이다. 그렇다고 급하게 서둘러서는 안 된다. 태도가 급변하면 권위가 떨어진다. 하루 정도 참았다가 작전을 펴는데, 대개 구체적인 물량공세가 즉각적인 효과를 보인다. 평소 관리하던 비자금을 아낌없이 투자하라. 아내가 좋아하는 음식을 사들고 들어가는 것이 가장 무난하며 아이들을 앞세우는 것도 한 방법이다. 집 근처 식당으로 가족을 불러내서 자연스럽게 화해 분위기를 조성한다. 꽃다발을 내미는 것은 약간 유치한 방법이지만 오늘날 아직도 유효하다.

몇 가지 방법을 늘어놔봤지만 무엇보다 중요한 점은 자기 마음을 자기가 장악하는 것이다. 부부싸움은 대개 작은 일에서 비롯된다. 그러나 작은 불씨가 산 전체를 구워삶는다. 작은 갈등이 전혀 뜻하지 않게 걷잡을 수 없이 큰 갈등으로 이어진다는 것이다. 그러므로 작은 갈등에 처음부터 세심한 주의를 기울여 적극적으로 대응하는 자세가 필요하다. 상대를 사랑하는 마음을 늘 새기고, 요즘 '사랑해'라는 말이 참 흔한데, 여차 하면 이 '사랑해'를 한번쯤 쏴도 좋다. 물론 진심을 바탕으로 하여 아주 깊고 그윽한 목소리에 담아야 한다. 그래야 마음이 이어지고 전달된다.

이 글은 소재와 주제가 퍽 특이하다. '부부싸움을 다스리는 법'이라는 제목 그대로, 글쓴이는 부부싸움을 예방하고 사후 처리하는 방법을 일러주고 있다. 부부싸움은 일어날 수밖에 없다는 전제를 펼친 뒤, 사전 예방을 강조하였으며 싸움이 일어나려 할 때에는 뒤로 한 발 물러서라고 조언한다. 이어 초심을 떠올리면서 스스로 마음을 다져 화해로 가는 바탕을 마련할 것과 그에 따른 구체 방법으로써 물질 공세를 내놓고 있다. 글쓴이 자신이 쌓은 갖가지 경험에서 터득한 듯한, 부부관계를 원만하게 이끄는 법을 차근차근 알린 것이다. 그래서 설명문으로 보인다.

그러나 전체 내용이 퍽 주관에 따른다. 예를 들어 '그럴 때는 무조건 밖으로 나간다. 그리고 담배 한 가치를 피워 문다.'라든지 '평소 관리하던 비자금을 아낌없이 투자하라.' 따위 내용은 '방법'을 설명한다기보다 '방법'을 주장하고 있다. 글쓴이 자신이 쌓은 경험에서 얻은, 남다른 신념과 남모르는 비법을 밝히고 있는 것이다. 그렇게 보면 이 글을 설명문으로 규정하기가 어렵다. 그렇다고 하여 글쓴이가 일정한 근거에 서서 또렷하게 자기주장을 내세우지 있지는 않고, 대상을 바라보며 우러나오는 감정을 펼치고 있지도 않다.

그러니 이 글을 설명문이라고 해야 할까 아니면 논증문이나 감상문이라고 해야 할까. 굳이 따져보라고 하면… 쉽게 판단이 서지 않는다. 글쓴이가 지닌 태도에 초점을 맞춰 살피고 규정한다면, 이 글은 설명문이라는 울타리를 벗어나지 않는다. 그 내용이 비록 모든 사람이 공감할 수 있지는 않지만, 글쓴이는 어떤 사항을 상대에게 이해시키려는 자세로 글을 쓰고 있어 글쓰기 태도가 설명행위에 머무르고 있기 때문이다. 반면 글에 실린 내용이 어느 정도 객관성을 지니고 있느냐를 초점으로 살펴본다면 설명문이 될 수 없다는 결론에 이른다. 이야기 내용이 정보로서 분명히 어떤 가치를 지니고 있기는 하지만 공감과 객관성이 충분하지 않아 개인 체험을 소개한 것에 지나지 않기 때문이다.

그런데 앞에서도 얘기했지만, 설명문이니 감상문이니 하는 용어를 쓰는 까닭은 넓디넓은 글의 바다를 효과 있게 가늠하여 글을 이해하는 길을 넓히는 데에 있다. 따라서 이 글이 설명문인지 감상문인지 기어이 가려내어 못을 박아야 할 필요는 없다. 읽는 이 각자가 세운 기준에 따라 제 나름대로 글의 성격을 가늠해 보면 그만이다.

예를 들어 결혼 행사를 알리는 청첩장은 일시와 장소 따위 객관 사실을 설명하는 데 목적이 있다. 언제 어디에서 누가 누구와 결혼식을 올린다는 계획을 전하는 것을 고유 기능과 목적으로 삼는다. 이렇게만 보면 청첩장은 실용문이요 설명문이다. 그러나 청첩장에는 대개 가벼운 인사말과 더불어 '오랜 시간 함께했던 사랑으로 이제 아름다운 보금자리를 꾸미려 합니다. 부디 오셔서 축하해 주시기 바랍니다.' 따위 앞으로 어떻게 살겠다는, 신랑신부가 지닌 각오가 함께 실려 있기 마련이다. 그렇다면 청첩장은 순수 설명문이 되지 못한다고 주장할 수 있는데 여기에서 굳이 설명문이냐 아니냐를 따질 필요는 없다는 것이다.

자기소개서를 살펴보아도 그렇다. 자기소개서란 글쓴이가 지닌

환경과 성장과정, 이제까지 쌓은 경력 따위를 숨기거나 부풀리지
않고 그대로 전하는 글이다. 실용문이면서 설명문을 대표하는 형식
이다. 그러나 포부와 감성은 물론 자신이 지닌 장점과 단점, 성공
과 실패를 이야기하면서 어느 부분에서는 자기에게 도움이 되도록
내용을 살짝 윤색하기도 한다. 이를 두고 또 주관이니 객관이니 하
면서 끝까지 따져 기어이 결론을 내야 할 필요는 없다. 설명을 목
적으로 하여 객관 사실을 또렷하게 알리는 것을 기둥으로 삼되, 개
인이 지닌 뜻과 마음을 거기에 더했다고…… 그렇게 이해하고 바라
보면서 읽는 이 나름대로 전체 성격을 이해, 규정하면 되는 것이다.

　정부고위 관리가 가끔 담화문을 발표하는데 이러한 글에서도 주
관과 객관이 섞여 있기 쉽다. 새로운 제도나 규칙 따위 국민에게
알려야 하는 객관 사실을 먼저 쓰고, 이어 제도 시행을 앞두고 동
감과 협조를 호소하는 문장을 적어 넣는다. 이러한 글을 읽을 때에
도 넓은 안목으로써 융통성 있게 글에 어린 중심 성격을 가늠하면
된다.

3. 논증문

　세상을 살아가다 보면 내 일이든 남의 일이든 개인사에 얽힌 것
이든 공동체에 이어진 것이든 수많은 문제에 부딪친다. 이때 옆에서
그냥 지켜보고 뒤에서 알고 지내는 정도에 그치지 않고 그 일에 관
련하여 무엇인가를 주장하고 나아가 다른 이들이 자기주장에 따르

도록 해야 할 때가 있다. 논증문(論證文)은 제 나름대로 세상사를 해석하고 판단한 끝에 얻은 의견을 주장하되, 객관성 어린 근거를 내세워 상대(읽는 이)가 이에 동의하고 동감하도록 이끌려는 글이다.

그래서 논증문은 '주장＋근거'라는 틀로 짜진다. 이는 다른 글과 또렷이 다른, 논증문이 지닌 특성이며 본질이다. 객관 정보를 전달하는 데에만 주력하는 설명문과 이 점에서 근본이 다른 것이다. '주장＋근거'라는 틀… 이 요소가 논증문에서 핵심이라는 사실을 깊이 새겨야 한다.

논증문은 문장쓰기 네 방식 가운데 '논증'을 중심으로 하여 쓰며 객관으로써 주관을 밝히고자 하는 글이므로 첫째, 주장과 근거, 문단과 문단 나아가 문장과 문장 사이에 논리가 정연하여 조리가 바로 서야 한다. 조리란 '앞뒤가 들어맞고 체계가 서는 갈피'(국어사전)를 이르는 말로서 논증문에서뿐만 아니라 모든 글쓰기에서 제대로 세워야 할 미덕이고 지켜야 할 기본사항이다. 논증문을 쓸 때 이 점을 더욱 엄밀히 따져야 한다. 읽는 이가 지금 가지고 있는 생각을 바꾸도록 이끌어 가려면 무엇보다 먼저 이야기 내용이 앞뒤가 딱 맞아 떨어져야만 한다. 그래야 남을 설득할 수 있다.

둘째, 주장하는 내용이 또렷하고 강하게 드러나야 한다. 논증문에서 주제는 바로 글쓴이가 펼치는 주장이다. 논증문은 이 주장을 목표로 하고 소중하게 다루는 글이다. 당연히 글쓴이가 지닌 판단, 신념, 의지 따위를 분명하게 제시해야 한다. 셋째, 주장을 뒷받침하는 근거(이유)가 또렷해야 한다. 근거가 흐릿하면 글쓴이가 펴는 주장이 설득력을 얻기 힘들다. 효과 어린 근거를 찾아내는 일이 논증문 쓰기에서 성패를 가른다. 넷째, 박사학위논문과 같은 학술논문이 아니라면 되도록 문장을 쉽게 써서 읽는 이에게 친숙하게 다가가는 것이 바람직하다.

　논설문과 각종 평론, 석박사 학위논문을 비롯한 학술논문 따위가 다 논증문이다. 논설문은 다시 첫째, 신문 사설, 시평(時評), 단평과 같이 시사성을 띤 문제를 다루는 글과 둘째, 일반교양을 추구하는 차원에서 정치, 경제, 사회, 문화, 사랑, 행복 따위에 걸친 내용을 다루는 것으로 나누어 볼 수 있다.

　이 가운데 사설은 주로 신문과 잡지에 많이 실린다. 일반 대중을 독자로 삼기에 전문성과 학술성이 덜하고 글쓴이 주관이 끼어드는 경우가 많다. 그러나 존재, 사랑, 행복 따위 보편문제를 다루는 논설문과 일정 대상을 전문가다운 시각으로 다루는 각종 평론, 학술논문 들은 매우 수준 높은 학식과 전문지식을 바탕으로 하여 쓴다. 특히 학술논문은 따로 정해진 형식 체계와 규칙이 있어 다른 논증문에 비해 좀 더 엄정한 객관성에 따른다.

　먼저 사설 한 편을 읽고 논증문이 어떤 글인지 개념을 세우면서 실제 쓰기 과정을 헤아려 보자.

예문 1)

학교 서열화가 부른 불길한 미래의 전조

　경기도의 한 고등학교가 학생의 성적에 따라 차별적으로 편의를 제공했다고 한다. 성적 우수자에겐 별도의 자율학습 공간을 배정하는 것은 물론, 심지어 저녁 배식에서도 일부 차별을 뒀다는 것이다. 선의의 경쟁을 유도하기 위해서라거나, 학습 분위기 유지 차원이라는 등 학교의 변명이 없을 리 없다. 하지만 단지 시험성적만으로 학교가 학생을 차별하는 행위는 어떤 이유로도 설명될 수 없다.

문제는 이 학교의 사례가 앞으로 광범위하게 자행될 학생 인권 파괴를 경고하는 예고편에 불과하다는 사실이다. 새 정부 들어 각 시·도 교육청은 진단평가라는 이름으로 일제고사를 실시하기 시작했고, 일부에선 학교별 혹은 개인별 성적을 배포했다. 이에 따라 시·도 혹은 전국 단위의 학교 서열화는 시간문제가 됐다. 이에 앞서 서울 등 일부 시·도 교육청은 학교 선택제를 확대하겠다고 밝혔다. 학교와 교사의 책임감을 높이려는 것이라고 하지만, 이것이 낳을 결과는 불 보듯 자명하다. 학교 관리자는 자신의 학교가 상위 서열에 오르도록 교사들을 다그칠 것이고, 교사는 학생들을 들들 볶게 된다. 결국 들볶임의 종착지는 학생이다. 그리고 들볶는 방법 가운데 가장 손쉬운 것이 성적에 따른 차별이다.

학교 서열화를 앞두고 각 학교는 이미 방과 후 학교를 특기 적성 활동에서 교과 학습으로 점차 전환하고 있다. 한 시간이라도 문제풀이 연습을 시켜 학교 전체의 성적을 올리겠다는 취지다. 그나마 조금씩 자리 잡아 가던 특기 적성 교육은 이제 다시 설자리를 잃을 게 분명하다. 영전이나 승진은커녕 자칫 무능력자로 낙인찍힐 수 있는 교장·교감에게, 한가로이 아이들 적성을 발굴하고 고민을 상담하며 진로를 모색하도록 '지도편달'을 요구하긴 어렵다.

어떤 사람에게나 나름의 잠재력과 능력을 갖고 있는 만큼 특정 기준에 따라 사람을 서열화해서는 안 되며, 학교는 학생들의 자질과 능력을 발굴해 계발하는 게 기본이다. 아이들의 꿈에 날개를 달아 주는 게 교육이기 때문이다. 단지 시험성적이 나쁘다는 이유로 아이들이 받은 모멸감과 좌절감은 평생 씻기지 않는다. 이렇게 받은 상처는 자존감과 자신감을 훼손시켜, 아이들이 꿈과 희망을 펼치는 것을 방해한다. 교육이 앞장서 아이들의 날개를 꺾어선 안 된다. 그러자면 무엇보다 먼저 학교 서열화 정책을 중단해야 한다.

(한겨레신문, 2008. 04. 07.)

이 글 네 번째 문단에서 글쓴이는 '무엇보다 먼저 학교 서열화 정책을 중단해야 한다.'고 말한다. 이것이 이 글에서 글쓴이가 내놓은 주장이요 핵심내용이요 주제이다.

이 주장을 펼치려고 글쓴이는 먼저 경기도에 있는 한 고등학교에서 성적에 따라 학생을 차별대우했다는 사실을 전한다. 이어 학교서열화를 부추기는 정책이 곳곳에서 벌어지고 있다고 조목조목 지적한다. 그 내용은 성적에 따른 급식 차별, 일제고사 실시, 학교별과 개인별 성적표 배포, 방과 후 학교 운영 취지가 변질하는 현상들이다. 그리고 이러한 정책, 사실 때문에 학생들이 '들볶임'을 당할 것이며, 교장, 교감 같은 교육 주체가 제대로 된 교육을 펼쳐야 하는 고유 의무를 저버릴 것이라고 내다본다. 사태에 어린 의미를 파헤쳐 진단을 내린 것이다.

이러한 진단 자체가 이미 학교서열화 정책을 중단해야 한다는 주장을 뒷받침하는 근거가 될 수 있지만, 글쓴이는 이에 그치지 않고 좀 더 또렷하고 직접성이 있는 근거를 대고 있다. 사람이란 누구나 잠재 능력을 가지고 있으니 이것을 계발하도록 도와 '아이들의 꿈에 날개를 달아 주는 것이' 바로 교육인데 성적을 구실 삼아 차별대우를 하면 아이들이 모멸감과 좌절감을 느낄 수밖에 없고 결국 꿈과 희망을 잃게 된다고 말한다. 교육 기본 이념과 원리를 밝혀 근본에서 현상을 비판하면서 주장을 내놓은 것이다.

이 글은 네 단락으로 되어 있다. 글쓴이는 먼저 비판대상이 되는 현상을 설명하고 그 현상이 지닌 의미와 가치를 가늠한 뒤 마지막에 근거를 들어 주장을 펼쳐 놓았다. 일간지에 실린 사설이어서 그런지, 이 글은 다른 논설문에 비해 분량이 적고 반박 논리도 간단하다. 그러나 보다시피 주장이 또렷하고 객관성에 바탕을 둔 근거가 확실하기에 모범이 되는 논증문이다.

신문사설은 우리 생활 현장 가운데에서 가장 쉽게 구하여 읽어 볼 수 있는 논증문이다. 그러나 모든 사설이 다 이 글처럼 '주장＋근거'라는 논증 구조를 알맞게 지니고 있지는 않다. 사설이라고 해서 논증문이 갖추어야 할 구조에 항상 충실하지는 않다는 것이다.

논증문이 어떤 글인지 제 나름대로 또렷이 새겨보자는 뜻에서 다음 예문을 읽어 보자.

예문 2)

저격수로 나선 문화부장관

유인촌 문화체육관광부 장관의 산하 기관장 '물갈이 압박'이 점입가경이다. 유 장관은 지난 12일 "새 정권이 들어섰는데도 자리를 지키는 것은 지금껏 살아온 인생을 뒤집는 것"이라고 말했다. 이는 문화인을 자처하는 기관장들의 자존심을 뭉개고 수치심을 자극하는 발언이었다. 그러다가 이제 아예 기관장의 이름을 거론하며 문제가 있으니 사퇴하라고 촉구했다. 그는 15일 한 언론과의 인터뷰에서 "끝까지 자리에 연연해한다면 재임 기간 어떤 문제를 야기시켰는지 구체적으로 명시할 수밖에 없다"고 말했다. 유 장관이 말하는 '문제'가 무엇인지 우리는 모르겠다. 하지만 그 문제란 것이 나라의 문화발전을 저해할 수 있는 사안이라면 사퇴로 끝날 일이 아니다. 그 이전에 국민 앞에 낱낱이 밝혀져야 할 것이다. 그리고 '문제'가 정도에 지나쳐 법에 저촉될 정도로 심각하다면 수사를 의뢰하여 이를 바로 잡아야 할 것이다. 이런 압박에 굴복하여 사퇴한다면 이들 기관장은 국민들에게 문제가 있는 인물로 비쳐질 것이다.

문화부 장관이 왜 산하기관장 교체의 저격수가 되었는지, 그의 입에서 문향(文香)이 아닌 독설이 뿜어 나오는지 알 만한 사람은 다 알

고 있다. 정권교체 후 챙겨줄 사람은 많은더 자리가 없으니 그 자리
를 마련하라는 것 아닌가. 본인은 부인하고 있지만, 당에서 먼저 터
뜨리고 청와대에서 이를 뒷받침하고 유 장관이 총대를 멘 셈이다. 유
장관은 또 "(서울)시장이 바뀌자 나도 서울문화재단 대표에서 물러났
다"고 했다. 그것이 소신이라고 했다. 하지만 자신의 소신을 들이대
며 다른 사람을 압박해서는 안 될 것이다.
　온갖 방법을 다 동원하고 있는 '문화단체장 밀어내기'는 아직도 우
리 문화계가 정치권의 자리나 마련해주는 티루한 처지임을 만천하에
드러냈다. 이전에는 볼 수 없었던 '돌격형 문화장관'의 행보가 보기
에 민망하다.
　(사설/경향신문, 2008. 03. 17)

　글쓴이는 첫 문단 첫 문장에서 유인촌 신임장관이 여기저기서 이
른바 '물갈이 압박'을 일삼는다고 비난한다. 이어 이러한 행동은 문
화 기관장들의 자존심을 손상시켰기에 잘못된 것이고, 기관장들에게
문제가 있다면 공공 차원에서 전말을 밝히고 넘어가야 한다고 말한
다. 둘째 단락에서는 장관이 집권 후 권력을 나누어야 한다는, 당에
얽힌 사사로운 목적에 따라 문제에 어린 개념을 잘못 휘둘렀을 뿐
만 아니라 자기 소신도 잘못 행사했다고 못 박고, 이어 자기 생각을
남에게 강요해서는 안 된다고 지적한다. 마지막 단락에서는 문화계
가 결국 정치권에 빌붙는 하수인 노릇이나 하는 '비루한 처지임'을
밝게 드러내고 만 꼴이 되었다고, 신임장관의 행보를 진단한다.

　이 글에서도 논증문이 꼭 갖추어야 할 바탕인 '주장＋근거' 구조
를 더듬어 볼 수는 있다. 새로 뽑힌 문화부 장관이 이러쿵저러쿵
독설을 흘리고 다니는 일이 왜 옳지 않은지를 따지고 있기 때문이
다. 그러나 전체에서 볼 때, 글쓴이는 사안에 어린 이치를 따지기
보다는 남의 행동을 비난하고 꼬집는 데에 초점을 맞춰 글을 썼다.

논증문은 주관을 이루려는 목적에 따라 객관을 수단으로 삼는다고 했다. 논증문을 쓸 때에는 자기 생각을 상대가 받아들이게 하려는 목적에서 자기감정과 취향을 일단 버리고 이치를 따지는 자세에 기대어 지면을 채워야 한다.

이 글에서 장관이 근거 없는 주장을 퍼트리고 다니는 행보가 어째서 잘못되었는지 파헤치려 했다면, 글쓴이는 좀 더 객관성과 논리성에 따른 기준을 가지고 대상을 비판해야 했다. 예를 들어 장관과 문화기관장이 어떤 의미가 있는 자리인지 합리성 어린 기준에 따라 규정한 뒤 그에 따라 신임장관이 벌인 행동이 어떻게 잘못되었는지 조목조목 따졌어야 했다.

하지만 글쓴이는 객관성 어린 근거보다는 주관에 따른 감정 언어를 선택했다. '저격수', '총대', '돌격형 문화장관' 따위 구절들은 글쓴이가 처음부터 대상에게 품고 있었던 적개심을 드러낸다. '점입가경'이나 '들이대고 있다.', '민망하다' 따위는 글쓴이가 자기감정에 젖어 있다는 것을 잘 보여 준다. 모든 글이 그렇듯이 이 글도 결국 글쓴이가 제 나름대로 지닌 집필 의도에 충실히 따른 결과물일 것이다. 글쓴이는 신임 장관이 보인 꼴불견 행태를 꼬집어 주고 싶은 욕구에 열중했다. 그러다 보니 현상 파악, 진단, 그에 따른 감정풀이가 중심이 되고 반면 객관성 있는 근거에 따른 주장은 시들해지고 말았다. 그런 면에서 이 글은 논증문이 아니다.

상대가 지닌 허점과 모순을 똑바로 바라는 보았지만 이성과 합리에 바탕을 둔 근거까지 대면서 비판할 가치조차 느끼지 못하여 이렇게 감정을 앞세웠으리라 생각한다. 아무튼 이 글은 상대를 비방하는 데에 초점을 맞추고 있기에 모범을 보인 논설문이라기보다는 사감(私感)을 내비친 단계에 머문 글이다.

그렇다고 이 글이 고유하게 지니고 있는 가치가 낮거나 또는 아예 없다는 말은 결코 아니다. 다만 이 책에서 세운 논증문 기준에 맞지 않는다는 것뿐이다.

다음에 든 예문 3)도 이 점에서 예문 2)와 마찬가지다. 사회 현상을 주제도 삼았고 '논평'이라고 되어 있지만, '주장＋근거'라는 틀과 그리 가깝지는 않다. 글이 아주 길어서 살펴보기 편하도록 문단마다 번호를 주었다.

예문 3)

6월의 광장을 딛고 나아가는 2008년 촛불항쟁
김종엽(한신대 사회학과 교수)

1. 사회는 종종 자신에게서 어떤 변화가 일어났는지, 자신이 무엇을 할 수 있는 존재가 되었는지 모를 때가 있다. 그래서 사회는 종종 스스로에게 놀란다. 이제는 '촛불문화제'가 아니라 '2008년 촛불항쟁'이라고 불러야 마땅할 이 사건도 그런 것에 속한다. 촛불을 들고 거리를 행진하는 사람들은 모두 이 역사적 사건의 참여자인 동시에 관찰자인데, 그들은 모두 자신의 소박한 행동이 장엄한 촛불 물결과 동일한 실체라는 사실에 경탄한다.

2. 지난 한달 동안 거듭해서 스스로를 초월하며 발전해온 2008년 촛불항쟁의 성격을 한마디로 요약하기는 매우 어렵다. 그래도 정리해 말하자면 현재의 상황은 후진기어를 넣고 역진하는 '불도저'를 시민들이 촛불을 밝혀 막아선 것이라 할 수 있다. 민주적 정부 아래서는 민주화가 밥 먹여주냐는 냉소가 흘렀다. 하지만 마치 사장이 구내식당에 납품될 쇠고기를 수의계약 하듯이 미국에 간 대통령이 미국산

쇠고기를 전면 개방했을 때, 시민들은 민주화의 역진이 밥상 자체를 위협한다는 것을 명료하게 알게 되었다. 미국산 쇠고기 개방은 더불어 영어몰입교육에서부터 4·15 교육규제 철폐, '고소영 강부자' 내각, 대운하 추진 같은 선행하던 사건들 그리고 수돗물과 건강보험을 비롯한 각종 민영화 같은 다가올 사건들의 의미 또한 또렷하게 해주었다. 시민들로서는 적어도 역전 불가능한 지점을 지정해줄 필요를 느꼈고, 대의민주주의가 작동하지 않음이 분명해졌기 때문에 스스로 촛불을 들 수밖에 없었다.

3. 생각해보면 87년 체제를 통해서 시민들은 대의제가 작동 불능이나 오작동 상태일 때마다 그리고 87년 민주화의 성과가 무화될 위기에 처할 때마다 직접민주주의적 행동을 개시했다. 1996년 겨울 노동법파동 때 그랬고, 2000년 총선연대의 활동이 그랬고, 2004년 노무현 대통령 탄핵 반대시위가 그랬다. 그런 의미에서 지금의 촛불항쟁은 87년 체제를 통해서 반복되어온 시민의 직접민주주의적 개입과 궤를 같이한다. 하지만 촛불항쟁은 반복을 상회하는 혁신과 변화의 징후들을 가지고 있다. 이를 살펴보기 위해서 사태의 추이를 되짚어보자.

4. 4월 17일 한미 쇠고기 협상이 타결되었을 때만 해도 협상의 의미는 불명료했다. 하지만 송기호, 박상표, 우석균 같은 전문가들에 의해서 사회적 계몽이 시작되었다. 축산포드주의에 기반을 둔 쇠고기산업의 이윤추구가 얼마나 추악한지, 정부가 얼마나 몽매한 협상을 했는지, 미국산 쇠고기 수입 후 인간광우병을 피하려는 시도가 얼마나 지독한 강박증적인 주의력을 요구하며 궁극적으로 실패할 수밖에 없는지가 속속 드러났다. 그때 이미 쇠고기 문제는 논쟁의 국면을 지났다. 이어진 수많은 TV토론은 이명박정부를 수호하려고 나선 인물들의 논리가 얼마나 가관인가를 보여주는 구경거리였을 뿐이었으며, 정부 관계자나 그들을 옹호하는 학자들은 시간이 갈수록 몇 년 전 황우석 박사가 갔던 길을 뒤따르고 있을 뿐이었다.

5. 인상적인 동시에 새로운 현상은 이런 과정을 통해서 드러난 계몽의 확산 속도와 조직화의 힘이었다. 지식인과 전문가, 비판적인 언론매체, 인터넷 까페와 블로그 그리고 사람들의 손에 들려진 휴대전

화와 디지털 카메라의 협력 아래 진행된 이런 사회적 계몽은 의학과 국제법과 국제경제학을 넘나들며 관료적 리드 테이프와 보수언론의 담론 조작, 사이비 전문가들의 요설을 남김없이 격파했다. MBC 신경 민 앵커의 말처럼 "대한민국에서 제대로 된 시민 되기가 쉽지 않"았지만 사람들은 그 일을 능히 해냈다.

6. 계몽과정의 양식과 속도만이 새로운 것이 아니고 행동의 차원에서도 새로움은 나타난다. 사실이 하나씩 규명될 때마다 사람들의 분노는 커져갔지만 언제나 그렇듯이 행동이 중요하다. 이 행동이라는 핵심적 계기를 마련한 것은 촛불을 들고 겨리에 나선 여학생들이었다. 정치로부터 가장 먼 거리에 있다고 추정된 존재가 정치의 전면에 불쑥 출현한 것이다. 이전에 쓴 글에서 나는 이들이 지닌 세대론적 함의를 지적한 적이 있는데 그런 세대론적 함의보다 더 중요한 것은 이들이 시청 앞 광장에서 보인 모습이다.

7. 그들은 참 스스럼없고 재기발랄한 표어들을 들고 나섰는데, 그 중엔 "미친 소, 너나 먹어"라는 당돌하고도 엄중한 표어도 있었다. 나는 이 표어가 촛불항쟁의 새로움의 한 차원을 드러내준다고 생각한다. 무엇보다 이 표어에는 주인의 목소리가 울려 퍼지고 있기 때문이다. 올해는 의미심장하게도 남한 정부수립 60주년이 되는 해이다. 여러 면에서 생채기진 분단국가의 수립이었지만, 어쨌거나 정부수립은 식민지 아래서 살아온 민중이 국가시민으로 거듭난 경험이었다. 하지만 뒤이어진 전쟁과 독재정권으로 인해 사람들은 국가에 대해 피해자 심리를 가지게 되었다. 거의 원초적이라고 할 만한 이 피해자 심리가 이들에겐 씻은 듯이 없다. 그들은 진정으로 주인으로서 말하고 있거니와 이것이야말로 촛불항쟁이 보여준 최고의 새로움이다.

8. 그런 의미에서 촛불항쟁을 '국민 MT'라고 부른 역사학자 한홍구는 정곡을 찌른 것 같다. 계속되는 집회 속에서 주인임을 자각할 필요조차 없이 이미 주인으로 발언하는 청소년들에 의해서 사람들은 주인됨의 몸짓과 언어를 습득하는 동시에 주인이 되어 있음을 체험했기 때문이다. 그런 의미에서 촛불항쟁은 비유가 아니라 말 그대로 국가공동체의 멤버십 트레이닝이라 할 수 있다. 한겨레 기획위원 홍

세화가 몇 년 전부터 끈기 있게 외쳐온 대한민국 헌법 제1조가 지금 집회현장에서 노래로 울려 퍼지고 있다. 하지만 지금의 노래는 질적 비약의 측면을 가지고 있다. 홍세화의 말은 주장이고 요청이었지만 지금 불리고 있는 <대한민국 헌법 제1조>는 확증된 사실의 선포이고 주인의 자유로운 읊조림이다. 87년 헌법이 추상적으로 기재한 헌법 제1조가 비로소 사람들의 육체와 목소리에 현존하게 된 것이고, 체제의 지향점이 마침내 자기완성에 이른 것이라고 할 수 있다. 그러니 촛불항쟁이 6·10항쟁 21주년과 접속한 것은 자신과의 조우인 동시에 나선형의 상승, 새로운 출발점이라고 할 수 있다.

9. 너무도 인상적인 이런 주인됨의 양태, 주권자의 모습을 추적하는 것은 즐거운 일이다. 살수차를 혼자 막고 서서 "경찰이 시민들에게 물대포를 쏘면 안 되잖아요."라고 말하는 여고생, "아닌 것은 아니다."라는 표어를 들고 경찰 앞에 서 있는 한 노인, 불법시위를 운운하는 경찰의 선무방송에 대해 "너희가 불법이다."라고 말하는 시위군중은 실정법을 압도하는 법 정초적 발언, 주권자의 목소리이다.

10. 촛불항쟁에 흐르고 있는 주인됨을 당연시하는 태도는 항쟁의 양상을 완전히 바꾸었다. 이 태도가 권위주의적 정부의 폭력에 대한 모든 공포를 깨끗이 소멸시켰기 때문이다. 전경이 사람들을 체포하면 그것을 '닭장차 투어'쯤으로 여기는 것, 바리케이드 쳐진 전경버스 위에 전경이 보이면 "노래해"를 외치고 물대포에 "온수"를 요청하는 것 뒤에는 전경 대다수가 양심에 반하는 행동을 하고 있다는 이해심과 그들을 측은히 여기는 주인의 마음이 자리잡고 있다. 국가의 권위주의적 폭력은 이제 사실적으로 발생한다고 해도 규범적으로 가능성의 경계 저편으로 내몰린 셈이다. 유모차에 아이를 태우고 나선 주부들의 모습, 아이들을 목말 태우고 행진하는 아빠들의 모습은 그 명백한 증거이다. 그들의 태도는 아이의 목숨까지 담보한 위험한 투쟁에 임한 자의 모습이 아니라 모든 공포가 소멸한 광장에서 역사적 순간을 자녀와 함께하려는 이들의 모습이다.

11. 공포가 사라진 곳에서 풍자의 자기표현적 시학이 만개하는 것은 당연한 일이다. 시위현장과 인터넷을 채우고 있는 시민들의 말들

은 수사학 사전 하나를 채우고도 남을 만해서 시민 전체의 카피라이
터화, 시인화, '진중권화'라고 해도 과언이 어닐 정도이다. 더러는 "명
박아 미국에서 얼마 받고 알바하니" 같은 거친 조롱도 있지만, 판소
리의 전통에 닿아 있는 멋진 것도 있다. "이름은 명박, 별명은 땅박,
관상은 쥐박 … 생각은 천박, 정신은 띨박, 철학은 척박, 언행은 경
박 … 인심은 야박, 의리는 깜박 … 공무원은 타박, 기관장은 압박,
서민은 핍박 … 경제는 쪽박, 전망은 희박 … 운하는 강박, 정치는
도박, 정책은 엇박, 변명은 또박, 구속은 임팍, 탄핵은 촉박."

12. 풍자의 시학 속에서 새벽을 넘기곤 하는 집회현장이 난장의 형
태를 띠는 것은 또한 당연하다. 더러는 서고, 더러는 앉고, 더러는 노
래하고, 더러는 술 마시고, 더러는 구호를 외친다. 한쪽에서는 중고생
밴드가 사람들과 어울려 크라잉넛의 <말 들리자>를 노래하고, 다른
한쪽에서는 전경버스를 두들기거나 "영차영차" 밀고 있다. 그 안에는
사회적 투쟁에서 흔히 발견되는 심각함 대신 유쾌함이 흐른다. 해방
과정 자체가 해방적이어서 혁명과 축제가 직접적으로 동일시되는 것
같은 느낌에 사로잡히게 된다.

13. 확실히 전경버스와 시위대중이 맞닿는 경계면에는 어떤 과잉
이 있다. 거기에서는 밧줄도 등장했그 몽둥이도 등장했다. 하지만 이
몽둥이 옆에는 현장채증을 시도하는 경찰 카메라에 물총을 쏘는 재
기발랄함이 공존하고 있다. 사실 전경버스 몇 대를 끌어낸다고 청와
대에 이를 수 있다고 생각하는 사람들은 없다. 더러 다혈질인 사람들
에게 이런 장면은 답답하고 울화가 치미는 일일 것이다. 하지만 내게
는 전경차를 끌어내려는 사람들은 시골장터의 차력사처럼도 보였다.
그것은 시위에 활력과 초점을 부여하는 이벤트 같은 것이다. 이 말은
밧줄로 전경버스를 끌어내려고 하고 전경버스에 기어오르는 사람들
의 행동이 시늉일 뿐이라는 것이 아니다. 전경들을 뚫고 청와대로 가
겠다는 의지가 없다면 그것은 진정으로 표현적이지도 않고 몰입을
이끌 수도 없을 것이며, 그렇기 때문에 그 안에는 희망과 우려, 분노
와 자제의 긴장이 어린다. 그럼에도 두드러지는 것은 시위대의 폭력
이 아니라 겁먹은 전경들의 폭력이며, 시위대에 흐르고 있는 분위기
는 "될 때까지 모이자"는 단호한 느긋함이다.

···

14. "될 때까지 모이자." 이 말이야말로 모든 사람들의 상상(특히 이명박정부 사람들의 상상)을 뛰어넘는 항쟁의 지속성의 원천이다. 지금까지 얼마나 많은 사람들이 항쟁에 참여했는지 모르겠다. 하지만 모두들 내가 안 가면 다른 사람이 갈 것을 믿고 있고, 시간이 있으면 시청 앞에 나가고 있다. 그래서 전경들은 피로에 찌들어갈지언정 릴레이하고 있는 항쟁의 참여자들에게는 피로감이 없다. 그래서 지치지도 지칠 수도 없는 시민들은 긴 시간을 지나 6·10과 만났고, 6·10을 넘어서 나아가고 있는 것이다.

15. 이 항쟁의 공간은 정부와 시민 간의 협상공간이 아니다. 시민들은 지금 주권자로서 명령하고 있기 때문이다. 협상은 미국하고만 가능하며 그것도 재협상의 형태로만 가능할 뿐인데도, 여전히 대통령은 국민들의 염장을 지르는 말을 하거나 "자율규제" "인적 쇄신" "유류세 환급" 같은 동문서답을 거듭하고 있다. "땅 파지 말고 귀를 파라"는 표어가 나오지 않을 수 없는 상황이다. 하지만 정부는 이런 상황에서도 몰래 대운하사업을 추진했으며, MB맨들은 언론사를 장악하고 공기업 사장 자리를 차지하기 위해 여념이 없었다. 국가라는 여물통을 차지하고 관직과 공직이라는 사료에 코를 처박고 있는 30개월 넘은 소들의 꼴이 아닌가? 이런 식으로는 '명박산성'을 세워봐야 촛불이 꺼지기는커녕 더 높은 '시민산성'이 세워질 뿐이다.

16. 지난 대선을 경유하며 87년 체제와 민주화의 시효만료를 선언하는 사람들이 꽤 있었다. 한편에는 민주화가 끝나고 선진화가 시작되었다는 우파적 판본이, 다른 한편에는 87년 체제가 신자유주의적 97년 체제로 전환되었다는 좌파적 판본이 있었다. 하지만 현재의 촛불항쟁은 그런 주장들을 기각하고 있다. 87년 체제의 극복과 민주화 프로젝트는 끝나지 않았으며, 오직 민주화에 뒤이은 감수성의 혁신에 힘입어 자신의 힘으로 자신을 넘어서고 있는 것이다.

17. 이렇게 스스로를 초월해가는 촛불항쟁이 어디서 멈출지 아무도 모른다. 하지만 분명한 것은 이명박정부가 바리케이드 친 전경버스와 컨테이너박스 뒤에 웅크리고 앉아 시민들이 지치기를 기다리고 있는 시점을 초과해갈 것은 분명하다. 그럼에도 언젠가 이 국민적 원

탁이 접히고 일상의 시간이 되돌아올 것이다. 사회는 다시 이해관계
의 선을 따라 분열과 갈등을 반복할지도 모른다. 하지만 거리에 선
모든 이들과 그들을 인터넷TV 중계로 바라본 이들 모두의 기억들이
존속할 것이며 이야기가 이어질 것이다. 인터넷 주부카페가 주도한
조중동에 대한 광고투쟁 같은 다양한 투쟁방식들도 남을 것이다. 잘
작동하지 않은 대의제를 개선하려는 작업도 이어질 것이다. 항쟁을
통해 확인된 공공성에 대한 합의도 남을 것이다.

18. 그렇게 일상을 정지시켰던 이 비일상의 시간은 되돌아올 일상
의 경계를 재확정할 것이다. 가능한 것과 불가능한 것의 금을 다시
그을 것이다. 요컨대 우리 사회는 항쟁 이후에 전혀 다른 사회가 되
어 있을 것이다. 그래서 촛불항쟁에 참여한 모든 이들에게 고대 아테
네의 민주적 지도자 페리클레스가 했던 펠로폰네소스전쟁 전몰자 추
도연설문의 한 구절을 바친다. "앞으로의 시대는 우리에게 놀랄 것입
니다. 마치 오늘의 시대가 지금 우리에게 놀라워하듯이……."

(창비주간논평, 2008. 06. 11)

2008년 봄에 정부는 주요 경제 정책으로서 미국산 쇠고기를 수
입하기로 결정했다. 그리고 국민 가운데 많은 이들이 이를 반대하
여 전국에서 촛불집회를 열었다. 글쓴이는 이 현상을 주제로 다루
면서 집회에 어린 성격과 의미를 살피고 있다.

이 글은 모두 열여덟 단락으로 되어 있다. 먼저 단락을 따라가면
서 내용을 정리하고, 이 책에서 세운 기준에 비추어 이 글을 논증
문으로 볼 수 있는지 따져 보자.

1. 촛불집회는 항쟁이라고 불릴 만큼 놀라운 사회변화현상이다.
2. 촛불집회는 민주주의가 후진하는 현상을 단호하게 거부한다는
   의미를 지니고 있다.
3. 촛불집회는 직접민주주의를 실현하고자 하는 행동으로서 87년

항쟁과 궤를 같이하지만 그를 웃도는 새로운 특성을 지니고 있다.

4~5. 쇠고기 협상이 지니고 있는 여러 가지 폐단과 허구성, 위험성을 밝히는 계몽 속도와 조직화는 새롭고 놀랍다.

6~7. 특히 젊은 세대가 보여 준 주인의식은 지난날에 입은, 반민주주의 역사에 따른 상처를 말끔히 씻어 내고 있어 크게 주목을 끈다.

8. 이 주인의식을 가지고 국민 전체는 헌법 제1조를 참답게 실현하고 있다.

9. 이러한 주인의식에 따른 시위 행동을 바라보는 일은 즐겁다.

10. 주인의식은 권위주의 정부가 저지르는 폭력이 가져다준 공포심을 모두 없애 버렸다.

11~13. 풍자시학과 난장에서 느낄 수 있는 유쾌함, 재기발랄하면서도 단호한 느긋함을 시위현장 곳곳에서 엿볼 수 있다.

14. 이러한 양상 밑에는 '될 때까지 모인다는', 지속성이 깃든 참여 정신이 깔려 있다.

15. 촛불 집회 장소는 주권자 국민이 명령을 하는 곳이다. 그러나 정부는 아직도 적절하게 대응을 하지 않고 있으며, 이 때문에 국민은 계속 저항할 것이다.

16. 87년 상황과 민주 과정은 아직 다 끝나지 않았고, 지금도 촛불 항쟁을 통해 자신이 지닌 힘으로써 앞으로 나아가고 있다.

17~18. 이번 촛불 집회를 끝마치고 모두 일상으로 돌아가도 여러 가지 투쟁 양상은 오랫동안 기억에 남을 것이다. 그리고 이 기억은 우리 일상과 미래를 크게 바꾸어 놓을 것이다.

이 글에서 소재와 주제는 촛불집회고 문제가 엉긴 뿌리는 정부 정책이다. 정부는 적절한 절차를 무시하고 광우병이 의심되는 미국산 쇠고기를 수입하려고 했다. 농축산물 수입 정책은 말할 것도 없이 전체 국민 건강에 깊이 이어져 있기에 결코 소홀히 다룰 수 없는 공공 문제이다. 그래서 글쓴이는 다른 문제를 다룰 때보다 객관성을 좀 더 가다듬어 냉정하게 현상을 분석하고 적절한 근거를 마련하여 어떤 주장을 내세움직하다.

그러나 각 문단을 요약하면서 보았지만 이 글은 촛불집회가 어떤 의의를 지니고 있는지 살피는 데에 초점을 맞추고 있다. 문단 1~3에서는 전체 차원에서 집회에 어린 뜻을 규정했으며, 문단 4~14에서는 집회 현장에서 보고 들은 여러 가지 시위행동을 간추리며 그 뜻을 헤아리고 있다. 문단 15~18에서는 정부를 비난하면서 집회가 거둔 전체 뜻을 미래 상황에 이어 다시 밝히고 있다.

가장 눈에 띄는 것은 글쓴이가 촛불집회에 매우 큰 호의를 지니고 있다는 점이다. 글쓴이는 촛불집회와 참가자들에게 호의 차원을 넘어 거의 절대에 가까운 지지를 보내고 있다. 이러한 마음과 태도는 지면 곳곳에 그대로 나타나 있다. 그 결과, 섬세한 안목으로 현상을 파헤쳐 비판대상이 지닌 모순을 드러냈으되 글 중심을 끝내 객관성으로만 몰아가지 않았다. 근거에 서서 주장을 펼치는 면보다 현상에 반응한 감동으로 글을 채워나갔다.

'논평'이 어떤 내용을 담아야 하는 글인지 한마디로 잘라 규정할 수는 없지만, 국어사전에 따르면 논평이란 '어떤 사건이나 작품 등의 내용에 대하여 논하면서 비평함'이라는 뜻을 지니고 있다. 평을 내리지만 그냥 내리지 않고 논하여 내린다는 것이다. 논한다는 것은 객관성에 따른 언술을 전제로 한다. 그런데 이 글에서 글쓴이는 '논하기'에 연연해하지 않고 '평하기'에 힘을 쏟고 있다. 이 점을 좀 더 자세히 살펴보자.

글쓴이가 촛불집회에 큰 호의를 지니고 있다고 했지만, 머리말인 1문단에 벌써 그러한 마음이 잘 드러나 있다. 촛불 집회는 '역사적 사건'이며 그 참석자들은 '장엄한 촛불 물결과 동일한 실체'라고 한다. 이후 4~14문단에서는 집회 참석자들이 보여준 행동을 묘사하는 데에 집중한다. 이렇듯 집회 현장을 속속들이 살피는 집요한 관찰력은 대상에 순수하게 몰두하는 글쓰기 자세에 따른 것으로서 퍽 바람직하다. 이 점이 이 글이 지니고 있는, 남이 흉내 내기 어려운 특성이다. 글쓴이는 대상을 사랑하는 힘으로써, 그에 전념하여 글을 끌어간 것이다.

예를 들어 8문단에서 글쓴이는 촛불항쟁을 '국민MT'에 비유하고 11문단에서는 촛불집회장이 '풍자의 자기표현적 시학이 만개한' 곳이 되었다고 했다. 또 12문단에서는 집회현장이 혁명과 축제가 아우러진 공간이 되었다고 보고 이어 13문단에서는 '전경버스를 끌어내려는 사람들이 시골장터의 차력사'처럼 보였다고 했다. 이러한 진술들은 글쓴이가 시위대에 품고 있는 애정이 얼마나 깊은지 잘 나타낸다. 글쓴이가 지닌 주관이 이토록 또렷하기에 이 글은 전체에서 읽는 이를 끌어당기는 매력을 지닌다.

이러한 일방 애정에 어린 열정은 적대세력을 바라보며 드러내는 마음에서도 나타나는데 그 무게가 같다. 우호 대상을 감싸는 감정 어린 자세가 상대를 비판하는 대목에서는 신랄한 화살로 나타났다. 이미 4문단과 5문단에서 각각 'TV토론은 이명박정부를 수호하려고 나선 인물들의 논리가 얼마나 가관인가를 보여주는 구경거리였을 뿐'이고, '이런 사회적 계몽은 의학과 국제법과 국제경제학을 넘나들며 관료적 레드 테이프와 보수언론의 담론 조작, 사이비 전문가들의 요설을 남김없이 격파했다.'고 하여 반대 세력을 일방에서 깎아내렸으며, 15문단에 나오는 '국가라는 여물통을 차지하고 관직과 공직이라는 사료에 코를 처박고 있는 30개월 넘는 소들의 꼴이 아

닌가?'라는 문장에서는 상대를 향한 혐오감과 비판의식을 조금도
망설이지 않고 그대로 표현하고 있다.

이러한 대목을 읽다보면 참으로 거침없는 언술이기에 다시 한
번 호감과 동감이 기운다. 이렇게 현상을 바라보며 글쓴이는 여러
장점을 일구어 냈다. 첫째 대상을 감싸는 사랑과 열정이 넘쳐 아름
답다. 둘째, 군데군데 보이는 과감한 표현이 아주 시원하다는 느낌
을 준다. 셋째, 그래서 같은 의견을 지닌 사람에게 큰 감동과 영향
을 줄 것이다.

다만 이 책에서 세운 기준에 따르면 이 글은 논증문이 아니다.
공동체 문제를 주제로 다루었지만 자기감정을 숨기고 객관 자세에
서서 '주장+근거'라는 구조를 바탕으로 글을 쓰지 않았기 때문이
다. 비판 대상이 보인 언행을 '가관'이고 '요설'이고 '소의 꼴'이라
고 했지만, 무엇이 왜 가관이고 사이비 전문가 요설이며 30개월이
넘는 소들 꼴인지 객관성 있는 근거로써 규정, 주장하지 않고 있다.
그것은 첫째, 이 사태에 얽힌, 여러 가지 불합리한 정부 정책과 언
행이 왜 잘못됐는지 하는 것은 이미 모두에게 잘 알려져 있으며 둘
째, 그러므로 이처럼 긴 글에서 상식을 재론하면 글 편집 상 경제
성을 해치기 때문이라고 보아 그렇게 했다고 볼 수 있다. 그리고
무엇보다 근원 된 이유는 글쓴이가 객관 된 '근거+주장'을 택하지
않고, 확고한 주관을 바탕으로 하여 좀 더 자유로운 방식인 '동감+
규정' 구조를 택한 데에 있다고 여긴다.

'주장+근거' 구조에 맞지 않는다고 이 글이 잘못되었다고 생각하
면 안 된다. 같은 문제를 놓고도 여러 가지 방식으로 접근이 가능하
고 그 결과 사람 사는 세상에 다양한 글 양식이 나타나는 것이다.

이 글은 이러한 다양성을 증명한다.

이 장은 '글의 종류'를 살피는 마당이다. 어떤 대상을 연구하든 상대성과 유연성을 염두에 두어야 편벽성을 넘어선 폭넓은 인식을 얻을 수 있다. 이 글을 읽고 독자는 첫째, 정치, 경제, 사회문제라 하여 오직 '주장＋근거' 구조로만 다루는 것은 아니라는 점을 새길 수 있고 둘째, 일반 논증문과 이 글을 비교, 고찰하여 논증문 개념을 좀 더 밝힐 수 있을 것이다.

우리가 논증문을 자주 읽는 곳은 역시 신문과 잡지다. 특히 신문은 많은 사람이 함께 보는 공공 매체이다. 사설을 쓰는 이는 어떤 문제를 다루든 간에 엄정한 객관성에 서서 의견을 내놓아야 하며, 주장을 할 때는 정당하고 설득력 있는 근거로써 그 주장을 뒷받침해야 바람직하다. 이것이 사설이 갖추어야 할 표준 덕목이다. 여러 사람에게 큰 영향을 미치는 만큼 그에 따른 책임과 의무를 다해야 하기 때문이다.

그런데 다음 예문들은 이러한 기본에서 퍽 벗어나 있다. 이 글들은 신문에 실려 있지만 예문 2), 3)과 또 다른 차원에서 논증문이 갖추어야 할 바탕과 멀리 떨어져 있다. 역시 논증문이 어떤 글인지, 어떤 자세로 논증문을 써야 하는지 그 뜻을 또렷하게 세우고자 비교, 검토해 본다.

예문 4)

고대 교우회의 빗나간 동문사랑

한국 사회엔 3대 '패밀리'가 있다고 한다. 호남향우회, 해병전우회,

고려대 교우회가 그것이다. 굳이 서양 마피아에나 어울리는 '패밀리' 호칭을 쓰는 이유는 결속력, 목표의식, 실행력이 다른 집단의 추종을 불허하기 때문일 게다. 그러나 한국에서 패밀리의 원조는 티케이(대구·경북)라고 해야 할 것이다. 티케이는 경부축 중심의 개발 과정에서 경제적 부를 쌓았고, 박정희 쿠데타 이러 30년 동안 우리 사회를 지배하면서 정치 권력을 독점하다시피 했다.

호남향우회는 지역을 기반으로 하고 있그 또 결속력이 강하다는 점에서 티케이와 비교된다. 그러나 정치·경제적으로 소외된 호남인들이 살아남고자, 혹은 최소한의 영향력을 유지하는 차원에서 이루어진 결속이라는 점에선, 지배블록 티케이와는 성격이 근본적으로 다르다. 해병전우회도 사실 결속력만 강할 뿐 다른 패밀리와 성격이 다르다. 이들을 움직이는 건 정치·경제적 동인이 아니다. 이들을 묶어주는 건 험한 군 경험뿐이다.

그런 점에서 티케이와 가장 닮은 건 고대 교우회다. 다른 대학은 동창회 혹은 동문회라고 하지만, 고대는 특별히 교우회라는 이름을 쓴다. '같은 학교의 우애 있는 친구'라는 뜻이다. 단순한 동문이 아니라 형제급 동문인 것이다. 그러니 결속력은 강할 수밖에. 게다가 고대 출신은 대한민국 3대 학벌을 형성하고 있다. 입법부나 행정부 사법부는 물론 웬만한 회사에도 고대 교우회가 꾸려져 있지 않은 곳이 없다. 그런 막강 권력인맥이 형제급의 결속력을 유지하고 있으니, 패거리로선 전성기의 티케이가 부럽지 않다.

그럼에도 고대 교우회는 권력을 계속 더 확대하려 한다. 더 많은 명망가를 확충하고, 인적 네트워크를 넓히고, 각종 행사를 통해 결속을 도모하고, 그 인맥을 통해 교우의 출세를 돕는다. 6개월짜리 최고위 과정만 밟아도 교우로 인정하는 건 그 일환이다. 자연자원 정책과정을 수료했을 뿐인 심형래씨는 '세계르 뻗어가는 자랑스런 심 교우'다.

그런 고대 교우회가 이명박 교우의 당선 이후'승리의 새벽'을 구가하고 있다. 창립 100돌을 맞아 펴낸 교우회 100년사에 실린,'명'비어천가는 압권이었다. 치졸하기 짝이 없는 문장은 한 오라기 지성의 흔적마저 지워 버렸다. 광신적 찬양과 선동이 넘치던 그 자리의 주인공은 이 당선인이었다. 패밀리의 일원으로서 그가 느낀 건 자부심일까 두려움일까.

(사설/한겨레신문, 2008. 01. 08)

이 글에서 글쓴이는 한국 사회를 구성하고 있는 몇몇 집단을 거론하면서 깊은 반감을 드러냈다. '마피아' 운운하며 '패밀리'라는 낱말로써 고대교우회를 일컫는 문장태도가 우선 그렇다. 상대를 생각하는 기본 예의는 접어 둔 마음 자세를 처음부터 잘 보여 준다. 이러한 전투태세는 '승리의 새벽을 구가하고 있다'와 '명비어천가' 따위 구절에서 상대 비꼬기로 발전하였고, '광신적 찬양과 선동이 넘치던 그 자리'라는 어절에서는 적개심으로 번지고 말았다. 상대가 잘못을 저질렀고 그래서 못마땅하다 치더라도, 이렇게 대놓고 말을 휘두르듯 하니 퍽 위태로워 보인다.

글쓴이가 주장한 대로 고대교우회가 한국 사회에 나쁜 영향을 미치고 있는 것이 확실하고 그래서 글쓴이가 그 집단을 혐오한다고 하자. 물론 읽는 이 가운데 어떤 사람은 글쓴이와 같은 뜻을 지니고 있기에 그 마음을 깊이 이해할 수도 있을 것이다. 경우에 따라 어쩌면 절실하게 동감할지도 모른다. 그러나 신문 사설이라는 지면은 공공장소와 같다. 전 국민이 읽는 글을 쓰는 마당이다. 글쓴이는 글쓰기 자세를 퍽 다르게 가져야 했다. 옳지 못한 것이 왜 옳지 못한지 논리로써 따져야 했다.

이렇게 개인감정을 쏟아 내는 것은 논증 자세라는 면에서 볼 때 결코 옳지 않다. 자기 뜻을 이런 식으로 펼치다 보면 대상을 이해할 수 있는 길을 스스로 막게 된다. 또 헐뜯기는 헐뜯기를 불러와 같은 꼴을 지닌 글이 맞받아 나타날 것이다.

다음 글이 맞받아치기가 어떤 것인지 그 전형을 아주 잘 보여 준다.

예문 5)

마피아 본색
강병태 (수석논설위원)

마피아는 19세기 중반 이탈리아 남부 시칠리 섬의 100여 지역 범죄집단, 이른바 패밀리들이 만든 느슨한 비밀결사를 일컫는다. 저들끼리는 코사 노스트라(Cosa Nostra)라고 부른다.

'our thing' 또는 'same thing'이란 뜻이라니, 우리 편 또는 같은 편이라는 말인 듯하다. 이들이 널리 알려진 것은 뉴욕을 중심으로 미국 동부 이탈리아 이민사회에 다시 뿌리내린 데 따른 것이다. 마피아 패밀리들은 온갖 범죄영역뿐 아니라 지역사회에서 공권력을 제치고 대신하는 노릇까지 한다.

이런 마피아의 본디 특색과 정체, 뭉뚱그려 본색에 관한 온라인 백과 Wikipedia의 풀이가 흥미롭다. 국가권력이 사회적 약자를 제대로 돌보지 않는 데서 비롯된 사회현상 또는 문화이다.

이때 마피아는 그저 범죄조직이 아니라 갈등과 분쟁의 조정자, 나아가 보호자를 자임하는 의식과 태도를 의미한다. 그 바탕은 과장된 자부심과 명예의식, 심지어 사회적 책임감이다. 공조직을 포함한 특정집단을 마피아로 부르는 것이 악의만은 아닌 것과 통한다.

낡은 상식을 얘기한 것은 '고대교우회의 마피아 본색'이란 지난 주 한겨레신문 사설이 황당하고 천박하기 이를 데 없음을 일깨우기 위해서다. 해외 동포사회에서 호남향우회, 해병전우회, 고대교우회의 유난한 결속력을 우스개 삼아 마피아에 빗댄다는 말은 들었다.

그러나 교우회가 펴낸 '100년사'가 이명박 대통령 당선인을 한껏 칭송하고, 그가 참석한 새해인사 모임이 '요란뻑적' 했다고 해서 마치 국가권력 찬탈을 도모한 대역무도한 집단인양 매도한 것은 우습고도 개탄스럽다. 신문의 기본을 내팽개치고 짓밟은 난동, 난설(亂說)이다.

나는 '원조 패밀리'라는 TK출신에 고려대를 나왔다. 또 연락장교로 해병 빨간 명찰을 단 적이 있어 애정을 갖고 있다. 그러나 어느 연분도 한겨레 사설이 떠든 '결속력, 목표의식, 실행력'으로 수많은 '형제급 동문'의 출세를 돕는다고 생각할 수 없다.

TK 호남향우회 해병전우회 고대교우회 등으로 엇갈렸다 다시 만

나기를 거듭하는 거대한 사회집단을 협소한 패밀리, 패거리의 틀에
얽어 넣는 것은 도착(倒錯)이고 착란이다.
　악에 받친 듯한 말투와 해괴한 논리로 스스로 패거리 본색을 드러
낸 것은 무너진 전선을 다시 형성하려는 시도일 수 있겠다. 그러나
전에도 지적했듯, 수구 '찌라시'를 욕하다 선동 '삐라'로 전락하는 것
은 보기 딱하다.

(한국일보)

고대교우회에 속한 사람이라면 예문 4)를 읽고 가만히 있을 리가
아마 없을 것이다. 대놓고 자기를 헐뜯는데 조용히 당하고만 있을
사람이 어디에 있겠는가. 그래서 이 글에 어린 논조도 처음부터 반
감과 갈등을 또렷하게 드러내고 있다. 마치 '이에는 이, 눈에는 눈'
이라는 식으로 예문 3)과 마주하고 있다.

글쓴이는 상대가 '황당하고 천박하기 이를 데 없음을 일깨우기
위해서' 글을 쓰고 있노라고 당당히 밝히며, 상대 글이 '신문의 기
본을 내팽개치고 짓밟은 난동, 난설(亂說)'이라고 직격탄을 날렸다.
'TK 호남향우회 해병전우회 고대교우회 등으로 엇갈렸다 다시 만
나기를 거듭하는 거대한 사회집단을 협소한 패밀리, 패거리의 틀에
얽어 넣는 것은' 운운하는 대목에서는 사회 조직과 공동체를 이끌
어가는 방식을 따지면서 언뜻 근거에 따른 주장을 펼치는 듯했다.
그러나 상대 언사를 '도착(倒錯)이고 착란'이라고 힐난하였고 이어
결국 상대를 '선동 삐라'로 규정하고 말았다.

문장쓰기 방식으로서 논증은 민주정신와 문명의식에 뿌리를 두
었다고 3장에서 말하였다. 논증문을 쓸 때에는 자기주장을 소중하
게 여기되 더불어 상대 인격과 권리도 귀하게 여기고 공동체 전체
가 화합하고 일체가 될 수 있는 길을 배려하는 마음을 가져야 한

다. 그리고 문제에 깃든 본질을 냉정한 논리로써 밝혀내야 한다. 그래야 어떤 문제에 부딪치든 갈등을 원만하게 해결해 낼 자질을 갖추어 나갈 수 있으며 쓸데없는 분쟁과 갈등을 넘어 건강한 인간 관계와 사회를 이루는 길로 나갈 수 있다. 이것이 참다운 논증문이 지녀야 할 정신이고 형식이고 목적이다.

예문 4)와 5)는 어떤 흥미를 이끌어 내고는 있다. 거칠 것 없이 자기 생각을 펼치는 힘이 있어 읽어 보니 마음 한편이 시원하기도 하다. 그러나 그래서 논증문이 아니라는 것이다.

그렇다면 이제 마지막으로, 논증문이 지녀야 할 바탕을 잘 갖추고 있는 예문을 한 편 보자.

예문 6)

삼성 비자금 의혹, 어떻게 규명할 것인가
하승수(제주대 법학부 교수, 변호사)

김용철 변호사의 폭로로 시작된 삼성 비자금 및 변칙증여를 둘러싼 의혹이 점점 커지고 있다. 어제는 청와대 비서관을 지낸 이용철 변호사가 삼성 측에서 돈을 받았다가 돌려준 적이 있다는 폭로도 나왔다. 아마 웬만한 국가에서 이런 일이 발생했다면, '민주주의의 위기'임이 선포되었을 것이다. '돈으로 안 되는 것이 없다'는 것이 그 나라를 규정하고 있는 현실이라면, 그 나라에서 민주주의를 논한다는 것 자체가 가능하지 않기 때문이다.

문제는 처음 김용철 변호사의 폭로가 있은 후, 너무나 많은 시간이 지났다는 데에 있다. 폭로 직후에는 검찰도 금융감독원도 꿈쩍하지 않았다. 특검을 하느니 마느니 정치권에서 논란을 벌이는 동안 시간은 흘러갔다. 시간이 흘러가면 누구에게 유리한지는 말할 필요도 없다. 이 정도의 시간이면, 조직적인 불법을 저지른 집단이라고 하더라도 대책을 수립하고 증거를 폐기하기에 충분하다.

지금도 어처구니없기는 마찬가지다. 청와대는 뜬금없는 이유를 들어 특별검사제 도입을 막기에 급급한 모양이다. 많은 정치인들은 겉 다르고 속 다른 모습을 보이고 있다. 특검을 들고 나온 일부 정치인들의 행태를 보면, 다른 속셈이 있거나, 무능하거나, 순진하거나 셋 중 하나이다. 이런 식으로 가다가 특검 도입 논의가 결국 좌초된다면, 상대측에 시간만 벌어준 꼴이 되고만 것이다. 이 같은 일련의 상황을 보면, 역시 대한민국은 삼성공화국인 것이 분명하다.

김용철 변호사가 폭로한 비리가 사실이라고 하더라도, 그 비리의 실체가 드러나기는 쉽지 않다. 진실이 밝혀지려면 최소한 두 가지 장벽을 넘어야 한다. 첫 번째 장벽은 대한민국의 정치인, 관료, 검찰 중 문제가 있는 사람들이다. 이들은 조직적으로 반발, 물타기, 로비 등을 통해 실체 규명을 방해할 것이다. 이런 상황에서 비리의 실체가 쉽게 드러날 것이라고 낙관하기는 어렵다.

두 번째 장벽은 여론을 왜곡하려는 시도이다. 이미 경제신문들은 경제위기론을 퍼뜨리기 시작했다. 보수언론들의 물타기뿐만 아니라, 내부고발자에 대한 우리 사회의 인식 부족도 여론이 왜곡되는 데 기여하고 있다. 더구나 의혹의 대상이 되고 있는 집단들은 가능한 한 김용철 변호사 개인의 인격이나 사생활 문제로 초점을 돌리려는 여론왜곡을 끊임없이 시도할 것이다. 이미 그런 움직임들은 일어나고 있다. 그리고 문제의 본질인 '삼성 비자금과 회장일가의 불법'이라는 핵심은 흐려지고 있다.

그러면 어떻게 할 것인가? 누가 어떻게 진실을 밝혀낼 수 있을 것인가? 그리고 시민단체를 비롯한 양심적 세력은 어떤 요구를 해야 할 것인가?

우선 검찰에 마지막 기회를 주어야 한다. 왜 이런 이야기를 하는지 의아해할 수 있다. 검찰의 신뢰성이 의심받는 상황이기 때문이다. 그러나 오히려 그렇기 때문에 일단은 검찰이 수사하게 해야 한다. 지금 검찰은 최대의 위기를 맞았다고 해도 과언이 아니다. 검찰총장 후보자, 대검 중수부장이 의혹을 받고 있는 실정이다. 이런 상황에서 검찰 내부에서도 진통이 있을 것이다. 그러나 검찰 내부에도 이 사건의 진실을 파헤쳐서 검찰의 신뢰를 회복해야 한다는 흐름이 있을 것으로 본다. 검찰조직이 아무리 문제가 많아도, 지금은 어느 정도의 실체규명 없이는 검찰의 존립 자체가 위협받을 수 있는 형국이기 때문이다. 그래서 검찰조직이 살기 위해서도 어느 정도의 수사의지는 가질 수밖에 없다고 본다.

그리고 이것은 현실적인 판단이기도 하다. 특별검사가 신도 아니고, 특별검사제가 만능도 아니다. 지금 대한민국에서 삼성일가를 둘러싼 의혹을 조사할 수 있는 인적 역량을 가진 집단은 검찰뿐이다. 따라서 지금은 검찰이 구성한 특별수사본부가 제대로 수사하도록 지켜보고 감시해야 할 것이다.

그렇다고 검찰의 수사를 낙관할 수만은 없다. 검찰조직의 상층 수뇌부가 의혹을 받고 있고, 수사가 시작되면 검찰조직이 외압이나 로비에 노출될 가능성도 있다. 그렇다면 결국 특별검사의 도입이 필요해질 수 있다.

문제는 어떤 내용의 특별검사제인가이다. 지금 정치권에서 논의되고 있는 정도로는 삼성일가를 둘러싼 불법의혹을 규명하기에 턱없이 부족하다. 청와대에서는 수사기간 200일이 너무 길다고 했다는데, 한심한 이야기이다. 그렇게 조직적이고 광범위한 불법행위가 자행되었다면, 그리고 철저하게 증거를 은폐해왔다면, 그런 사건을 수사하는 특별검사에게는 수사시한을 제한하지 말아야 한다. 김용철 변호사의 폭로가 사실이라면, 200일 안에 조직적인 은폐를 뚫고 진실을 밝히기는 불가능할 것이다. 비자금 규모만 해도 상상을 초월하는 수준이고 로비의 규모도 엄청나다는 것이 김용철 변호사의 주장 아닌가? 따라서 특별검사의 수사기간에 제한을 두어서는 안 된다. 그리고 수사대상도 제한을 두지 않아야 한다.

지금은 한 국가의 정치·사법·행정체계가 뒤흔들렸고, 최소한의 신뢰조차 무너진 상황이다. 그런데 수사기간에 제한을 두고 대상을 축소하려 한다는 것을 납득할 수 있는가? 미국은 클린턴 대통령에 대한 비리의혹(부동산투기, 직원해고, 정보 불법이용, 성추문)을 수사하기 위해 특별검사가 5년 동안 수사하도록 허용했다. 이란 콘트라사건에 대해서는 특별검사가 무려 7년에 걸쳐 수사를 했다. 그런데 국가의 근간을 뒤흔든 불법의혹이 제기되는 마당에 수사기간을 제한한다는 것이 말이 되는가?

그리고 특별검사를 추천하는 것도 대법원장이나 대한변호사협회가 아닌 객관적인 주체에 의해 이루어져야 한다. 김용철 변호사를 징계하려는 논의가 있었던 대한변호사협회는 공정하고 객관적인 추천 주체가 되기 어렵다. 대법원장도 객관성에 의문이 제기되고 있다. 이런 점들을 감안해서 특검을 도입하려면 제대로 도입해야 한다.

이번에 드러난 문제는 삼성일가의 문제지만, 대한민국의 기득권구조의 문제이기도 하다. 재벌—관료—정치—언론의 유착에 의해 형성된 기득권연합의 실체가 이번에 수면 위로 떠오른 것이다. 그런데 문제는 의혹을 규명하고 기득권구조를 감시, 견제, 해체할 힘이 어디로부터 나오는가이다. 시민들의 관심과 참여하에 광범위한 운동이 전개되지 않으면, 누가 수사하든 끊임없이 수사는 흔들릴 것이고, 진실은 어둠 속에 파묻힐 가능성이 높다. 그래서 이번에 제기된 의혹을 규명하는 것은 대한민국이 삼성공화국이 아닌 '민주공화국'으로 거듭나기 위한 절체절명의 과제이다.

따라서 진실이 드러나고 실체가 규명될 때까지 우리 사회의 양심 있는 이들은 용기 있는 작은 행동을 주저하지 않을 마음의 준비를 해야 한다. 그리고 인터넷을 통해서든 자신이 살아가는 작은 공간에서부터든, 의혹 규명을 요구하는 양심의 목소리가 힘을 가질 수 있도록 노력해야 한다. 그것만이 '양심과 영혼조차 돈으로 살 수 있다'는 잘못된 정신이 우리 사회를 지배하지 못하게 하는 길이다.

(창비주간논평, 2007.11.20)

이 글에 담긴 주제도 우리 사회를 이루는 뿌리에 닿아 있다. 한때 매우 큰 충격을 주며 세상을 떠들썩하게 했던 문제이다. 글쓴이는 문제를 신중하게 다루되 어느 한쪽에 기울지 않고 여러 각도에서 상황을 바라보는 포용력을 보여 준다. 그 덕분인지 이 글에는 논증문이 갖추어야 할 기본 필수요소인 '주장과 근거'가 퍽 또렷하게 드러나 있다.

우선, 글쓴이는 매우 다양한 시선으로 현상을 더듬어 나가며 삼성비자금 의혹이 '민주주의의 위기'에 이른 사건이라고 못을 박는다. 또 김용철 변호사가 사건을 폭로한 지 너무 오래되어 진실이 은폐될 가능성이 높다고 말한 뒤, 특검 도입을 막는 정부 태도가 부당하고 나아가 사태에 깃든 진실을 가로막는 장벽이 두 가지나 있다고 지적한다. 두 가지 세력은 정치인, 관료, 검찰 따위와 같은 권력층 그리고 여론을 왜곡하는 언론이다. 이렇게 현상을 파악하여 문제를 제기하며 다양한 주장을 펼치는데, 그 근거가 조목조목 매우 또렷하다. 주장과 근거를 묶어 정리하던 다음과 같다.

첫째, 검찰에게 먼저 기회를 주어야 한다고 글쓴이는 주장한다. 이 주장을 뒷받침하는 근거는 두 가지다. 검찰이 의혹 대상으로 떠오른 이상 스스로 살아남으려고 최선을 다 할 것이고, 현실에서 볼 때 그래도 검찰 조직이 조사 능력을 지닌 유일 집단이다.

둘째, 그러나 특검제를 꼭 도입해야 한다. 검찰수뇌부를 끝내 믿을 수 없고 외압과 로비가 예상되기 때문이다. 언뜻 보아 처음에는 검찰을 두둔하는 듯했지만 바로 다음 단락에서 글쓴이는 태도를 바꾸었다. 일단 상대방을 충분히 존중해 주고 그 뒤 허점을 지적한 것이다. 여기서 글쓴이는 비판 대상에 관련된 모든 사항과 속성쯤은 자신이 이미 훤히 파악하고 있다는 점과 자신이 지닌 인식 폭이 그만큼 넓다는 사실을 은근히 드러내고 있다. 일방에서 비판만 내세우면 언제든 상대가 반발하고 나설 수 있다. 글쓴이는 이를 미리 막고자 '수가 높은' 말솜씨를 발휘한 것으로 보인다.

셋째, 수사기간을 제한해서는 안 된다. 미국에서는 대통령 개인이 저지른 비리를 캐려고 오 년, 이란 콘트라 사건을 파헤치려고 칠 년을 들였다고 하며, 국가의 뿌리를 좀먹는 사건을 다루는데 '수사기간을 제한한다는 것이 말이 되는가?'라고 묻는다. 외국 사례를 근거로 삼았다. 외국에서는 간단한 사건을 다루면서도 충분한 시간을 들이는데 삼성비자금 사건같이 국본을 흔드는 사건을 조사하는 데에 이백 일은 너무 짧다는 것이다. '200일', '5년', '7년' 따위 수치는 구체성 있는 근거 자료로서 설득력을 높여 준다. 여기에서 글쓴이가 설의법을 활용하고 있는데, 설의법은 원래 논증문을 쓸 때 금기사항으로 여겨야 할 것이다. 비유법과 더불어 설의법이란 결국 글쓴이 감정이 묻어 나는 어법이기 때문이다. 그러나 이 글에서는 주장과 근거가 이미 또렷하게 나와 있어 설의법이 주장을 더욱 강조하는 구실을 하였기에 그다지 큰 허점으로 보이지는 않는다.

넷째, 객관성을 갖춘 주체가 특별검사를 추천해야 한다. 현재 대법원장이나 대한변호사협회는 공정성과 객관성을 지니고 있지 못하기 때문이다. 마지막으로, 양심 있는 시민이 폭넓게 그리고 끊임없이 관심을 보이고 참여해야 한다고 주장한다. 삼성비리는 단순 사건이 아니라 재벌, 관료, 정치, 언론으로 이어진 기득권 세력이 한데 모여 저지른 총체성어린 비리이기 때문라는 것이 그 근거이다.

무릇 글을 쓰는 자세와 구성은 어떤 주제와 소재를 어떻게 어떤 자세로 다루느냐에 따라 달라진다. 논증문이라고 해서 반드시 주장과 근거가 마치 공식처럼 완벽하게 갖추어져야 하는 것은 아니다. 때때로 현상이 근거가 될 수도 있고, 누구나 다 아는 사실, 사건, 내용을 다룰 때에는 주장만이 전면에 나설 수도 있다. 그러나 논증문을 이루는 기본 구조와 필수조건은 틀림없이 '주장＋근거'이다. 올바르게 현상을 진단해야 하는 것은 물론 주장과 근거를 제대로 갖추고 있어야 한다. 어떤 주장을 펼치려면 그에 알맞은 근거를 또렷하게 마련해야 비로소 논증문이 된다. 그런 면에서 이 글은 모범이 되는 논증문이다.

다음 논증문을 대표하는 양식 가운데 하나인 학술논문을 살펴보자. 학술논문은 각 분야에서 학자가 거두어들인 연구 내용을 엄정한 논리에 따라 정리하는 글이다. 단지 의견을 건네는 수준을 넘어 정연한 이론을 추구하면서 주제를 밝힌다. 글쓴이가 내세우는 주장에는 설득력뿐만 아니라 검증을 통해 그것이 참임을 실증할 수 있는 정당성이 있어야 한다.

앞에서 살펴보았지만, 사설이나 논평에는 낱말과 어절 따위에 글쓴이 개인감정이나 취향이 가끔 끼어들 수 있다. 하지만 학술논문에서는 이를 강력하게 금한다. 학술논문은 논증문 가운데 객관성이 가장 높은 글이다. 학술논문이 지니고 있는 성격과 특징을 다섯 가지로 정리한다.

첫째, 학술논문은 길다. 연구 분야에 따라 다르기에 정해진 분량이 있지는 않지만 학술논문은 보통 200자 원고지 70~100매쯤 되는 분량으로 쓴다. 학위논문은 이보다 더 길게 쓰는데 석사논문은 약 200매, 박사논문은 약 1000매 안팎이다. 이도 법으로 정한 것은 아니고 학문 갈래에 따라 조금 차이가 있다. 아무튼 소설에 비유하면 석사논문은 중편소설, 박사논문은 장편소설과 같다고 할 수 있다.

분야와 주제가 무엇이 되었든 간에 1000매는 고사하고 70매 분량으로 자기 생각을 펼쳐 내는 것도 결코 쉽지 않다. 원고지 10장을 채우기도 퍽 힘이 드는 능력과 처지를 따져 볼 때 학자들이 쌓는 실적과 노고가 대단히 넓고 깊다고 하야 한다. 특히 장편소설과 박사학위논문을 쓰는 데 들여야만 하는 노고는 마치 마라톤 선수가 42.195킬로미터를 달리면서 쓰는 힘과 같은 것으로 여겨진다.

둘째, 학술논문은 원리와 이론을 추구한다. 학술논문도 '주장＋

근거'라는 구조로 쓴다. 그러나 학자는 특정 사항을 다루면서 그에 국한된 주장이나 의견을 제시하기보다는 여러 상황과 사례를 꿰뚫어 그에 공통으로 깃들어 있는 원리를 찾아내려 한다. 주장을 내고 주장을 뒷받침하는 근거를 제시하면서 학자(글쓴이)는 학술이론을 쌓는 데 주력한다는 것이다. 이에 따라 학술논문은 일반 논증문을 뛰어넘는 치밀한 논리성과 엄격한 객관성을 띠게 된다.

셋째, 학술논문은 독창성을 생명으로 한다. 해당 연구 분야에서 누군가 이미 발표한 이론이나 주장을 되풀이하거나 베끼는 행위는 엄격하게 금하고 이를 어기면 범법으로 여긴다. 앞선 업적을 토대로 하고 참고로 하되 그에 이어지는 새로운 의견과 이론을 내놓아야 글로서 인정받는다. 이는 학문발전을 북돋워 새롭고도 참다운 진리를 끌어내는 데에 꼭 필요한 불문율이며 상식이다.

넷째, 따라서 학술논문 세계는 보수성이 짙다. 이 보수성은 전통에 따라 형식을 지키려는 태도에서 특히 두드러진다. '서론 - 본론 - 결론'이라는 구조를 비롯하여 목차, 각주, 요약문, 참고문헌 따위 논문이라면 꼭 갖추어야 할 형식요건들이 있다. 이는 널리 공인된 형식이고 학자들은 당연히 지켜야 할 규칙으로 이를 받아들이고 있다. 이러한 형식을 갖추지 않으면 거의 논문으로 여기지 않는다.

다섯째, 학술논문은 일반인이 쉽게 다가가기 힘들다. 현실에서 학문, 학술논문 세계는 일반인에게 문이 닫혀 있다시피 하다. 학술논문은 아주 높은 전문성에 따라 쓰기 때문에 일반인이 학술논문에 실려 있는 이론을 재미있게 읽기는 고사하고 내용을 이해하기조차 어렵기 일쑤다. 매해 각 대학에서 석·박사 학위논문이 숱하게 쏟아져 나온다. 각종 권위 있는 학회지에는 우수한 논문들이 끊임없이 실린다. 그러나 이러한 노작들은 그 분야에 몸을 담고 있는 학자들만이 서로 돌려가며 보는 글일 뿐이다. 시장에서 장사하는 상인들, 일반 회사원, 집배원 아저씨, 정치인, 중학교 선생님 따위 일반 국민이 한평생을 통틀어 학술논문을 단 한 편이라도 읽어 볼 확률은 거의 없다. 이것이 실정이다.

이러한 사정은 사실 학술논문에만 국한되지 않는다. 다만 학술논문에서 더욱 두드러진다. 그렇다고 학자들이 일부러 그렇게 벽을 쌓는 것은 아니다. 학술이란 아주 수준 높은 지성활동이기에 이는 자연스러운 현상이기도 하다. 그러나 일탄인이 쉽게 이해할 수 없다는 점을 구실 삼아 학술논문이 가치가 떨어진다고 말해서는 안 된다. 비록 당장 일반에게 잘 읽히지 않지만, 진리에 이르려는 노력을 학자가 끝없이 기울이는 가운데 이 노력이 어느 순간 새로운 진리를 찾아내고 그 덕분에 일반인이 누리는 삶이 크게 진보할 수 있을 것이기 때문이다.

4. 감상문

사람이 어떤 존재인가 살피는 방법으로 정신(精神) 구조가 어떻게 되어 있는지 가늠하는 안목들이 있다. 사람의 정신이 이성과 감성이라는 두 요소로 이루어져 있다고 보는 이분법은 그 가운데 가장 간단하고 그래서 우리와 친밀하다.

감상문(感想文)은 이성과 감성 가운데 감성에 초점을 맞추는 글이다. 어떤 사물, 상황, 사건을 겪은 뒤 나타난 감정(感情) 내용을 쓰는 글이다. 여기서 '감정 내용'이란 희로애락을 비롯한 갖가지 좋고 나쁜 기분, 취향, 정서와 이에 이어진 판단, 깨달음 따위를 뜻한다.

감상문을 쓸 때 글쓴이는 자기 바깥에 있는 사물, 사건, 정황에 어린 속성에 매달리지 않는다. 또 대상에 깃든 시시비비를 따지고 들며 이치와 논리에 집중하지도 않는다. 그보다는 그것을 바라보고 얻은 느낌에 주의를 쏟는다. 설명문을 쓸 때 글쓴이는 자기 취향을 버리고, 논증문에서는 신념, 의견, 판단을 남들 앞에 세우려고 감정을 잠시 억제한다. 그러나 감상문에서 글쓴이는 자기 취향과 감정에 충실한다.

그래서 감상문을 읽으면 글쓴이가 누구인지, 생활이 어떤지 나아가 그가 지닌 기질과 성격 따위까지 알 수 있다. 이것은 새로운 사람, 인격을 만나는 즐거움을 가져다준다. 이 즐거움이 감상문이 지닌 의의이고 미덕이다. 한마디로 감상문은 주관성과 개인성을 바탕으로 쓰는 글이다.

그런데 감상문이라 하면 어떤 구체 대상을 주제로 하는 글이라고만 여기는 사람이 많다. 책, 영화, 연극, 만화, 회화, 조각, 음악, 운동경기, 명승지, 여행지 따위를 읽고 보고 듣고 난 뒤 마음에 고이는 느낌을 적는 글이 감상문이라고 생각한다. 예를 들어 '독후감'은 감상문을 대표하는 형식으로 꼽히는데, 우리가 어릴 때부터 자주 읽고 직접 써 보기도 했다.

이제 여기에서는 좀 더 넓은 뜻으로 감상문을 새겨보자. 감상문은 단지 특정 대상만을 쫓는 글이 아니다. 특정 대상은 물론 이 세상에 살면서 겪는 모든 일에 따른 감정 너용과 그에 이어지는 깨우침을 담아내는 글이 감상문이다. 이렇게 헤아리면 감상문 영역은 퍽 넓어진다. 가정이든 직장이든 생활현장에서 날마다 마주치는 온갖 크고 작은 일에 배어드는 감정과 정서, 우리 사회 전반에 깔려 있는 역사와 풍습, 요즘 큰 관심을 끄는 시사(時事) 문제들에 즈음한 감회와 반성들이 다 감상문을 이루는 소재와 주제가 된다.

각종 통지서와 결혼청첩장 따위 객관 사실을 알리는 설명문과 논증문을 뺀 나머지 글들…… 앞서 얘기한 독후감을 비롯해 편지와 일기, 기행문, 축사, 애도사들이 다 감상문에 속한다.

한편 '수필'이니 '에세이'니 하는 말이 있다. 여기서 특히 '수필'이라는 낱말을 좀 더 자세히 살펴볼 필요가 있다. 뜻이 또렷하게 규정, 통일되어 있지 않아 혼란스럽기 때문이다. 어떤 이는 감상문이 수필보다 뜻이 넓다 여겨 수필이 감상문에 속한다고 한다. 어떤 이는 그 반대로 생각하고 주장한다.

이러한 가운데 감상문과 수필은 수준이 퍽 다른 글이라 보고 이 둘을 굳이 구별하려고 애쓰면서 많은 이가 이렇게 주장한다. 감상문은 일반 대중이 쓰는 글이다. 내용과 형식이 대개 쉽고 평범하다. 그러나 수필에는 감상문에서 잘 볼 수 없는 뛰어난 문학 기교와 의장(意匠)이 배어 있다. 무엇보다 인생을 바라보는 깊은 통찰력이 담겨 있다. 결국 수필은 직업 문인 또는 문장력을 잘 갖춘 사람이 쓰는 글이므로 감상문에 비해 품격이 높고 훨씬 더 정제된 글이라는 것이다. 수필 이론서를 보면, 시나 소설에 비해 수필은 대중에게 퍽 친숙하고 가까우며 누구나 다 쓸 수 있는 글이라는 설명이 흔히 적혀 있다. 그러나 '수필' 하면 역시 그 내용이 어느 정도 수준에 이르러야 하기에 아무나 쓸 수 없지 않느냐 … 우리 모두 알게 모르게 이러한 생각을 지니고 있다.

그런데 우리 곁에 놓여 있는 수필작품들을 보면 사실 그렇지 않다. 일반인이 쓴 감상문과 또렷이 구별할 만큼 깊은 사고와 체험, 짙은 문학성을 갖춘 글이 물론 많이 있지만, 가벼운 어조와 평범한 솜씨로써 일상사를 다룬 글이 더 많다. 이러한 글을 읽다 보면, 말만 수필이지 감상문과 실제 무엇이 어떻게 다른지 구별할 수 없다. 이때 수필이라는 용어를 굳이 쓸 필요가 어디에 있는지 알 수 없다는 생각이 들기도 한다.

그리고 이에 앞서, 무엇이 '뛰어난 문학 기교'이며 '의장'인지 어느 정도가 되어야 '깊은 통찰력'인지 이 점을 객관성 있게 갈라 줄 기준이 무엇인가? 이 물음에 답하기도 퍽 어렵다. 거의 불가능하며 무의미하다. 세상에는 깨알보다 많은 사람이 살고 있으며 '뛰어난 것'과 '깊은 것'을 가늠하는 안목과 가치관은 제각각 다를 것이기 때문이다. 수필과 감상문을 또렷하게 나눌 합당한 기준은 실제 어디에도 없는 것이다.

감상문과 수필은 같은 대상을 뜻하는 용어이다. 수필은 감상문을 달리 이르는 낱말일 뿐이다. 에세이도 이와 마찬가지다. 수필이든 에세이든 감상문이든 모두 자기주장을 객관 논리로써 밝히려는 논증문이 아니고 객관 정보를 생명으로 삼는 설명문은 더욱 아니다. 다 똑같이, 사물을 보고 상황을 겪고 난 뒤 지니게 된 감정(感情) 내용을 쓰는 글이다.

한편 우리가 읽는 글 가운데 는설문이라고 평론이라고 하면서 내놓았지만 '주장＋근거' 구조에 따른 논리성은 약하고 그 대신 글쓴이 개인 감상을 적잖이 드러낸 글이 더러 있다. 이러한 글은 지성과 논리를 품고 있되 내용은 주로 사물과 삶에 얽힌 개인 정서에 닿아 있다. 어떤 이는 이러한 글까지 모두 감상문 범위에 넣고자 한다. 반대로 감상문으로 발표한 글이지만 대상에 어린 의미나 가치를 논리로써 따져 말하는 내용이 짙은 경우도 있다. 이러한 글은 감상문이 아니라고 주장하는 이가 또 있기 마련이다.

이렇게 따져 보자. 사람이 무엇을 감상한다는 행위는 느낌과 판단이 함께 어우러지는 과정이다. 칼로 긋듯 느낌과 판단을 따로 나누어 여기까지는 느낌이고 여기까지는 판단이라고 가르기는 어렵다. 가치판단과 평 그리고 감상은 하나로 이어진 정신활동이요, 실제 많은 글에서 이 요소들이 함께 드러나고 표현되기 일쑤다. 따라서 감상문을 이루는 내용은 삶에 얽힌 흐로애락이 중심이 되고, 거기에 대상이 지닌 가치와 의미를 파악하는 의견과 반성, 깨우침 따위가 섞여 이루어진다. 그렇다면, 감상문과 논증문을 가르는 기준이 때로 애매할 수 있다. 어떤 글을 읽고 그것이 감상문인지 논증문인지 또렷하게 구분하기 힘든 때가 가끔 있다는 말이다.

그러나 일정한 체계를 세워 글을 가름해 보려는 원래 의도와 목적이 중요하다. 설명문은 객관성에 따라 사실을 알리고 정보를 전한다. 논증문은 주관 어린 신념을 객관성 있는 방법으로 추구한다. 이것들과 구별하여, 삶에 스며있는 정서를 주로 기술하는 글을 '감상문'이라는 일정 용어로 정리하고자 한다. 따라서 글을 읽을 때에는 그 글이 전체에서 어디에 뿌리와 중심을 두고 있는가를 살펴 이해하고 받아들이는 태도가 필요하다.

'수필'이나 '에세이'라는 용어를 좋아하는 이들 가운데 논리성이 짙은 감상문을 보고 이에 '수필'이나 '에세이'라는 용어를 붙이고 일반 감상문과 달리 취급하려 하는 이가 더러 있다. 그러나 앞서 얘기했듯이 둘 사이를 가를 또렷한 기준을 세우기는 불가능한 일에 가깝고, 제각각 지닌 이론과 안목이 분분하여 결과에 있어 혼란만 불러오기 일쑤다. 그러므로 설명문이나 논증문과 다르다는 차원에서 모두 감상문이라 규정하고 그 안에서 '어떤 글은 좀 더 감성 요소가 짙고, 어떤 글은 감성을 바탕으로 하였으나 그 위에 지성과 논리가 돋보인다'는 식으로 정리, 이해하는 것이 좋을 듯하다.

감상문은 감성 세계를 다루기에 폭과 깊이가 하염없이 넓고 깊다. 이 세상에는 얼마나 많은 개성이 숨 쉬며 살아가는가. 수많은 감상문 가운데에는 일상을 다루어 자잘한 대상에 초점을 맞춘 이야기가 있고, 이보다는 무겁게 사회전반 흐름과 사건에 반응한 내용도 있으며, 인생에서 궁극이 되는 의미 따위를 파고든 심각한 글도 있다. 감성에만 온전히 기대어 쓴 글이 있는가 하면, 지성과 논리를 토대로 하여 감성을 세운 글도 있다. 눈에 익은 일상어만을 엮어 쓴 글도 있고 다른 글보다 문학 표현이 좀 더 많이 배어든 글도 참 많다. 그러나 글 중심이 감성에 있다면 모두 감상문이 될 것이다.

이제 감상문 몇 편을 예문으로 보인다. 첫째 글은 생활주변에 아주 가까이 있는 이야깃거리로서 '가볍다'는 느낌을 준다. '생활감상문'이 무엇인지 보이는 전형이라 할 만하다.

예문 1)

애저찜 (꿩고기, 닭고기, 두부 등에 파, 마늘, 후추와 같은 양념을
하여 반쯤 볶은 것을 내장을 뺀 어린 돼지의 뱃속에 넣고 실로 꿰맨
후 푹 찐 보양 음식)
채만식

며칠 전 광주까지 갔다가…….
아침에 여관집 마당으로 도야지 새끼가 조막만씩 한 몸이 두 마리
꼴꼴 돌아다니는 것을, 조趙가,
"흥, 남의 회만 건드리는구나!"
하는 소리를 듣고 그럴 성해서 웃었더니 마침 조가 설두(앞장서서
일을 주선함)한 애저찜의 대접을 받았다.
겨우 젖이 떨어졌을까 말까 한 도야지 새끼를 속만 긁어내고 통으
로 푹신 고아 육개장 하듯이 펴서 국물을 먹는데, 이야기는 많이 들
었어도 입을 대기는 비로소 처음이고, 처음이라 그런지 좀 애색(마음
이 애처롭고 안타까웠다)했다.
하기야 연계軟鷄찜을 먹는 일을 생각하면 도야지 새끼를 통으로
삶아 먹는다고 별반 애색할 것은 없는 노릇이다.
또, 우리가 일상 흔연히 감식을 하는 계란이며 우유며 어란魚卵이며
하는 것도 다 따지고 보면 천하 잔인스런 짓이요, 하필 애저찜만이 아
닐 것이다.
더욱이, 원숭이를 꽁꽁 묶어 불 달군 가마솥 위에 달아 매놓고는
줄을 누꿔('늦추다'의 경기도 사투리) 발바닥을 지지고 지지고 한다
치면 요놈이 약이 있는 대로 죄다 더리로 오른다든지? 할 때에 청룡
도로 목을 뎅겅 잘라 가지고는 골을 뽑아 지져 먹는다는 원뇌탕猿腦
湯이란 것에 비하면 애저찜쯤은 오히려 부처님의 요리라고 할 것이다.
그렇건만 역시 처음이라 그랬던지 비위에 잘 받지를 않는데, 아 그
러자 아침에 여관집 마당으로, 산 채 꼴꼴거리면서 돌아다니던 도야
지 새끼가 눈에 밟혀, 하면서 일변 또 간밤에 애기 기생이 한 놈 불
려 와서는 노래를 한답시고 애를 써 쌓는다 시달림을 받는다 하는
게, 문득 애저찜이라는 것을 연상케 하던 일이 생각이 나 하는 통에
고만 비위가 역하여 웬만큼 젓가락을 놓았었다.

맛은 그러나 일종 별미에 속한다고 할 수가 있고, 그중에도 술안주
로는 썩 되었고, 다만 너무 기름진 게 나 같은 체질에는 맞지 않을
성불렀다.

동행 중 최 박사 역시 지방질은 많이 받지 않는 모양, 조금 하다가
말았지만 신 변호사는 근일에야 맛을 들였다면서 고기는 물론 뼈까
지 쪼옥쪽 빨아먹고 그 뱉은 뼈가 앞에 수북한 데에 한바탕 놀림거
리가 되었다.

아무튼 다시 보장하거니와 술안주로는 천하일품이니, 일찍이 맛보
아 보지 못한 문단 주호酒豪는 모름지기 전남全南으로 한바탕 애저
찜 원정을 가 볼 것이다.

(박문, 1940. 4.)

'애저찜'이라는 요리를 앞에 두고서 글쓴이는 애처롭고 안타까운
마음이 든다. '애저찜'이란 젖먹이 돼지를 통째로 잡아먹는, 인정사정
을 두고 보지 않는 요리인데 아침에 마당에서 종종거리던 새끼돼지들
이 눈앞에 밟힌 것이다. 연계찜이나 계란, 우유, 어란 따위가 다 어린
생명을 노리지 않느냐고 따져도 보고, '원뇌탕'이라는 몇 배 더 잔인
한 요리를 떠올려 억지로 비위를 맞춰 볼까 한다. 그러나 전날 밤에
보았던 애기기생이 또 생각나 그만 입맛을 잃고 만다. 동정과 연민이
깃든 애틋한 온정이 살짝 보이면서 이 대목이 마음을 끈다.

그렇지만 글쓴이는 이 인정주의를 끝가지 밀고 나가, 예를 들어
휴머니즘 따위 일정 사상을 논하는 수준에서 주제를 무겁게 하지
는 않았다. 가여운 존재를 어여삐 여기는 마음을 적잖이 보여 주었
지만 그저 덤덤하게 애저찜을 이모저모로 설명하고, 아무튼 좋은
안주이니 한번 맛볼 것을 문단 주호에게 권하면서 이야기를 마친다.

이 밖에 이색 풍물을 엿보는 재미가 좀 있고, 원뇌탕과 비교하여
애저찜을 '부처님의 요리'라고 한 말솜씨가 가벼운 웃음을 준다.

그러나 결국 지역 특산 요리를 소개하는 데에서 시작하여 끝나고 있으니 주제가 가볍다고 평가를 내려 본다.

어떤 이들은 이 '가볍다는 것'을 깊이가 없어 가치가 떨어지는 것으로 '가볍게만' 여기려 한다. 그러나 우리 사람이 지니고 있는 감상이란 그 폭과 깊이가 참 넓고 깊다고 했다. 일상이 있기에 삶이 있고 삶은 일상에서 이루어진다고 볼 때, 일상에서 건져 올리는 생활이야기는 그 나름대로 소중한 뜻을 지닌 것으로 보아야 한다. 가벼운 이야기가 있어 무거운 이야기가 있으며 가볍기에 우리 모두가 깊이 동감할 수 있어 소중하지 않을까 생각한다.

다음 글은 홍매(중국 남송, 1123~1202)의 저서 '용제수필'에 실린 글이다. 이 책을 통해 '수필'이라는 말이 한 용어로서 세상에 처음 나왔다.

예문 2)

찬사와 비난
홍매

'찬사'와 '비난'이란 어떤 대상을 좋아하거나 미워하는 마음을 드러내는 행위이다. 어떤 사람이 바르지 못한 일을 너무 많이 할 때 대부분 그를 비난하고 욕한다. 아무리 뛰어난 무당이나 점술가가 방술을 내리고 기도를 해주어도 그 사람은 어쩔 수 없이 비난을 듣고 욕을 먹는다. 그리고 그 사람은 자신이 한 일에 찬사를 받아야 할 때가 오면 자기를 칭찬하는 사람들이 열심히 찬사를 보내지 않는다고 원망하기도 한다. 이러한 일을 놓고 보면 그야말로 실소를 금할 수 없다. 이러한 경우를 비추는 두 예가 있다.

춘추시대 때 제나라 임금 경공이 큰 병에 걸렸다. 그 때 대신인 양구거가, 이런 병에 걸린 것은 길흉화복을 관장하는 관리가 맡은 소임을 다 하지 않았기 때문이라며 그를 죽여야 한다고 했다. 그러나 또 다른 대신 안영은 그러한 주장에 반대했다. 안영은 다음과 같이 말했다.

"만약 찬사가 사람을 이롭게 한다면 사람이 신령(神靈)에게 보호를 받을 수 있다는 말입니다. 반대로 비난을 들어 병에 든다는 것은 사람이 신령에게 보호받지 못한다는 이치를 말하는 것이 아닙니까? 그것은 사람에게 해로운 일이 될 것임이 틀림없습니다. 우리 땅 요섭(산동성 묘성) 동쪽과 고(산동성 평읍현) 서쪽에 사는 사람들 가운데에는 우리 임금을 비난하는 사람이 많습니다. 길흉화복을 관장하는 관리가 성심을 다하여 임금을 기린고 한다 해도 수만 명이 내리는 비난을 어찌 막아낼 수 있겠습니까. 따라서 임금께서 병에 걸린 것은 결코 관리 탓이 아닙니다. 그를 처벌하는 것은 옳지 않습니다."

진나라가 멸망할 지경에 이르렀다. 임금 주공은 태축(복을 비는 관리)을 궁궐로 불러 죄를 따졌다.

"네가 나를 위해 기원을 올리면서 법도를 지키지 않았기에 오늘날 나라가 이토록 위험에 빠졌으니 너에게 책임을 묻지 않을 수 없다."

이때 신하 축간이 그 뜻이 잘못되었다고 여겨 태축을 변호하였다.

"지금 사치스러운 마차와 배를 만드느라 나라에서 백성에게 물린 세금이 하늘까지 치솟아 그들이 내는 원망이 끝이 없고 주공을 비난하는 사람들이 날이 갈수록 늘어나고 있습니다. 찬사와 기도가 나라에 이롭다고 한다면 비난은 당연히 나라에 해롭게 할 것입니다. 한 사람이 나라를 위해 길흉화복을 빈다 할지라도 그 사람이 어떻게 나라 전체 백성이 퍼붓는 비난을 막아낼 수 있겠습니까? 백성의 비난을 쌓으면 나라는 그 생존이 위태로워지는 것이며 이는 자연스러운 이치입니다. 어찌 이 사람에게 죄가 있겠습니까?"

이 글을 쓴 홍매는 정치가였다. 아주 오랫동안 여러 왕을 받들고 관직에 몸담으면서 수많은 사건과 경우를 겪고 그에 따른 느낌을 그때그때 기록해 왔다. 그리고 이를 집대성하여 '용제수필'이라는 책을 펴낸 것이다.

이 글은 예문 1)과 다르다. 예문 1)이 자잘한 일상사에 얽힌 가볍고 소박한 마음을 기록했다면 이 글은 사건, 상황에 따른 시시비비를 가리는 내용을 썼다. 단순한 감상이 아니라 이치를 따지는 태도로써 지혜와 경륜을 밝히고자 했다. 그래서 예문 1)보다 주제가 무겁다고 할 수 있다.

그러나 첫 문단을 보면, 찬사와 비난을 제대로 새기지 못하는 행위를 평하여 '이러한 일을 놓고 보면 그야말로 실소를 금할 수 없다'고 했다. 이는 대상을 논리에 따라 살펴 주장과 근거를 밝히는 자세가 아니며, 객관 사실을 알리려고 하는 태도는 더욱 아니다. 결국 이치를 따지는 내용이 들어 있기는 하지만 전체에서 이 글은 예문 1)과 마찬가지로 글쓴이 개인 감상을 적은 글이다.

이 글을 놓고 무겁다느니 가볍다느니 하면서 이러한 글을 수필이라 하며 예문 1)과 같은 '감상문'과 굳이 구별하여 볼 필요는 없다. 가볍고 무겁고를 따질 기준이 자로 잰 듯 또렷할 수 없어 두 글이 종류가 아주 다르다고 하기 어렵고, 이제 보았듯이 결국 이 글도 전체에서는 감성을 바탕으로 하여 대상을 바라보고 있기 때문이다.

이러한 사정은 다음 예문에서도 마찬가지다.

예문 3)

운(運)도 가끔 이성(理性)에 따른다
몽테뉴 (프랑스, 1533~1592)

운은 갈피를 잡을 수 없이 움직이며 우리에게 여러 가지 모습으로 나타난다. 다음 경우보다 더 또렷하게 정의로운 사례는 없을 것이다. 드 발란티노아 공작은 추밀경 아드리앙 드 코르네트를 독살하려고

결심했다. 자기 아버지인 교황 알렉산드르 6세와 바티칸에 있는 추밀
경의 집으로 저녁 식사를 하러 가면서, 독약을 넣은 포도주 몇 병을
미리 보내 요리사에게 은밀히 보관하라고 명령했다. 그런데 교황이
먼저 와서 마실 것을 청하자 요리사는 이 포도주를 선물로 보내온
것으로만 알고 교황에게 따라 주었다. 그리고 공작 자신은 마침 간식
시간에 도착해서 자기가 보낸 포도주는 따로 보관되어 있을 것이라
여기고 그 술을 마셨다. 그래서 아버지인 교황은 즉사하였고 아들인
공작은 오랫동안 병석에서 고생하면서 더욱 비참한 운명에 떨어져
목숨을 이어가게 되었다.

운이란 어떤 때는 꼭 알맞은 찰나에 우리에게 꾀를 부린다.

드 방도므 대군의 기수이던 데스트레 경과 다스코 공작의 부관이
던 드 리크 경은 동시에 풍그젤라(푸크롤르) 경의 누이에게 청혼했고
드 리크 경이 승리했다. 그는 결혼식을 마치고 신부와 첫날밤을 치르
기도 전에 신부를 위해 창 하나를 꺾고 오고 싶어 생 토메르 근처로
싸움을 하러 나갔다. 그러나 힘이 더 센 데스트레 경에게 사로잡히고
말았다. 처지가 불쌍해진 신부는

하루 이틀 겨울 긴긴 밤에
사랑 어린 탐욕을 만족시키기 전에
신랑의 품 안에서 강제로 떨어지게 되어   (카툴루스)

스스로 예절을 갖춰 센 데스트레 경에게 남편을 돌려달라고 간청
해야만 했다. 프랑스 귀족은 부인들이 내미는 요청을 결코 거절하지
않기에 남편은 풀려나게 되었다.

다음 경우는 교묘하지 않은가? 헬레나의 아들 콘스탄티누스는 콘
스탄티노플 제국을 세웠다. 그런데 수백 년 뒤에 헬레나의 아들인 콘
스탄티누스는 이 제국의 막을 내렸다.(이는 아마 동명이인을 말하는
듯하다. - 저자 주)

어느 때 운은 기적과 자못 솜씨를 겨룬다. 들리는 바에 따르면 클
로비스 왕이 앙굴레므 성을 포위하고 공격할 때, 하느님이 내린 은총
으로 성벽이 저절로 무너졌다고 한다. 그리고 부셰가 다른 이에게 들
은 말에 따르면, 로베르 왕이 한 성을 포위하여 공격하다가 포위진에
서 빠져 나와 오를레앙에 가서 생 테냥 축제를 엄숙하게 치르며 예

배를 올리고 있었는데 미사를 진행하는 어느 순간에 공격하던 도시 성벽이 힘없이 무너졌다고 한다.

우리 군대가 밀라노를 공격하였을 때에는 그 반대되는 일이 벌어졌다. 렌조 대장이 우리 편이 되어 시(市) 성곽을 포위 공격하면서 큰 벽면 밑에 폭약을 묻어 폭발시켰는데, 성벽 전체가 한 덩어리로 일시에 들렸다가 그대로 제자리에 너려앉아버려서 적에게 아무런 해도 되지 못했다.

어떤 때 운은 약이 된다. 페레스 가문의 한 자손은 가슴에 종양을 앓았는데 의사들도 고치지 못하고 프기했다. 그 사람은 스스로 죽어 고통을 없앨 생각으로 적군이 모여 있는 속으로 정신없이 돌진해 들어갔으며 그때 몸을 관통하는 부상을 입었고, 결국 몸속에 있는 종양이 터져서 병이 낫게 되었다.

화가 프로토게네스에게 닥친 행운은 그 화가가 지닌 기술보다 더 기술적이지 않은가? 피곤에 지쳐 기진맥진한 개를 그리면서 그는 다른 부분은 다 만족할 만큼 완성해 놓았는데 다만 개거품만은 자기 뜻대로 그려낼 수가 없었다. 그는 화가 치밀어 아예 그림을 지워 버리려고 여러 물감이 배어 있는 솜뭉치를 그림에 집어던졌다. 그때 놀랍게도 그것이 개 입에 맞으면서 불만족스러운 부분을 완성해 주었다.

운은 또 어느 때 우리 생각을 바로잡아 준다. 영국 여왕 이자벨은 자기 남편에 맞서 싸우는 아들을 도우려고 군대를 거느리고 젤란드에서 자기 나라으로 가려 했다. 그러나 그때 만약 자기 뜻대로 그곳에 갔더라면 여왕은 패전했을 것이다. 그곳에 적군이 기다리고 있었기 때문이다. 운이 그녀 뜻과 반대 되는 곳으로 그녀를 이끈 덕분에 그녀는 무사할 수 있었다. 한 옛 사람은 돌을 집어 개를 후려갈겼는데 그 돌이 계모를 죽게 했다. 그는

우연은 우리 자신보다 일을 더 잘 처리한다.   (메난데르)

고 했다. 운은 사람보다 현명하다고 읊는 것인데 퍽 그럴듯하지 않은가?

이케데스는 두 병사를 사주해 아드라나에 머물고 있는 티몰레온을 죽이려고 하였다. 그들은 티몰레온이 희생을 바치는 때를 잡아 일을 도모하기로 했다. 그런데 그들이 군중 속에 섞여 있다가 적당한 기회

가 왔다고 서로 눈짓으로 신호를 보낼 때 갑자기 어떤 이가 나타나 그들 가운데 한 사람을 칼로 찔러 쓰러뜨리고 달아났다. 다른 공범자는 사건이 들통 났기에 자기도 잡혀 죽을 것이라 여기고 제단으로 나아가 사실을 모두 말할 테니 살려 달라고 매달렸다. 그가 음모를 실토하고 있는 동안 군중이 살인자가 잡아 티몰레온과 여러 관리가 있는 곳으로 그를 끌고 왔다. 거기서 그는 살려 달라고 외치며 자기는 아버지를 죽인 자를 죽였으니 정당하다고 주장했다. 마침 운 좋게 그 자리에 증인들이 있어 그 말을 입증해 주었다. 결국 그는 자기 아버지 원수도 갚고, 시칠리아 인들이 어버이로 섬기는 티몰레온이 죽음을 면하게 했다고 오히려 10아티나 되는 상금까지 받았다. 이처럼 운이란 인간이 지닌 지혜를 뛰어넘어 제 나름대로 규칙을 세운다.

　마지막으로 이 경우를 보면 운은 은총과 호의 그리고 깊은 경외심을 품고 있는 것이 또렷하다. 이그나티우스 부자(父子)는 로마의 삼두 집정관들이 체포령을 내리자 폭군들이 들이대는 잔인성을 헛되게 하리라 결심하고 서로에게 생명을 넘겨주기로 했다. 그들은 칼을 빼들고 서로 겨누었고 날카롭게 끝이 선 칼날은 치명된 상처를 주었다. 그들은 피투성이가 되었지만 아름다운 사랑에 깃든 영광 덕에 팔에 아직 힘이 남아 있었다. 그 힘으로 상처에서 칼을 뽑아내고 서로 굳게 껴안았는데, 그 힘이 얼마나 강했던지 사형 집행인이 머리를 칼로 베었으나 두 몸은 한 몸처럼 껴안은 채 떨어지지 않았다. 두 부자는 상처를 서로 맞대고 나머지 피와 생명을 나누고 있었던 것이다.

이 글은 '에세이' 원조인 몽테뉴(프랑스, 1533～1592)의 저서 'Les Essais'에 실려 있다. 다 알다시피 '에세이'라는 말은 이 저서를 통해 몽테뉴가 처음 쓴 것이다. 몽테뉴도 홍매와 같이 일생 동안 겪은 여러 일과 감회를 그때그때 적어 놓은 뒤 나중에 책 한 권으로 묶어 냈고 그 결과가 바로 'Les Essais'이다. 흔히 '수상록'이라고 번역된다.

이 글은 인간 운명을 주제로 삼았다. 역시 예문 1)처럼 가벼운 글은 아니다. 인간이 운명에 따라 이리저리 휘둘리는 모습과 양상을 여덟 가지 경우로 나열했다. 퍽 넓고 깊은 인생 안목과 연륜이 반영된 것이다. 그러나 운을 이야기하면서 운이 우리 인간에게 '꾀를 부린다'느니, '기적과 솜씨를 겨룬다'느니, '우리의 생각을 바로잡아 준다'고 한다. 이도 일정한 근거에 따라 주장을 펼치는 서술 태도가 아니고 객관 사실을 또렷하게 설경하는 문장이 아니다. 예문 2)에서도 그랬지만 주제를 갈무리하는 결론도 없다. 그저 여러 가지 사례를 늘어놓고 그에 따른 깨달음을 심정 차원에서 서술해 놓았다. 그러므로 이 글은 감상문에 속한다.

그런데 이러한 글이 지성 어린 내용을 담고 있어 결코 가볍지 않으니 일반 감상문과 구별하여 '에세이'로 하자면 그 또한 곤란하다. 앞에서 '수필'을 얘기할 때 이미 똑같은 주장을 했지만, 무엇이 가볍고 무거운지 그 누가 정확한 기준을 제시할 수 있단 말인가? 모두가 인정할 수 있는 뚜렷한 구별 기준 없이 용어를 남발하는 태도는 무책임하다. 그리고 많은 혼란을 가져온다. 그러니 좀 더 폭넓은 개념을 지닌 용어인 '감상문'으로 이 글 모두를 묶어 이해하는 것이 타당하고 편리하다. 비록 세밀하지 못하지만 안정된 기준으로써 먼저 크게 구분하는 안목을 세운 뒤 실제 글 한 편이 다른 글에 비해 다소 무겁다거나 가볍다거나 하면서 읽는 이 스스로 판단을 내리면 될 것이다.

다음 예문은 신문에 실린 글이다.

예문 4)

'평평한 세계' 재미없다
박상숙(미래생활부 기자)

청계천에 물길이 다시 뚫린 덕택에 주변이 몰라보게 달라졌다. 과거 저녁이나 주말이면 공동화 현상을 겪던 이곳에 이제 늘 사람이 북적댄다.

달갑잖은 변화도 있다. 사람이 모이니 각종 상업시설이 집중되는 것은 당연한 일. 하지만 다국적 커피 체인의 청계천 '점령'은 너무하다 싶다. 그 회사의 지점 소개 약도를 보니 청계천 일대의 종로와 광화문에 자리잡은 매장만 무려 10군데 가까이 된다.

세계화의 폐해 가운데 하나가 각국의 도시들이 개성을 잃고 똑같아진다는 지적에 고개가 끄덕여진다. 얼마 전 일본 도쿄를 다녀왔다. 6년만이었다. 2002년 한·일 월드컵을 앞둔 당시는 첫 방문이라 그랬을지 모르지만 엇비슷해 보이지만 미세한 차이를 느낄 수 있었다. 하지만 이번엔 달랐다. 한국 젊은이들에게도 도쿄의 새로운 명소로 꼽히는 오모테산도에 들렀다. 낯선 곳이 주는 설렘설렘, 흥분은 없었다.

한국에서 뻔질나게 드나들던 커피숍이 거기에 있었고, 서울 거리에서도 익숙한 해외 명품 매장들의 똑같은 간판에 질렸다. 세계가 평평해지면서 마냥 평범해지고 있는 듯하다. 집 떠나온 두려움과 함께 색다른 맛과 멋을 발견할 모험의 기회도 사라졌다.

지난해 서울신문이 베트남에서 주최한 한국영화제에 참석했던 박찬욱 감독에게 하노이의 인상을 물었다. "너무 시끄럽고 복잡하고 약간은 지저분하고, 음…, 그래서 아주 좋네요!" 그 풍경을 카메라에 담기 위해 상기된 얼굴로 호텔을 총총 빠져 나가던 모습이 선하다. 그땐 몰랐다. 미숙하고 서투른 도시의 매력을. 세계화의 미명 하에 도시가 온통 똑같은 얼굴을 한다면 세상은 얼마나 지루해지겠는가. 새로운 만남을 갖고 싶은데 영화 '매트릭스'에서 복제를 거듭하는 '스미스 요원'만 만나게 되는 기분 아닐까.

서울도 대대적인 '성형수술'에 들어갔다. 매끈하고 세련된 모습을 갖기 위해 고유의 흔적과 주름살을 몽땅 지우지 않기를 바란다. 그렇게 된다면 한국을 방문한 외국인들에게 '촛불시위'가 가장 큰 구경거리요, 추억거리가 되지 않으란 법도 없다.

(서울신문, 2008. 06. 08)

글쓴이는 신문기자로서 세계 곳곳에 있는 도시를 둘러보고 난 뒤 그 느낌을 적었다. 서울과 도쿄 그리고 하노이까지… 세 도시 모두 고유한 모습을 잃어버렸다고 전하며 세계화에 따른 변화 때문에 모든 것이 똑같아지고 개성을 잃었다고 한다. 그런데 글쓴이가 기자 신분이라서 그럴까. 이러한 이야기가 취재에 따른 보고서로 느껴지기도 한다. 그러나 글쓴이는 대상을 설명하고 비판하는 데에 그치지 않았다. 그보다 각 도시가 획일화 길을 걷는 현상을 본 뒤 가진 감상을 적어 놓았다.

판박이처럼 닮아가는 여러 도시를 보고 글쓴이는 서운함을 감추지 못한다. '낯선 곳이 주는 설렘, 흥분'을 느끼지 못하고, '집 떠나온 두려움과 함께 색다른 맛과 멋을 발견할 모험의 기회도 사라졌다.'고 하며 실망감을 드러내고 있다. 상실감을 낀 이 실망감은 미래예측으로 이어졌으며 세상이 지루해질 수 있다는 염려까지 하고 있다.

어떤 대상을 보고 감상문을 쓰려면 책이면 책, 공연이면 공연, 여행지면 여행지… 무엇이 되었든 간에 대상을 알리는 좀 더 자세한 정보와 대상을 보게 된 까닭 따위를 함께 적어주어야 한다. 글쓴이가 거둔 감상이 독자에게 효과 있고 실감나게 전해지려면 앞뒤 사정을 알리는 넉넉한 정보가 필요하기 때문이다. 만약 글쓴이가 여행 경로를 자세히 설명하고 여행객이 지니게 마련인 정취를 좀 더 세밀하게 담아냈다면 이 글은 퍽 긴 기행문이 되었을 것이다.

그러나 이 글은 신문기사이다. 지면이 충분히 주어지지 않았을 것이다. 그 대신 글쓴이는 첫째, '다국적 커피 체인'과 '명품 매장의 똑같은 간판'이라는 구체 사례에 주목하고 둘째, '평평해지면서'와 '주름살', '스미스 요원' 따위 감각어와 비유어를 적절히 써서 자기 생각과 느낌을 퍽 효과 있게 압축, 표현하였다. 이 점들이 이 글이 지닌, 읽는 이에게 흥미를 주는 장점이요 특성이다. 특히 박찬욱 감독이 느낀 실망감을 전한 부분은 글쓴이가 지닌 감상에 설득력과 동감을 더해 준다. 취재문이되 '경험+느낌'이라는 구조를 지니고 있기에 이 글은 감상문 기본 유형으로서 기억할 만하다.

다음 글은 현재 우리 사회에서 자주 일어나는 사건을 본 감상을 적은 것이다. 앞에서 읽은 예문들에 비해 마음을 울리는 정도가 퍽 깊고 또렷하다.

예문 5)

나의 엉터리 소설 이야기
장영희

나는 좀 이상한 버릇을 갖고 있는데, 가끔 전혀 모르는 사람을 보면서 그의 삶에 대해 나름대로 상상한다. 가령 운전할 때나 음식점에서 누구를 기다릴 때 무료함을 달래기 위해 창밖이나 가까이 있는 사람의 외모나 표정이나 행동을 보고 저 사람은 무엇 하는 사람일까, 왜 지금 저기에 있을까, 열심히 상상의 날개를 편다. 조금 독특하게 보인다거나 색다른 행동을 하고 있다거나 할 때면 내 상상력은 더욱더 적극적으로 발동한다.

어렸을 때 셜록 홈스 이야기라면 사족을 못 쓸 정도로 좋아했다. 아마도 그때 이런 버릇이 생겼는지 모르겠다. 아니면 창작에 대한 내 호기심일 수 있다. 유학 시절 꽤 유명한 소설가에게서 소설작법을 수강했는데 소설의 소재를 찾는 방법 중 하나로, 길에서 재미있는 사연을 가진 듯 보이는 사람을 하루 종일 따라다니라고 했다. 행동, 말투, 그가 만나는 사람을 보며 상상의 날개를 펴면 저녁때쯤 소설 한 권을 쓸 만한 충분한 자료가 생긴다는 말이다.

소설 쓰는 일은 오래전에 포기했지만, 난 아직도 사람을 보면 어떤 사연을 갖고 있을까 상상하는 버릇을 그대로 갖고 있다. 얼마 전 인터넷에는 '하수구에서 검거된 절도범'이라는 기사가 떠돌았다. 벌거벗은 초로의 남자가 하수구 안에서 하반신이 물에 잠긴 채 겁에 질린 얼굴로 있는 사진과 함께였다.

57세의 남자가 서울 노원구 중계동 어느 병원에서 여자의 핸드백을 빼앗은 뒤, 사람들이 옷을 잡아당기자 옷을 다 벗어던진 채 알몸으로 하수관으로 도망쳤고, 그 안에서 길을 잃는 바람에 차가운 구정물 속에 무려 5시간 동안 있다가 '하수관 검사 로봇'까지 동원한 경찰에 붙잡혔다는 기사였다. 체포될 때 남자는 심각한 저체온증으로 몸을 심하게 떨면서도 훔친 핸드백을 움켜쥐고 반항했다고 했다. 모르긴 몰라도 초범일 거라는 생각이 들었다. 못 말리는 내 상상력이 발동했다.

"그 남자는 한때는 꽤 잘나가는 작은 중소기업을 운영했지만 외환위기 때 파산하고 집도 공장도 모두 잃었다. 그의 인생은 눈 깜짝할 새 파멸로 치달았다. 자연스럽게 친구도 친척도 멀어지고 이젠 노모를 모시고 아내와 함께 지하 셋방에서 산다. 이전에 그는 '가난한 사람은 가난하게 살 만한 이유가 있다'고 생각했다. 게을러서, 약지 못해서, 허황된 꿈을 꾸기 때문에 가난하게 살 뿐, 열심히 노력하면 가난하게 살 이유가 없다고 생각했다.

그러나 그게 아니었다. 무자비하게 돌아가는 사회라는 거대한 톱니바퀴에 깔려 꼼짝도 할 수 없었다. 신용불량자가 된 건 벌써 오래전, 올해는 경기가 너무 나빠 노점을 해도 하루 5000원 벌이가 힘들었고 전세금이 너무 올라 그나마 살던 곳에서 쫓겨날 판이었다. 엎친 데 덮친 격으로 아내는 암 선고를 받았다. 항암치료 한 번 받을 때마다 30만 원이 든다. 도합 16번을 받아야 하는 항암치료를 네 번 받고 중단한 상태였다.

오늘 아침 아내는 더 심한 고통을 호소했다. 그는 꼭 한 번만이라도 항암치료를 더 받게 하고 싶었다. 아내가 다니던 병원에서 서성이는데 어떤 여자의 핸드백이 눈에 들어왔다. 그 안에 있을 돈, 그 돈이면 한 번쯤 더 항암치료를 받게 할 수 있을 것 같았다. 순간 그 백을 낚아챘다. 사람들이 옷을 잡자 엉겁결에 옷을 벗고 뛰었고, 당황한 나머지 하수구로 뛰어들었다. 깜깜한 하수구 속에서 길을 잃고 그는 지옥을 경험했다. 혹독한 추위, 인간으로서의 비애, 죽음보다 더 괴로운 공포. 경찰이 그를 찾았을 때 그는 거의 실신 상태였다. 그러나 그가 생각한 것은 핸드백과 그 안의 돈뿐. 사시나무 떨듯 떨면서도 그는 핸드백을 가슴에 꼭 끌어안았다⋯."

　생계형 절도가 외환위기 때 13만 건이었는데 지금은 19만 건이라고 한다. 지난번 울산에서는 냉장고 위의 당근 두 개를 훔치다가 붙잡힌 남자가 있었다. 특별사면이다 뭐다 하여 큰 죄를 지은 부자가 활보하는 세상에 핸드백 훔치고 하수구로 도망갔다 잡힌 도둑이 자꾸 생각나는 것은 왜일까. 내가 그 사람에 대해 아는 건 단지 사실무근 엉터리 소설뿐인데⋯.

(동아일보, 2007. 02. 12)

　글쓴이는 '57세의 남자'를 응시하고 있다. 남자가 저지른 사건은 조금 어이없고 황당하다. 그런데 글쓴이는 이 사건을 있는 그대로 뒤쫓아 가지 않는다. 그보다는 자기 상상력을 따라가고 있다. 알려진 사실에 상상력을 더하여 한 중년 남자가 빠져든 딱하고 딱한 처지를 눈앞에서 본 듯이 그려 내고 있는 것이다.

　이 이야기는 그래서 허구다. 지어낸 이야기다. 그렇지만 허황되지 않다. 우리 시대를 살아가는 사람이라면 누구나 이런 일이 있음 직하다고 여길 것이기 때문이다. '생계형 범죄'라는 시사용어가 가리키듯이, 벼랑 끝에 내몰린 나머지 선량했던 사람이 졸지에 범죄에 빠지고 마는 어처구니없는 사례가 지금 우리 사회에서 퍽 자주 나타나고 있다. 비록 꾸며 낸 일이기는 하지만 이 이야기가 충분히 동감을 불러오는 까닭은 여기에 있다. 지어낸 이야기이니 엉터리라고 우리는 글쓴이에게 따지고 싶지 않을 것이다.

　마지막 단락에서 글쓴이는 상상벽을 거두어들인다. 그 대신 '생계형 절도가 외환위기 때 13만 건이었는데 지금은 19만 건'이라고 하며, 객관 자료로써 사실을 밝힌다. '울산에서는 냉장고 위의 당근 두 개를 훔치다가 붙잡힌 남자가 있었다.'는 기사문을 전하기도 한다. 그뿐이 아니다. '특별사면이다 뭐다 하여 큰 죄를 지은 부자가 활보하는 세상에 핸드백 훔치고 하수구로 도망갔다 잡힌 도둑'을 들춰내면서 불공정한 사회를 비판하는 시각을 은연중에 그러나 아주 강하게 드러내고 있다.

예를 들어 객관 자료 수치를 좀 더 넉넉히 내놓고 이러한 현상이 왜 잘못되었는지 원인을 진단하고 그에 맞는 대안을 펼치며 '주장+근거' 구조에 맞춰 썼다면 이 글은 논증문이 되었을 것이다. 충분히 그럴 만한 주제요 소재이다.

그러나 글쓴이는 상상력에 이어 남자를 하염없이 염려하고 불쌍하게 여기는 마음을 선택했다. 사시나무 가지 떨리듯 떠는 남자의 손과 핸드백을 감싸 안은 초라한 가슴을 그려 내면서, 자신과 읽는 이의 동정심에 한껏 다가가려 했다. 사태를 객관 차원에서 파헤치려고 하기보다는 자신이 지닌 염려와 슬픈 마음을 말하고 싶었다. 다시 말해 글쓴이는 우리 시대 정치, 경제, 사회에 얽혀 있는 문제를 논리가 아니라 마음으로 비추어 내고 있는 것이다. 그래서 이 글은 논증문이 아니고 감상문이다.

사회문제를 다루는 글은 자칫 딱딱하기 쉽다. 글쓴이는 심각한 사회 문제를 자신만이 지닌 따뜻한 마음씨와 상상력이라는 개성으로써 부드럽게 버무려 냈다. 그 결과 문제의식과 감정이 조화를 아주 잘 이루고 있어 보기 드물게 향기 높은 글을 내놓게 되었다.

아래 글은 이제까지 본 글 가운데 주제 폭이 가장 크다고 말할 수 있다. 인생 전체에 걸친 문제를 가지고 자기 뜻을 밝히고 있기 때문이다. 그러면서도 아주 소박한 마음씨가 엿보인다.

예문 6)

내 발 밑의 행복
학생 글

　행복이란 사전적 의미로 욕구가 충족되어 충분한 만족과 기쁨을 느끼는 상태를 말합니다. 하지만 우리가 행복의 의미를 모른다 할지라도 우리의 마음이 행복이란 어떤 것인지를 알려 줄 것입니다.
　나는 가끔 예쁜 옷과 명품 가방과 구두, 반짝이는 액세서리 등등 원하는 것은 모든 가질 수 있는 화려한 재벌 집안의 딸, 가난하지만 활기차게 살아가다 백마 탄 왕자를 만나게 되는 드라마 속의 발랄한 여 주인공, 예쁜 얼굴과 날씬한 몸매에 지성까지 겸비하여 모든 사람들의 선망의 대상이 되는 연예인의 모습 등에 나를 겹쳐 보곤 합니다.
　이때 나는 나도 모르게 행복을 느끼지만 이러한 행복은 비눗방울처럼 너무나도 쉽게 사라집니다. 상상의 나라에서 현실로 돌아온 나는 현실과의 괴리로 나 자신을 탓하고 불행하다고 느끼게 됩니다. 행복의 잣대를 남에게 맞추는 순간 불행은 시작됩니다. 행복을 생각해 보면서 그동안 이런 욕심에 가려 있어 잊어 가던 작은 행복들을 발견하게 됩니다. 친한 친구들과의 진솔한 만남, 맛있는 음식을 먹기 직전, 용돈 받는 날, 좋아하는 프로그램이 방송되는 날, 뜻밖의 휴강, 예쁜 학용품을 살 때, 따뜻한 옛 추억을 생각할 때 등등…… 이 순간은 나의 얼굴에 미소가 번지고 콧노래가 나옵니다.
　이렇게 보면 행복에는 두 가지 종류가 있는 것 같습니다. 너무 커서 눈에 잘 띄는 행복과 작아서 자세히 보지 않고는 볼 수 없는 행복 말입니다. 두 가지 행복의 차이는 우리 모두가 누릴 수 있는 것인지 아닌지에 있습니다. 커다란 행복은 모두가 누리기에는 부족하지만, 작은 행복은 우리가 가까운 곳을 눈여겨본다면 언제든지 누릴 수 있는 행복입니다. 우리는 돈과 명예와 지위가 우리를 행복하게 만들 수 없다는 것을 이미 알고 있습니다. 그렇지만 물질만능주의 시대에서 물질 충족만이 우리를 행복하게 만들어 줄 수 있을 것 같은 착각 속에 빠져 시선을 앞으로만 고정시킵니다.
　하지만 행복은 자기 발밑에 있다고 합니다. 비록 자세히 보지 않으면 발견하기 힘들지만 작은 행복은 언제나 우리 곁에 있고, 이 시대에서 느끼는 불행을 이 행복이 위로해 줄 것입니다. 그리고 이 작은 행복을 생각할 때 나는 어떤 다른 느낌을 발견합니다. 이 작은 행복이 바로 내게 용기를 준다는 것입니다. 자신감 없이 살아오던 나에게 무엇인가 할 수 있다는 용기를 주고 또 하고 싶게 만드는 뜨거운 마음을 줍니다.

행복은 각자에게 조금씩 다른 의미를 가지고 있을 것입니다. 그러나 삶의 만족에 그 초점이 있다는 점은 같습니다. 작은 행복이지만 만족할 줄 안다면 지금 이 순간부터 가장 행복한 사람일 것입니다.

이 글은 행복론이다. 사람이 무엇을 얻어야 행복할까, 어떤 마음을 지니고 살아야 진정 잘 사는 것인가 하는 문제를 다루고 있다.

작은 것에 만족해야 행복할 수 있다는 신념을 글쓴이는 가지고 있다. 외부에 눈을 맞추면 불행이 시작된다고 하며 내 주위에 있는 작은 것에서 행복을 찾아야 하고 찾을 수 있다고 주장한다. 이 글에는 이렇듯 자기 경험을 근거로 삼아 펼쳐 낸 주장이 소중하게 맺혀 있다.

그러나 소박한 행복을 어루만지며 현재에 만족하려고 애쓰고 있는 마음을 우리는 좀 더 눈여겨보게 된다. 작은 행복이 얼마나 귀한지 깨닫고 생활 용기가 백배해진 마음어 흥미와 관심을 가지게 된다. 달리 말해서 이 글에서 주제는 행복을 좇는 논리가 아니라 작은 행복에서 용기와 뜨거운 의욕을 건져 올리는, 글쓴이가 지닌 마음자세이다.

감상문은 논증문과 다르게 글쓴이의 개성을 그대로 보여 준다. 결국 자기 이야기를 하는 글이니 감상문을 읽으면서 우리는 글쓴이가 지닌 성격과 취향, 생활자세 나아가 때때로 영혼이 움직이는 것까지 엿볼 수 있다. 설명문은 글쓴이 밖에 있는 외부사물과 그에 따르는 정보와 지식을 알려 준다. 논증문은 일정한 사건과 상황을 따지는 논리 사고를 주로 보여 준다. 이와 달리 감상문은 글쓴이가 살아가는 태도와 인성(人性)을 직접 느끼게 해준다.

이 글에는 행복이라는 영원 보편 주제에 진지하게 부딪친 소박한 마음과 삶이 잘 드러나 있다. 행복이 결국 '내 발밑'에 있다는 결론은 가볍지만 진솔한 비유로서, 이 글에 나타나 있는 서술태도가 논증문과 퍽 다르다는 점을 알려 준다. 비유어는 개성을 표현하고자 쓰는 말이다. 객관사실이나 논리를 또렷하게 밝히고자 쓰는 말이 아니다. '내 말 밑의 행복'이라는 비유 어절은 읽는 이가 어떤 마음을 가지고 읽느냐에 따라 여러 가지 빛과 향기로 번져나갈 것이다.

마지막 예문으로서 다음 글에는 풍부한 서정과 뛰어난 글솜씨가 배어 있다. 글쓴이 피천득은 우리나라 수필문학계에서 높은 경지를 이룬 분으로 평가되고 있다.

예문 7)
오월
피천득

오월은 금방 찬물에 세수를 한 스물한 살 청신한 얼굴이다.
하얀 손가락에 끼어 있는 비취가락지다.
오월은 앵두와 어린 딸기의 달이요, 오월은 모란의 달이다.
그러나 오월은 무엇보다도 신록의 달이다. 전나무의 바늘 잎도 연한 살결같이 보드랍다.
스물한 살이 나였던 오월. 불현듯 밤차를 타고 피서지에 간 일이 있다. 해변가에 엎어져 있는 보트, 덧문이 닫혀 있는 별장들. 그러나 시월같이 쓸쓸하지 않았다. 가까이 보이는 섬들이 생생한 색이었다.

得了愛情痛苦
失了愛情痛苦

젊어서 죽은 중국 시인의 이 글귀를 모래 위에 써놓고, 나는 죽지 않고 돌아왔다.

　　신록을 바라다보면 내가 살아 있다는 사실이 참으로 즐겁다.

　　내 나이를 세어 무엇하리. 나는 지금 오월 속에 있다.

　　연한 녹색은 나날이 번져가고 있다. 어느덧 짙어지고 말 것이다.

　　머문 듯 가는 것이 세월인 것을. 유월이 도면 '원숙한 여인'같이 녹음이 우거지리라. 그리고 태양은 정열을 퍼붓기 시작할 것이다.

　　밝고 맑고 순결한 오월은 지금 가고 있다.

자연에 깃들어 자연과 함께 할 때 마음이 편안해지노라고 우리는 자주 말한다. 그래서 산, 바다, 하늘 들에는 갖가지 인간정서가 깊이 배어있다. 현대인은 늘 자연을 그리워하고 찾아가려 한다. 특히 도시인에게 자연은 아주 즐거운 놀이터이며 나아가 마음을 쉬게 하는 고향이다.

이 글에서 글쓴이는 산이나 강 같은 개별 대상이 아니라 '오월'이라는 시간과 교감(交感)하고 있다. 계절감에 흠뻑 젖어 오월을 예찬하고 있다. 글쓴이는 오월에서 젊음과 밝음과 순결함을 느낀다. 오월이 건네는 생명력이 젊은 날에 고독과 방황을 쓰다듬어 주었다고 회상하며 오월이 지나가는 길목을 아쉬워 한다.

이러한 정서를 펼쳐 내면서 글쓴이는 독특하고 뛰어난 글쓰기 능력을 보여 준다. 우선, 시(詩)를 쓰듯이 연과 행을 꾸며 문단을 이루어 갔다. 자기 느낌과 생각을 적절하게 압축하는 힘이 없다면 이러한 방식을 운용하기 힘들다. 또 짧은 글이지만 구성이 매우 적절하다. 글쓴이가 겪은 방황과 고독을 이야기하면서 그 내용에 어울리는 시 한 편을 골라 실어 오월을 잘 강조하였고 앞뒤 내용을 효과 있게 이어 놓았다. 간결하면서도 풍부한 내용을 담아 낸 구성이다. 이러한 솜씨는 보통 우리가 쓰는 글에서는 보기 힘든 것이다.

특히 5월이 '금방 찬물로 세수를 한 스물한 살 청신한 얼굴'이고 '하얀 손가락에 끼어 있는 비취가락지'라고 빗대는데, 이 비유는 글쓴이만이 지닌 남다른 문장 세계라고 할 수밖에 없다. 이 구절들에는 글쓴이의 개성과 뛰어난 표현 능력이 한껏 드러나 있다. 이 구절을 읽으면 누구든 쉽게 오월을 떠올릴 수 있으며 아니면 오월을 새롭게 느낄 계기를 가질 수 있을 것이다.

이렇듯 수준 높은 표현력 덕분에 읽는 이는 생활감상문에서 느끼기 힘든 큰 감동과 재미를 얻을 수 있다. 이 때문에 이러한 글을 생활감상문과 구별하여 따로 '수필'이라고 부르고 싶어 하는 것 같다.

5. 예술문

종류를 헤아려 글을 이해한다는 뜻에 따라 먼저 비예술문과 예술문(문학)으로 글을 크게 나누었다. 이어 글에 운율이 배어 있느냐 없느냐에 따라 비예술문을 운문과 산문으로 가르고, 산문은 다시 주관성과 객관성에 따라 설명문, 논증문, 감상문으로 나누었다.

이제 똑같은 기준으로써 예술문을 운문과 산문으로 나누어 보자. 시(詩)는 운문이고 소설 희곡 시나리오들은 산문이다. 이 책에서는 시면 시 소설이면 소설을 따로따로 떼어 자세히 살피지 않는다. 이 책은 글쓰기에 관한 것이다. 시나 소설을 자세히 살피는 일은 문학 이론서에서 감당해야 한다. 여기서는 예술문이 지니고 있는 큰 특성만을 새겨보고자 한다.

　비예술문과 예술문을 비교해 보면 예술문이 지니고 있는 특성을 좀 더 잘 살펴볼 수 있다. 언어를 수단으로 삼는다는 점에서 예술문과 비예술문은 같다. 그러나 정도와 양상이 퍽 다르다.

　글은 문자를 수단으로 삼고 문자는 말에서 비롯되었다. 여기서 주목할 점이 있다. 말 자체가 이미 '수단'이고 글도 결코 사물이나 행동을 실제 그대로 재생하지 않는다. 아니 못한다. 말과 글은 한 기호로서 사물을 잠시 대신(상징)할 뿐이다. 예술문이 비예술문과 다른 점은 좀 더 적극성을 띠면서 말과 글을 수단으로 삼는다는 데에 있다.

　말은 공동체가 만든 것이다. 따라서 모든 낱말은 구성원이 공인한 뜻을 가지고 있다. 이 뜻은 대개 사전에 적혀 있다. 이 뜻을 '일차 의미'라고 하자. 비예술문은 '일차 의미'에 온전히 기댄다. 예를 들어 설명문과 논증문에서 '코스모스'라는 낱말을 쓴다고 하자. 이때 '코스모스'는 어떤 사물을 전달하고 드러내는 기호이다. 사전에 적혀 있는 대로 '국화과의 일년초'이며 '멕시코 원산으로 줄기는 가지를 많이 치고, 높이는 1∼2m. 잎은 마주나고 깃 모양으로 갈라져 있으며, 꽃은 6∼10월에 하얀, 분홍, 진홍빛 등 여러 빛깔로 피는' 바로 그 식물을 가리킨다.

　그러나 만약 이 낱말로써 '그녀는 웃는 모습이 코스모스 같다.'는 문장을 썼다 하자. 이 문장에 어린 참뜻은 낱말 뜻 그대로 '그녀가 코스모스'라는 것이 아니라 '그녀는 매우 연약해 보인다.' 또는 '그녀는 매우 청순하다.'가 된다. 이는 낱말이 지닌 일차의미에 얽매이지 않고 낱말이 불러오는 느낌과 흥에 따라 언어를 한 번 더 수단으로 삼은 예이다. 이러한 언어 쓰임이 비예술문과 근본에서 다른, 예술문에 깃들어 있는 기본 특성이다.

예로 든 문장에서 쓴 글 법을 흔히 비유법이라고 한다. 무릇 작가나 시인은 비유법에서뿐만 아니라 일반인이 다들 알고 있는, 국어문법체계에 따른 언어사용습관에서 벗어나려는 한다. 말과 글이 지닌 일차의미를 표현 바탕으로 삼되, 말과 글이 저장하고 있는 특유한 '어감(語感)'을 중요하게 여기고 표현 목적에 따라 말과 글을 가려 쓰려고 한다는 것이다. 이는 할 수 있는 한 아름답고, 진실하고, 멋있고, 효과 있는 표현을 좇고자 하는 버릇이다.

예술문이 비예술문과 다르다는 점을 잘 알리는, 예술문에 어린 두 번째 특성은 허구성이다. 작가는 객관성에 따른 의미전달 영역을 넘어선 새로운 시간과 공간을 목표로 삼는다. 글로써 이제까지 존재하지 않았던 독자성 있는 고유 존재…… 현실에 없는 새로운 사람, 상황, 이야기 줄거리를 엮어낸다는 것이다. 이는 비예술문 차원을 뛰어 넘어 한층 적극성을 띤 표현행위로서 예술문을 떠받치는 대전제요 본질이 되는 요소다.

예로서 시 한 편을 읽어 보자.

　　　나 보기가 역겨워
　　　가실 때에는
　　　말없이 고이 보내드리우리다

　　　영변(寧邊)에 약산(藥山)

진달래꽃
아름 따다 가실 길에 뿌리우리다

가시는 걸음 걸음
놓인 그 꽃을
사뿐히 즈려 밟고 가시옵소서

나 보기가 역겨워
가실 때에는
죽어도 아니 눈물 흘리우리다

김소월이 쓴 작품 '진달래꽃'이다. 다들 인정하다시피 김소월이 남긴 작품은 한글만 알면 누구나 쉽게 감상할 수 있다. 읽는 이가 지닌 남다른 경험에 따라 작품을 해석하고 감상하는 깊이가 하염없이 더해질 수 있겠지만 내용은 대개 우리 모두에게 퍽 익숙하다.

'시적 화자'라는 말이 있다. 퍽 어려운 말이다. 시 안에서 말하는 사람을 이른다. 소설을 살피는 자리에서 보자면 '주인공'인 셈이다. 그런데 시적 화자든 주인공이든 이 작품에서 그것이 시인 김소월 바로 그분이라고 단정할 수는 없다. 시를 지은 사람은 김소월이지만 시 공간에서 지금 말을 하고 있는 이는 따로 있다. 시에 나타나 있는, 역설어린 자세로 토로하는 깊은 시름과 한(恨)은 김소월 자신이 토해내는 정서와 감정이 아니다. 시인 김소월이 만들어 낸 고유 공간 안에 사는 한 여인(꼭 여인이 아니어도 상관없다)이 지니고 있는 정서와 감정일 뿐이다. 그렇게 보아야 마땅하다.

예술은 주제를 '설명하는 것'이 아니라 '그려 보이는 것'을 본질 영역으로 삼는다. 시는 예술이다. 시인은 자신이 지닌 사상, 감정, 경험내용을 바탕으로 작품을 쓰지만 그것을 직접 주장하거나 밝히지 않는다. 행과 연, 가락 따위 자신이 창조한 새로운 공간 안에서 드러낸다. 이때 작품 속에는 시인의 성격과, 가치관, 경험과 더불어 바람, 상상력 따위가 더해지기 마련이다. 따라서 '작가＝주인공'이라는 등식이 성립할 수는 없다. 작품이란 시인이 자신을 재료와 계기로 삼아 '만든 것'이지 시인 자체는 아니다.

소설작품을 예로 들어 다시 생각해 보면 이 점을 좀 더 또렷하게 알 수 있다. '홍길동전'과 '흥부전'은 누군가 말로써 지어 놓은 작품이지만, 세상에 나온 뒤에는 읽는 이 모두가 소유하는 개별 존재가 된 것이다. 소설 '흥부전'은 이제 한 '가상세계'이다. 우리는 책장을 열고 그 가상세계로 들어가서 흥부를 만나고 놀부를 쳐다보면서 그 사람들이 엮어 내는 기묘한 이야기를 즐기면 된다. 홍길동이나 흥부는 '홍길동전'과 '흥부전'을 지어낸 바로 그 사람들이 아니라 그들이 창조한 별개 존재들이다. '홍길동전'을 지어낸 사람이 홍길동처럼 뛰어난 무예를 지니고 있다고 장담할 수 없으며, '흥부전'을 지어낸 사람이 흥부처럼 착한 마음씨를 지녔다고 확신할 수 없기 때문이다.

'이명박을 대통령으로 뽑았다.'고 말하거나 문장을 쓸 때, 우리는 말이 지닌 공식의미에 따라 객관 어린 의미를 누군가에게 전달한다. 이것은 말이 지닌 사회 기능에 따른 결과요 현상이다. 설명문이나 논증문을 쓸 때 글쓴이는 자기가 본 것과 그에 따른 생각을 이렇게 직접 적는다. 반면 예술문을 짓는 글쓴이는 내용을 효과 있게 전할 인물, 배경, 상황, 사건, 가락 따위 매개체를 만들어 그 속에 녹여 낸다. 이렇게 보면 읽는 이의 손에 글이 갈 때까지 예술문은 비예술문보다 과정 하나를 더 치르는 셈이다. 이 '하나 더 치르는' 단계란 경험을 재구하기에 알닞은 허구 세계를 창조하는 일이다. 이 과정을 거쳐 작품을 세상에 내려면 그만큼 더 많이 노력하고 수고해야 한다. 그렇기에 예술문을 그냥 '쓴다고' 하지 않고 '창작한다'고 일컫는 것이다.

이렇게 말할 수 있다. 예술문을 감상할 때 우리는 단순하게 어떤 개념이나 관념을 이해하고 인식하는 데에 그치지 않는다. 작가가 지어 놓은, 현실과 또 다른 세계에 잠시 마음을 담아 삶을 사는 것이다.

제5장

구조와 구성, 문단

　구조와 구성은 글을 펼치는 기본 원리다. 문장 하나를 쓰고, 다음 그에 호응하는 문장을 이어 문단을 꾸민다. 이 문단에 맞춰 또 다른 문단을 이어 글을 완성한다. 이때 글 짜임새와 꼴을 이루는 것이 구조와 구성이다. 따라서 이 장에서 다루는 내용은 여러 이론 요소 가운데 글쓰기 실제에 가장 가깝다.

1. 구조와 구성의 뜻

세상 만물은 모두 자기에게 알맞은 짜임새와 꼴을 가지고 있다. 예를 들어 물고기는 머리에 몸통이 이어져 있고 그 뒤에 꼬리가 달려 있다. 달리 말하면 반드시 머리가 있고, 몸통이 없으면 안 되며, 꼬리를 빼면 뭔가 어색하다. 머리, 몸통, 꼬리 이 셋 가운데 어느 하나라도 없으면…… 짜임새가 허술해지면서 물고기는 제대로 된 꼴을 이루지 못하고 적어도 우리가 지닌 의식과 눈에는 매우 이상하게 보일 것이다.

물고기만 그런 것이 아니다. 다른 동물도 다 '머리 - 몸통 - 다리(꼬리)'라는 짜임새를 지니고 있다. 식물도 그렇다. 식물은 '꽃 - 줄기 - 뿌리'라는 짜임새로 되어 있는데 이는 '머리 - 몸통 - 다리(꼬리)'와 같은 것이다.

그런데 물고기면 물고기 기린이면 기린 따위 같은 종류 안에서도 물고기 한 마리 기린 한 마리가 지니고 있는 꼴이 또 다 다르다. 사람도 누구든 '머리 - 몸통 - 다리'라는 짜임새를 가지고 있지만 꼴이 제각각이지 않은가. 어떤 이는 머리가 크고 다리가 짧은데, 어떤 이는 머리가 작고 몸통은 짧으며 다리는 아주 길다. 그에 앞서 누구나 다 알 듯이 여성과 남성이 지니고 있는 꼴이 아주 다르다.

이렇게 볼 때 '머리 - 몸통 - 다리(꼬리)'라는 짜임새는 만물에 공통으로 배어 있는 것이다. 이를 구조라고 하자. 동물에 초점을 맞춰 이야기하자면 모든 동물은 똑같이 이러한 구조를 타고 난다. 그러나 구조를 이루는 요소인 머리, 몸통, 다리들이 어떻게 되어 있나에 따라 실제 꼴은 다 다르다. 여기서 이 '어떻게 되어 있나'를 구성이라고 하자.

글에도 일정한 짜임새와 꼴이 있다. 글은 생각을 글자에 실어 펼쳐 낸 결과로서 생각이 흐르는 길이고 집합체다. 문장 하나를 쓸 때에도 우리는 일정한 규칙과 순서에 따라 생각을 표현한다. 하물며 전체에서 아무 원칙과 규제 없이 글을 쓰겠는가. 글쓴이는 글을 쓰는 의도와 목적을 밝혀 글을 쓰기 시작하여 어떤 관계성에 기대어 문장과 단락을 잇고 그 결과에 따라 끝을 맺는다. 이러한 과정을 지나면서 구조와 구성을 구현하고 글 한 편을 완성하는 것이다.

우리가 읽고 쓰는 모든 글에서 가장 기본이 되는 구조는 '처음 – 중간 – 끝(서론 – 본론 – 결론)'이라는 짜임새이다. 이는 앞서 살핀, 동물이 몸에 지닌 '머리 – 몸통 – 다리' 구조와 퍽 비슷한데 이 구조를 지니지 않은 글은 찾아보기 어렵다.

이 구조는 '머리말을 연 뒤 알맹이를 전하고 끝을 맺는다.'는 뜻에 따른 것이다. 실제 글을 펼치는 요령과 바로 이어져 있으므로 좀 더 자세히 살펴볼 필요가 있다. 글을 쓸 때에는 첫째, 어떤 이야기를 왜 어떻게 하겠다는 뜻을 먼저 밝힌다. '자, 이제 내가 이러이러한 이야기를 하려 합니다.'라고 관심을 끌면서 머리말을 내놓는 것이다. 이에 따라 읽는 이는 앞으로 펼쳐질 내용을 미리 가늠하여 글 읽기 자세를 가다듬을 수 있다. 다음, 정작 하고자 하는 말, 중간(본론)을 펼친다. 글에서 알맹이가 되는 부분이니 일정한 조리에 따라 차근차근 내용을 펼쳐야 할 것이다. 알맹이를 다 전했다고 곧장 뒤

돌아 설 수는 없다. 유종의 미를 거두어야 하니 뒷정리가 필요하다. 지금까지 펼치고 끌어온 생각을 요약, 강조하거나 알맹이에서 맺히는 명제를 결론으로 내놓는다. 이렇게 시작, 중간, 끝…… 이 요소들이 다 있어야 글이 제대로 된 형태를 이룬다.

이렇듯 구조란 글을 지탱하는, 가장 밑바닥에 놓여 있는 바탕이며 뼈대이다. 여기에 처음, 중간, 끝 각 단계를 어떤 차례로 펼칠 것인가, 문단은 각각 몇 개로 쓰는지, 문단 길이는 어느 정도로 하고 또 어떤 관계로 이어 가려는지 따위를 조정하고 결정하는 것이 구성이다. 달리 말하면 구조는 글에서 본질이 되는 뼈대이고 구성은 실제 살과 피를 붙여 글을 완성하는 방법이다.

우리가 잘 알고 자주 쓰는 용어로서 '두괄식, 미괄식, 중괄식, 양괄식'이 있다. 이는 글에서 결론을 어디어 놓느냐에 따라 구성방식을 규정, 분류한 용어들이다. 이 가운데 미괄식이 가장 흔한 구성 방식으로서 '처음 – 중간 – 끝(서론 – 본론 – 결론)'이라는 구조를 그대로 따른 것이다. 두괄식, 중괄식, 양괄식은 결론 내용을 강조하려고 꾸미는, 응용 행위에 따른 구성방식이라고 이해할 수 있다.

다음 '처음 – 중간 – 끝'만큼 본질에 닿아 있는 구조를 하나 더 생각해 보자. 모든 글은 결국 어떤 사물과 현상을 보고 듣고 한 뒤 그에 따른 인식, 의견, 주장, 감상을 적는 것이다. 그래서 글을 이루는 또 다른 본질 구조로서 '경험(현상)＋반응(인식, 주장, 의견, 감상)'이라는 틀을 세워 볼 수 있다. 경험 내용이 소재와 주제가 되고 이 경험에 어떻게 반응하고 어떤 측면에서 처리하느냐가 글의 종류를 결정한다. 그리고 반응 내용 가운데 어떤 부분을 어디에 어떻게 늘어놓느냐가 구성을 이루어 낼 것이다.

'처음 – 중간 – 끝'과 '경험(현상)＋반응(인식, 주장, 의견, 감상)'을 구조로 여기고 논증문과 감상문에 나타나는 구성 양상을 살펴보자.

2. 논증문 구성

논증문을 이루는 구성을 먼저 살펴본다. 논증문에서 글쓴이는 삶, 죽음, 사랑과 같은 인간 보편 문제와 정치, 경제, 문화 현상에 따른 여러 가지 사건과 사고, 남의 의견과 주장, 현상 따위를 비판하고 그 결과로서 어떤 주장을 펼친다. 비판이란 객관성에 바탕을 두고 대상에 어린 가치와 진위를 따지는 정신활동이다. 이로써 볼 때 논증문을 이루는 주요 요소는 '현상, 진단, 주장 그리고 주장을 뒷받침하는 근거(이유)'가 된다.

'서론-본론-결론'은 구조를 가리키는 말이지만 실제 논증문을 구성할 때 이것이 그대로 구성에 적용되는 예가 흔하다. 그래서 '서론-본론-결론'이 논증문을 구성하거나 논증문의 구성을 살피는 데에 좋은 잣대가 된다. 그러나 이는 아주 오랫동안 지녀온 안목이고 여러 가지 글을 두루 살피기에는 어느 정도 한계가 있다고 본다. 그래서 이 책에서는 '현상-진단-주장-근거'라는 틀로써 논증문을 살피려 한다. 글쓴이가 현상, 진단, 주장, 근거 들을 어떻게 펼쳐냈는지 문단을 따라가면서 짚어보면 논증문에 어린 구성이 어떠한지 헤아릴 수 있을 것이다.

‘**현상**’은 글쓴이가 다루고자 하는 대상이다. 소재이자 주제가 되는데, 방금 말한 대로 구체성 있는 사건, 일반인이 모두 알고 있는 상식과 풍습, 특정인의 말과 행동 따위로서 삶에 얽힌 모든 문제가 다 ‘현상’이다. ‘**진단**’은 현상을 바라본 뒤 내리는 판단이다. 현상의 원인을 파악하거나 의미를 새기고 가치를 평가하는 것 따위로 나타난다. ‘**근거**’는 말 그대로 주장을 뒷받침하는 내용으로서 주장이 설득력을 갖도록 한다. 주제와 이어진 사례와 실화, 일화, 글쓴이 자신의 경험, 권위 있는 사람이 남긴 명언, 통계 자료 따위를 근거로 삼을 수 있다.

‘**주장**’은 논증문을 이루는 핵심 내용으로서 읽는 이가 새로운 인식과 태도를 지니도록 권유, 요구하는 부분이다. 이런 점에서 진단과 다르다. 때때로 진단 자체가 바로 주장이나 주장을 떠받치는 근거가 되기도 하지만, 주장은 읽는 이가 전과 다른 자세나 의견을 갖도록 하는 것에 좀 더 초점을 맞춘다. 그래서 새로운 목표와 대안 정책 따위 직접성, 적극성 있게 무엇을 선택하도록 촉구하는 문장을 중심으로 한다.

글쓴이는 이 요소들을 제 나름대로 고르고 묶어 몇 가지 기본 유형에 따라 논증문을 쓸 수 있다. 그 기본 유형은 다음과 같다. 이것이 실제 논증문을 구성하는 방식이다.

① 현상→진단
② 현상→주장→근거
③ 현상→진단→주장→근거
④ 현상→진단→주장→근거→대안

이 네 가지 기본 양식 밖에 더 많은 구성방식을 생각할 수 있다. 예를 들어, '② 현상→주장→근거'를 '현상→근거→주장' 나 '주장→현상→근거' 또는 '주장→현상→근거→주장' 따위로 차례를 바꾸어 글을 달리 쓸 수 있다. 기본양식을 응용하면 얼마든지 다양하고 새롭게 구성을 꾸며 볼 수 있는 것이다.

이제 예문을 보자.

예문 1)

얼빠진 경찰, 본분으로 돌아가라

안양 초등학생 유괴살인 사건의 충격이 생생한데 또 가슴 철렁할 일이 벌어졌다. 경기도 일산의 아파트 단지 엘리베이터에서 초등학생이 흉기를 든 괴한에게 마구 맞아 납치당하기 직전에 이웃의 도움으로 간신히 구조됐다.

분개하지 않을 수 없는 것은 경찰의 대응이다. 폐쇄회로 텔레비전(CCTV) 증거까지 있는 납치 사건인데도 신고를 받은 경찰은 단순 폭행사건으로 처리했다. 초동수사는커녕 사흘이 지나서야 본격수사에 나서고 언론에 알리지 말라며 사건 축소에 급급했으니, 추가 범행을 조장한 셈이 된다.

사건이 벌어진 날은 공교롭게 어청수 경찰청장이 '어린이 납치·성폭행 종합 치안대책'을 발표한 날이다. 말만 번드레한 경찰의 실상을 보는 듯하다. 일선 경찰만 탓할 일도 아니다. 뒤늦게 부산을 떤 이번 사건과 달리, 비슷한 때 열린 등록금 인상 반대집회에는 미리부터 경찰의 온갖 간섭이 있었고, 당일엔 집회 참가자의 갑절 가까운 경찰력이 동원됐다. 지휘부의 관심이 온통 시국치안에 쏠렸으니, 민생치안이 안중에 있을 리 없다. 따지자면 경찰을 그런 방향으로 이끈 이가 '법질서'를 강조한 이명박 대통령이다. 그런 그가 이제 와 경찰을 꾸짖고 있으니 어색하기 그지없다.

사실, '법질서'의 핵심은 시위·파업을 때려잡는 게 아니라, 시민들이 밤거리를 마음 놓고 다니도록 하는 것이다. 그러자면 경찰의 분위기부터 바꿔야 한다. 시국치안 부서보다는 수사와 민생 분야에 인사와 처우 혜택을 주고 격려하는 게 당장 할 일이다. 이번 사건의 책임자를 엄히 문책하는 등 상벌을 분명히 하고, 축소·왜곡이 없도록 시스템을 정비하는 일도 시급하다. 무엇보다 경찰이 본분인 민생치안에 열중하도록, 괜한 일에 이들을 동원하려 하지 말아야 한다. 대통령부터 그리해야 한다.

(사설/한겨레신문, 2008. 03. 31.)

이 글은 초등학생 유괴미수사건이라는 현상을 다루고 있다. 글쓴이는 사건 앞뒤를 짤막하게 요약한 뒤 원인과 대책을 말한다. 그런데 감정이 섞인 낱말을 거침없이 쓴다. 경찰은 얼이 빠졌으며 그들이 내놓은 대책이란 말란 번드레한데, 대통령이 한 말도 앞뒤가 맞지 않아 어색하기 그지없다고 한다. 사설(社說)치고는 개인감정이 퍽 짙게 배어 있다. 논증이라는 면에서 볼 때 정도(正道)에서 어긋났다. 사설(社說)이 아니고 사설(私說)이라고 해도 할 말이 없을 듯하다. 어린이를 대상으로 한 성범죄를 따지다 보니 분노가 클 수밖에 없어 그만큼 비판하는 강도가 높고 정부와 경찰을 겨눈 꾸중이 날카롭고 단호한 것이다.

첫째 문단은 서론으로서 둘째 문단과 함께 현상을 보고한다. 사건 요약이다. 안양 어린이 유괴 살인 사건이 아직 기억에 생생한데 이번에는 또 다른 초등학생이 납치되기 직전 간신히 구조된 사건이 일어났다. 그런데 경찰은 늦장수사를 벌였을 뿐만 아니라 사건을 축소하려고까지 했다. 셋째 문단에서는 이러한 경찰태도에 주목하여 사건을 진단하고 있다. 정부와 경찰 지휘부가 민생치안에 제대로 노력을 기울이지 않고 시국치안 통제에만 빠져 있어 일이 벌어졌다고 말한다. 그리고 대통령이 이러한 현상을 일으킨 근본원인이라고 규정한다. 현상의 원인을 지적한 셈이다. 넷째 문단에서는 대통령부터 민생치안에 힘을 쏟아야 하고 민생치안인력 사기진작, 책임자 엄중 문책, 경찰 시스템 정비 따위 여러 가지 대책을 바로 세워야 한다고 주장한다. 그 근거로서 법질서를 이루는 원칙을 따진다. 법질서에서 핵심은 시위나 파업을 때려잡는 것이 아니라 밤거리 민생치안에 있다는 것이다.

이 글은 '경험(현상)＋반응'과 '처음→중간→끝'이라는 구조로 되어 있고 '현상→진단(원인파악)→근거→주장'이라는 구성에 따라 네 문단으로 되어 있다. 전체에서 다른 글에 비해 퍽 짧고 그만큼 주장을 뒷받침하는 근거도 간략하다. 그러나 현상을 서론으로 삼고 주장을 결론으로 삼아, '현상→진단→근거→주장'이라는 기본 구성 방식에 따라 글을 썼기에 논증문을 어떻게 구성하는지 살필 수 있는 한 전범이다.

그런데 이 글을 조금 다른 구성방식에 따라 써 볼 수도 있다. 예를 들어, '근거→현상→진단→주장' 구성에 따라 써 보자. 그러면 글은 다음과 같이 펼쳐질 것이다.

> **1문단:** (주장의 근거)법질서 핵심은 시위나 파업을 때려잡는 것이 아니라 밤거리 민생치안에 있다.
> **2문단:** (현상 1)어린이 납치 미수사건이 또 터졌다.
> **3문단:** (현상 2)경찰은 늦장수사를 벌였을 뿐만 아니라 사건을 축소하려고까지 했다.
> **4문단:** (진단 - 원인 분석)경찰 지휘부가 민생치안에 제대로 노력을 기울이지 않고 시국치안 통제에만 빠져 있어 일이 벌어졌고 대통령이 이러한 현상을 일으킨 근본원인이다.

5문단: **(주장)**대통령부터 민생치안에 힘을 쏟아야 하고 민생치안
　　　　인력 사기진작, 책임자 엄중 문책, 경찰 시스템 정비 따위
　　　　여러 가지 대책을 바로 세워야 한다.

　원문은 주장과 근거를 4문단에서 함께 서술했지만 이 글에서는 근거를 따로 떼어 내어 앞에 놓았기에 둔단이 하나 더 늘었다. 위와 같은 구성으로 쓰면 주장을 뒷받침하는 근거를 특히 강조하는 글이 된다. 여기에서 경찰이 제 역할을 잊고 있다는 진단(원인분석)을 맨 앞에 놓고 '진단→현상→근거→주장'이라는 구성에 따라 글을 또다시 새롭게 꾸며 볼 수 있다.

　이렇게 여러 가지 방식으로 구성을 운영한다면 전하고자 하는 뜻은 같을지라도 글 꼴이 우선 다르고 그에 따라 전체에서 풍기는 느낌이 달라지면서 설득력에서도 차이가 생길 수 있다. 읽는 이가 받아들이기에 따라 효과는 다를 테지만 구성방식을 다양하게 운영하면 설득력과 동감이 좀 더 늘어나거나 줄어들 가능성이 있는 것이다.

　다음 글은 예문 1)보다 훨씬 길고 구성도 퍽 복잡하다. 먼저 현상, 진단, 주장, 근거가 각각 무엇인지 살피고, 그 다음 어떻게 구성이 이루어졌는지 정리해 보자. 문단을 따라가면서 살펴보는 것이 효과가 있을 듯하다.

　　예문 2)

　　'최신질법'이 제2의 최진실을 막을 수 있을까
　　(민경배/경희사이버대학교 NGO학과 교수)

　얼마 전에 있었던 톱스타 최진실씨의 급작스러운 자살은 충격적인 소식이었다. 그리고 그녀의 자살을 다루는 언론의 보도태도 역시 그에 못지않게 충격적이었다. 대다수의 언론들이 경찰 조사보다 빠르게 그녀의 자살 원인이 무엇인지 결론을 내려버리는 놀라운 능력을 보여줬다. 바로 인터넷 악성 댓글 때문이란다. 물론 근거는 전혀 없다. 그녀가 자살 직전에 남겼다는 메모 쪽지나 문자 메씨지, 가까운 사람들의 증언 그 어디에도 악성 댓글 이야기는 나오지 않는다. 아무렴 어떠랴. 언론이 그렇다는데. 근거 따위는 필요 없다. 언론이 일제히 그렇다고 써버리니까, 그것도 몇날 며칠을 반복해서 계속 그렇다고 주장하니까 그냥 그 자체가 기정사실화되어버렸다. 대부분의 사람들도 그냥 그렇게 믿어버린다. 언론의 마법, 놀랍지 않은가?

　분명 최진실씨는 악성 댓글에 많이 시달렸을 것이다. 하긴 그게 어찌 그녀만의 일이겠는가? 대한민국 톱스타급 연예인치고 악성 댓글 공격 한번 안 당해본 사람이 어디 있으랴. 반면 최진실씨는 수많은 네티즌 팬클럽으로부터 열렬한 찬사도 한몸에 받았을 것이다. 그 역시 어찌 그녀만의 일이겠는가? 대한민국 톱스타 연예인치고 인터넷에 팬클럽 하나 없는 사람이 어디 있으랴. 이런 것이 바로 인터넷 공간이다. 무자비한 악성 댓글과 열렬한 찬사가 공존하는 그런 곳이다. 물론 악성 댓글은 나쁘다. 악성 댓글로 치명적인 상처를 입고 괴로워하는 사람들이 계속 양산되고 있는 것도 분명한 현실이다. 악성 댓글은 반드시 해결해야 할 우리 사회의 중요한 과제이다. 그런데 우리는 여기서 먼저 너무나도 중요한, 그렇지만 종종 그냥 지나치는 두 가지 근본적 의문부터 짚고 넘어갈 필요가 있다.

　첫째, 악성 댓글의 기준이 무엇인가 그리고 그것을 누가 정하는가 하는 문제이다. 예를 들어보자. 누군가 어떤 음식점이 맛도 없고 써비스도 엉망이더라는 글을 인터넷에 올렸다. 이것은 악성 댓글일까, 아닐까? 식당주인 입장에서 보면 당연히 심각한 악성 댓글이다. 자칫 소문이 퍼지면 영업에 큰 지장을 줄 테니까. 하지만 글쓴이의 입장에서는 또 다르다. 자신의 솔직한 소견이며 정당한 비판이다. 뿐만 아니라 다른 소비자들을 위한 유용한 정보제공 행위일 수도 있다. 이처럼 어떤 글이 악성 댓글인지에 대한 판단은 대부분 주관적일 수밖에 없다. 악성 댓글에 대한 객관적 기준이란 것은 애초부터 존재하지 않으며, 그것을 누가 임의로 정할 수도 없는 일이다.

둘째, 악성 댓글이 정말 인터넷의 익명성 때문인가의 문제이다. 많은 사람들이 악성 댓글은 익명성의 가면 뒤에 숨은 무책임한 악플러들의 만행이라고 거의 무비판적으로 믿고 있다. 이번 최진실씨 자살사건 역시 익명의 악플러들이 그녀를 죽음으로 몰고 간 살인자라고 지목받고 있다. 그렇다면 정말 악플러들은 익명의 가면 뒤에 숨어 있을까? 사실은 이와 많이 다르다. 최진실씨를 비롯해 유명 연예인들을 겨냥한 악성 댓글이 주로 올라오는 공간은 당사자들의 미니홈피와 포털 및 언론사 뉴스게시판이다. 미니홈피는 진작부터 완벽한 실명제로 운영되는 공간이며, 포털 및 언론사 뉴스게시판도 작년부터 법적으로 실명제가 의무화된 공간이다. 최진실씨를 괴롭혔다는 악성 댓글들 역시 실명이거나 최소한 본인확인 절차를 거친 후에 씌어진 것들이다. 인터넷의 익명성을 제거한다고 해서 악성 댓글 문제가 해결되지는 않는다는 것이다.

최근 정부와 여당이 악성 댓글 문제 해결방안이라며 이른바 '최진실법'이란 카드를 내밀었다. 이 법은 싸이버모욕죄 신설과 인터넷실명제 확대를 골간으로 하는데, 앞서 말한 이 두 가지 문제와 직결되는 사안들이다. 먼저 싸이버모욕죄는 악성 댓글 피해당사자의 고발 없이도 정부가 처벌을 강행하겠다는 내용이다. 즉 주관성에 따를 수밖에 없는 악성 댓글 여부를 정부가 직접 판단하겠다는 것이다. 정부가 판단주체가 된다면 앞으로 정부 비판적 댓글들은 모두 악성 댓글로 간주되어 처벌받는 어처구니없는 사태가 '합법'이란 미명으로 버젓이 자행될 수도 있다. 헌법상 보장된 표현의 자유를 억압하는 수단으로 악용될 소지가 큰 위험한 악법인 것이다.

한편 인터넷실명제 확대는 실효성 측면에서 의문이 제기된다. 정부·여당에 따르면 현재 하루 평균 이용자 30만명 이상의 포털싸이트 및 20만명 이상의 언론사싸이트를 대상으로 적용되고 있는 실명제를 법개정을 통해 하루 평균 이용자 10만명 이상의 싸이트로 확대하겠다고 한다. 이렇게 되면 실명제 의무적용 싸이트가 현재 37개에서 178개로 늘어난다. 앞서 지적했듯이 이미 실명제 적용 싸이트에서 악성 댓글이 여전한 마당에 적용대상 수만 늘린다고 이 문제가 해결될 리 만무하다. 이미 효과가 없음이 경험적으로 입증된 제도라면 빨리 폐기하고 다른 대안을 찾는 것이 상식이다. 그런데 오히려 더 확대하겠다고 나서고 있다. 진정 정부가 악성 댓글 문제에 대한 해결의지를 갖고 있는지 아니면 혹시 다른 속셈이 있는 것은 아닌지 의문이 들 수밖에 없는 노릇이다.

사실 싸이버모욕죄 신설이나 인터넷실명제 확대는 최진실씨 자살보다 훨씬 앞선 촛불집회 때부터 정부와 여당에서 이미 논의되고 있던 것들이다. 그 동기가 인터넷에서 촉발된 촛불민심에 화들짝 놀라 정부 비판적 여론을 통제하려는 목적임은 두말할 필요도 없다. 그런데 최진실씨 자살사건을 계기로 똑같은 알맹이가 포장지만 바꿔 다시 나왔다. 속셈이 빤히 보인다. 개인 피해자 구제를 강조함으로써 지금의 인터넷 규제정책이 네티즌들의 정부 비판 여론을 막으려는 정치적 의도에서 비롯되었다는 사실을 애써 은폐하려는 것이다. 때마침 언론이 나서서 최진실씨 자살이 악성 댓글 때문이라고 기정사실화해버리는 놀라운 마법까지 부려줬으니, 이 기회에 그녀의 이름을 빌린다면 인터넷 규제에 대한 대중적 지지를 쉽게 얻을 수 있으리라는 얄팍한 계산을 한 모양이다.

악성 댓글 문제를 해결하기 위해서는 물론 어느 정도 규제가 필요하다. 그리고 이미 규제를 위한 법률적 장치도 충분히 마련되어 있다. 형법, 민법, 정보통신망법, 심지어 청소년보호법에까지 관련 조항들이 제정되어 있다. 규제가 필요한 부분은 현행 법체계 내에서도 얼마든지 충분히 가능하다. 하지만 법적 규제로만 문제를 해결하는 것이 능사는 아니다. 악성 댓글은 법적인 문제이기 이전에 인터넷 문화의 문제이기 때문이다. 문화는 법으로 제정한다고 해서 만들어지는 것이 아니라 사람들 사이에서 자율적으로 형성되는 것이다. 자율규제의 중요성이 꾸준히 거론되는 것도 이런 맥락에서이다. 자율규제가 공허한 이상론일 뿐이라는 반박이 있다. 하지만 인터넷 곳곳을 잘 살펴보면 이미 네티즌들간 자율규제가 모범적으로 이뤄지고 있는 사례도 많다.

일례로 어느 중고장터 싸이트에서는 게시판에 물건 가격에 대해 싸다 비싸다 하는 댓글은 달지 못하도록 규칙을 만들어 적용하고 있다. 누군가 이런 댓글을 달면 금방 다른 이용자들이 경고성 댓글을 올린다. 거래를 하다 보면 흥정하는 맛도 있는데 이를 막는 것이 어찌 보면 지나치게 엄격하고 가혹한 규제라 느껴질 수도 있다. 하지만 이용자들 어느 누구도 여기에 이의를 제기하지 않는다. 모두가 이 규칙을 준수하면서 가격시비 없는 게시판 문화를 유지하고 있다. 어차피 가격정보는 인터넷의 다른 경로를 통해 얼마든지 얻을 수 있으니

스스로 생각해서 비싸다고 판단된다면 안 사면 그뿐이다. 괜히 가격
시비로 분란을 빚을 필요가 없다는 정서가 이용자 모두에게 형성되
어 있기 때문에 가능한 일이다. 이곳 자유게시판에도 재미있는 문화
가 형성되어 있다. 자신이 자유게시단에 퍼 옮긴 글이 근거없는 뜬소
문이나 논란이 될 만한 사안이라는 것이 확인되면, 본인 스스로 일주
일 동안 글을 쓸 권한을 제한한다. 누구 하나 강요하는 사람도 없는
데 본인이 스스로를 규제하고 있는 것이다.

이것이 바로 자율규제의 미학이다. 정부가 모든 싸이트에 공통적으
로 적용되는 규칙을 만들어 강제 적용하는 방식은 결코 바람직하지
않을뿐더러 실효성도 없다. 모두에게 획일적으로 적용되는 규칙이란
애초부터 인터넷 공간에선 불가능하다. 어떤 기준, 어떤 내용으로 규
제할 것인가를 논하는 것도 부질없는 일이다. 정작 중요한 것은 누가
어떤 방식으로 규칙을 만드는가이다. 해답은 의외로 간단하다. 각각
의 싸이트마다 저마다의 성격과 목적에 맞게 스스로 기준과 규칙을
만들고, 이용자들의 동의를 얻어 이를 적용하면 되는 일이다. 이렇게
운영되다 보면 자연스럽게 그 싸이트만의 문화가 형성되기 마련이다.
이것을 따르는 이용자들은 계속 이용하고 그렇지 않은 이용자들은
다른 싸이트로 떠나면 그뿐이다. 전세계 어디에서든 지금껏 인터넷은
이렇게 운영되어왔고, 앞으로도 계속 이렇게 유지될 것이다.

정부가 인터넷상의 모든 표현에 대해 판단을 내리고 모든 싸이트
에 획일적인 규칙을 적용하려는 것은 위험천만한 발상이다. 게다가
그것을 한 인기스타의 안타까운 죽음을 등에 업고 추진하려는 것은
졸렬하기 이를 데 없는 발상이다. '최진실법'이 정부와 여당에 대한
비판여론을 통제할 수 있을지는 몰라도 제2, 제3의 최진실을 막아주
지는 못할 것이다. 진정으로 또다른 불행한 자살을 막고 싶다면 인터
넷 규제 법률보다 차라리 우울증 대책이나 자살방지 대책을 마련하
는 것이 훨씬 시급하고 현명한 일이다.

(창비주간논평, 2008.10.15.)

이 글은 현상 두 개를 다룬다. 하나는 영화배우 최진실 사망 사
건을 보도하며 언론이 보인 태도이고 다른 하나는 이 사건을 계기
로 최신실법을 기획하는 정부 움직임이다. 이 두 현상은 그러나 따

로 떨어져 있지 않고 긴밀하게 이어져 있다. 최진실이 사망하면서 악성댓글 문제가 부각되었고 그에 따라 정부가 최진실법을 만들려고 하기 때문이다.

1문단은 머리말로서 문제를 제기한다. 톱스타 최신실이 급작스럽게 사망하였는데 언론은 악성댓글 때문이라고 보도한다. 근거가 전혀 없는 일방 보도에 지나지 않는데도 언론이 지닌 특이한 보도 능력에 힘입어 이러한 내용은 그대로 기정사실이 되어 버렸다. **현상 1**이다. 글쓴이는 언론이 '놀라운 능력을 보여 줬다.'라든지 '언론의 마법, 놀랍지 않은가?' 따위 문장을 구사하여 언론 현상을 비꼬고 있다. 논증문을 쓸 때 지켜야 할 감정 자제 원칙에는 벗어나지만, 글쓴이가 지닌 문제의식이 그만큼 깊다는 것을 알리며 글을 읽는 재미를 일으킨다.

2, 3, 4문단은 각각 현상을 진단하고 있다. **진단 1, 2, 3**이다. 2문단에서는 언론 태도가 현상을 이루는 핵심 사항을 지나쳐 버렸다고 한다. 인터넷 공간이란 원래 비난과 찬사가 함께하는 곳이라는 사실을 강조하며 두 가지 사항을 재고하라고 촉구한다. 3문단에서는 두 가지 가운데 첫째 사항을 지적한다. 무엇이 악성댓글인지 판단할 수 있는 정확하고 객관성 있는 기준을 마련할 수 없다고 한다. 4문단에서는 두 번째 사항을 지적하는데 악성댓글과 실명제는 실제 아무 상관이 없으므로 실명제를 강화하여 악성댓글을 줄인다는 생각은 잘못이라고 한다.

5문단에서는 정부가 추진하고 있는 '최진실법'을 거론한다. 정부는 최진실 사망 이후 사이버모욕죄를 신설하려 하고 인터넷실명제를 확대하려 한다. **현상 2**이다. 이와 함께 무엇이 악성댓글인지를 정부가 판단하겠다고 한 발상은 헌법에 보장되어 있는 표현 자유를 억압할 가능성이 있다고, 이 법이 지닌 위험성을 진단한다. **진단 4**이다. 6, 7문단에서는 기대효과도 없는 인터넷실명제를 법으로 강제하려는 의도 밑에는 네티즌을 정부 마음대로 통제하려는 속셈과 한 여배우가 자살한 사건을 정략으로 이용하려는 얄팍한 계산이 숨어 있다고 한다. 각각 **진단 5와 6**이다. 여기에서도 '다른 속셈'이라든지 '속셈이 빤히 보인다.' 따위 구절이 논증문을 쓰는 정도를 벗어나지만 이제 글쓴이의 개성쯤으로 읽어 줄 수 있을 듯하다. 이러한 개성이 논증문의 기본 구조인 '주장＋근거'라는 틀이나 전체 조리를 해치지 않고 있거니와 아직 도를 지나치지 않고 있기 때문이다.

8문단에서는 주장과 근거가 함께 나타난다. 악성댓글문제는 법적 규제로 풀어낼 문제가 아니라고 한다. **주장 1**이다. 그 이유는 악성댓글이 법적 문제이기에 앞서 문화에 속하고 자율에 따를 문제라는 것에 있다. **근거 1**이다. 9문단에 한 중고장터 사이트를 본보기로 소개한다. **근거 2**이다.

10문단에서는 앞 주장과 근거를 다시 새긴다. 정부가 주도하여 사이트를 규제하려는 움직임은 결코 바람직하지 않고 실효도 없으며 애초에 불가능하다. 따라서 각 사이트마다 고유한 성격에 맞게 기준과 규칙을 만들어 자율에 따라 규제하는 것이 올바르다. **주장 2와 근거 2**이다.

11문단은 맺는말로서 이제까지 끌어온 주장을 요약하여 강조한다. 한 여배우가 안타깝게 자살한 사건을 등에 업자는 자세는 졸렬한 발상이라고 하여 개성어린 칼날을 다시 세워 보였으며, 법률세우기보다는 우울증과 자살방지 대책에 고심하는 것이 차라리 낫다고 정부가 지닌 자세를 살짝 비꼬면서 글을 마치고 있다.

이제까지 살펴본 내용을 정리하면 다음과 같다.

현상 1(머리말)→진단 1→진단 2→진단 3→현상 2와 진단 4→진
단 5→진단 6→주장 1과 근거 1→근거 2→주장 2와 근거 3→맺는말

보다시피 필자는 현상과 진단 그리고 주장과 근거를 빈틈없이
세웠다. 그런데 다루는 현상 두 개, 언론이 최진실 사망을 보도하
는 태도와 정부가 최진실법을 발의한 것은 각각 다른 현상이지만
내용에 있어 사실 긴밀하게 이어져 있다. 그래서 현상 1과 진단 1,
2, 3을 주장 1, 2의 근거로 보아도 무방하다.

구성을 운영한다는 면에서 볼 때, 1문단에서 현상 1과 현상 2를
한꺼번에 이어 제시하였으면 어떠했을까. 그랬다면 생각해야 할 문
제를 먼저 모두 꺼내 놓고 논의를 시작하는 구성이 되었을 것이다.
그 결과 문제를 다루는 집중도와 긴장감을 높일 수 있었겠지만 말
머리가 너무 무겁고 조금 어수선해졌을지도 모르겠다. 이 글을 쓴
글쓴이는 그렇게 하지 않았다. 언론이 최진실 사망을 다루면서 보
인 비합리성을 먼저 거론해야 한다고 생각하고 첫째로 이 문제를
꺼내어 진단을 내린 듯하다. 그다음 이를 바탕으로 하여 정부가 보
인 태도라는 좀 더 큰 문제를 다루었다. 문제 깊이를 조금씩 더해
간 구성 방식을 택한 것이다. 이에 따라 읽는 이는 문제 핵심에 차
분하게 접근하여 자기 의견을 세우는 데 유리하게 되었다.

이렇게 글에 어린 내용, 글쓴이가 지닌 의도, 취향에 따라 현상,

진단, 근거, 주장을 적절히 배치하여 논증문 한 편을 쓰는 것이다. 같은 내용을 지닌 글이라도 각 요소를 어떻게 배합, 열거하느냐에 따라 글 중심이 바뀌고 그에 따라 설득력과 흥미도 얼마든지 달라질 수 있다. 어떤 방식으로 글을 구성하느냐는 오로지 글쓴이 마음대로이다. 그러나 논증문을 쓸 때에는 끝국 주장이 또렷하게 드러나는 데 이바지하는 쪽을 택해야 할 것이다.

3. 감상문 구성

감상문은 논증문과 구성이 퍽 다르다. 논리를 좇아 계단을 밟아 가듯 하지 않고 좀 더 자유롭게 생각을 이어 간다. 글이란 원래 읽는 이가 내용을 쉽게 이해하도록 배려하며 써야 하지만, 감상문을 쓸 때에는 자기 느낌에 초점을 맞추어 생각이 흐르는 대로 자유롭게 글을 구성하는 것도 그에 못지않게 중요하다.

예를 들어 기행문은 장소와 시간에 따라가며 보고 들은 내용을 펼치는 글이다. 구성 원리는 다른 것이 아니라 바로 '시간과 공간'이다. 시간과 공간을 따라가면서 '먼 곳에서 가까운 곳으로' 또는 '어제부터 오늘까지', '저곳에서 이곳까지' 지나쳐 오며 거둔 경험 내용을 쓴다. 산 하나를 보았으니 이제 강을 보아야 하고 그 때문에 다음에는 바다를 보아야 하는 것이 아니다. 그저 눈과 마음이 이끄는 대로 산에 올라 계곡을 지나가면서 물과 나무를 보고 바위에 앉아 때맞춰 불어오는 산바람을 호흡하면 된다. 기행문뿐만 아니라 생활에서 느끼는 애환이나 추억 따위를 쓰려고 할 때도 이와 마찬가지다. 생각이 가는 대로, 그때그때 일어나는 상념에 따라 진솔하게 문장을 늘어놓으면 그만이다.

그러나 감상문을 쓸 때에도 전체를 가다듬는 조리는 반드시 있어야 하며 주제 초점이 하나로 또렷해야 한다. 어머니를 그리워하면서 어릴 적에 깃들었던 어머니 품을 떠올리고 조금 자라서 어머니 속을 썩이던 일을 꺼내 회한에 잠기고, 다음 지금 어머니가 많이 편찮으시다는 이야기를 할 수 있다. 이렇게 자연스럽게 흘러갈 수는 있으되 어머니 이야기를 하다가 불현듯 친구 얘기나 정치 얘기를 할 수는 없다. 어머니를 그리워하다가 어머니가 사셨던 시대에 얽힌 부조리를 깊이 운운한다면 앞뒤가 맞지 않을 것이 뻔하다.

특히 어떤 사건에 비롯되는 감회를 서술하려면 그 사건이 이루어진 앞뒤 사정을 조리에 맞게 적절히 서사해야 한다. 그렇지 않으면 글쓴이가 내놓은 감상내용이 근거와 설득력을 얻을 수 없기 때문이다.

다음 예문을 읽고 감상문을 이끌어 가는 구성 원리를 살펴보자.

예문 3)

東海
백석(1912 – ?)

동해(東海)여, 오늘밤은 이렇게 무더워 나는 맥고모자를 쓰고 삐루를 마시고 거리를 거닙네. 맥고모자를 쓰고 삐루를 마시고 거리를 거닐면 어데서 늑늑한 비릿한 짠물 내음새 풍겨오는데, 동해여 아마 이것은 그대의 바윗등에 모래장변에 날미역이 한불 널린 탓인가 본데

미역 널린 곳엔 방게가 어성기는가, 도요가 씨앙씨앙 우는가, 안마을 처녀가 누구를 기다리고 섰는가, 또 나와 같이 이 밤이 무더워서 소주에 취한 사람이 기웃들이 누웠는가. 분명히 이것은 날미역의 내음새인데 오늘 낮 물기가 쳐서 물가에 미역이 많이 떠들어온 것이겠지.

이렇게 맥고모자를 쓰고 삐루를 마시고 날미역 내음새 맡으면 동해여, 나는 그대의 조개가 되고 싶읍네. 어려서는 꽃조개가, 자라서는 명주조개가, 늙어서는 강애지조개가. 기운이 나면 혀를 빼어 물고 물속 십 리를 단숨에 날고 싶읍네. 달이 밝은 밤엔 해정한 모래장변에 달바라기를 하고 싶읍네. 궂은 비 부슬거리는 저녁엔 물위에 떠서 애원성이나 부르고, 그리고 햇살이 간지럽게 따뜻한 아침엔 이남박 같은 물바닥을 오르락내리락하고 놀고 싶읍네. 그리고 그리고 내가 정말 조개가 되고 싶은 것은 잔잔한 물밑 부드러운 세모래 속에 누워서 나를 쑤시러 오는 어여쁜 처녀들의 발뒤꿈치나 쓰다듬고 손길이나 붙잡고 놀고 싶은 것입네.

동해여! 이렇게 맥고모자를 쓰고 삐루를 마시고 조개가 되고 싶어 하는 심사를 알 친구란 꼭 하나 있는데, 이는 밤이면 그대의 작은 섬 ─사람 없는 섬이나 또 어느 외진 바위판에 떼로 몰려 올라서는 눕고 앉았고 모두들 세상 이야기를 하고 지껄이고 잠이 들고 하는 물개들입네. 물에 살아도 숨은 물 밖에 대고 쉬는 양반이고 죽을 때엔 물 밑에 가라앉아 바윗돌을 붙들고 절개 있게 죽는 선비이고 또 때로는 갈매기를 따르며 노는 활량인데 나는 이 친구가 좋아서 칠월이 오기 바쁘게 그대한테로 가야 하겠읍네.

이렇게 맥고모자를 쓰고 삐루를 마시고 친구를 생각하기는 그대의 언제나 자랑하는 털게에 청포채를 무친 맛나는 안주 탓인데, 나는 정말이지 그대도 잘 아는 함경도 함흥 만세교 다리 밑에 님이 오는 털게 맛에 헤가우손이를 치고 사는 사람입네. 하기야 또 내가 친하기로야 가재미가 빠질겜네. 회국수에 들어 일미이고 식혜에 들어 절미지. 하기야 또 버들개 봉구이가 좀 좋은가. 횟대 생선 된장지짐이는 어떻고 명태골국, 해삼탕, 도미회, 은어젓이 다 그대 자랑감이지. 그리고 한 가지 그대나 나밖에 모를 것이지만 공미리는 아랫주둥이가 길고 꽁치는 윗주둥이가 길지.

이것은 크게 할 말 아니지만 산뜻한 청삿자리 위에서 전복회를 놓고 함소주 잔을 거듭하는 맛은 신선 아니면 모를 일이지.

　　이렇게 맥고모자를 쓰고 삐루를 마시고 전복에 해삼을 생각하면
또 생각나는 것이 있읍네. 칠팔월이면 으레히 오는 노랑 바탕에 까만
등을 단 제주(濟州) 배 말입네. 제주 배만 오면 그대네 물가엔 말이
많아지지. 제주 배 아즈맹이 몸집이 절구통 같다는 둥, 제주 배 아뱅
인 조밥에 소금만 먹는다는 둥, 제주 배 아즈맹이 언제 어느 모롱고
지 이슥한 바위 뒤에서 혼자 해삼을 따다가 무슨 일이 있었다는
둥……, 참 말이 많지. 제주 배 들면 그대네 마을이 반갑고 제주 배
나면 서운하지. 아이들은 제주 배를 물가를 돌아 따르고 나귀는 산등
성이에서 눈을 들어 따르지. 이번 칠월 그대한테로 가선 제주 배에
올라 제주 색시하고 살렵네. 내가 이렇게 맥고모자를 쓰고 삐루를 마
시고 제주 색시를 생각해도 미역 내음새에 내 마음이 가는 곳이 있
읍네. 조개껍질이 나이금을 먹는 물살에 낱낱이 키가 자라는 처녀 하
나가 나를 무척 생각하는 일과 그대 가까이 송진 내음새 나는 집에
아내를 잃고 슬피 사는 사람 하나가 있는 것과 그리고 영어를 잘하
는 총명한 사년생 금(琴)이가 그대네 홍원군 홍원면 동상리에 난 것
도 생각하는 것입네.

(동아일보, 1938. 6. 7.)

　　이 글은 ‘취중 회상’이라는 내용 구조를 지니고 있다. 글쓴이는
지금 술에 취하여 어느 거리를 거닐고 있다. 그러다가 고향 생각에
빠져들었다. 아니면 오늘 불현듯 고향 생각이 밀려와 술을 마셨다
고 해도 좋다. 아무튼 술 힘을 빌려 ‘지금 이곳’이라는 울타리를 잠
시 벗어나 추억이 숨 쉬는 세계로 스며들었다.

　　글쓴이는 동해 바닷가로 간다. 글쓴이가 살았던 고향 마을이다.
바다 냄새가 물씬하다. 바닷가모래밭에 미역이 널려 있나 보다. 그
냄새를 따라 방게와 도요새가 나타나고 마침내 안마을 처녀까지
아른거린다. 글쓴이 자기가 조개가 되어 처녀를 쫓아가며 발뒤꿈치
를 희롱하는가 하면 오래간만에 물개와 재회한다. 그러다 보니 물
개와 노니는 갈매기도 다시 생각날 수밖에 없다.

그다음 청포채, 가자미, 횟대 생선 된장지짐이, 명태골국, 해삼탕, 도미회 따위 갖가지 고향 음식을 맛본다. 먹을거리야말로 삶에 깃든 즐거움과 고달픔이 가장 또렷하게 담기는 매개물이 아닐까. 다음 마지막으로 정겨운 고향 사람들을 떠올리면서 그리움에 젖는다. 이색풍물을 전해 주던 제주 배를 타고 왔던 아즈망, 나를 생각하던 처녀, 아내와 집을 잃어버린 가엾은 홀아비, 영어를 잘하던 소년…… 이들은 모두 글쓴이 마음속에 맺혀 있는 사람들이다.

이 글 역시 근본에서는 '경험＋느낌'고 '처음－중간－끝'이라는 구조에 따라 쓴 것이다. 이러한 구조 바탕 위에서 글쓴이는 마음에 떠오르는 사물을 따라 이야기를 펼치고 있다. 바로 이 '마음에 떠오르는 사물을 따라'가 이 글을 이루어 넌 구성 방식이다. 달리 말해 '조개', '물개', '음식' 따위가 구성 요소이고, '거리에서 바닷가로→조개→물개→음식→사람들'로 따라간 차례가 구성 방식이다.

여기에서 '조개'와 '물개', '음식'을 차례를 바꿔 늘어놓아도 글 내용이 크게 바뀌거나 나빠지거나 하지 않을 것이다. 또 이 가운데 어느 하나를 빼고 다른 사물을 집어넣는다 해도 중심이 크게 흐트러지지는 않을 것이다. 다만 글꼴이 조금씩 달라질 테고 그에 따라 느낌과 맛이 달라질 것이고, 읽는 이는 이 가운데 어느 것이 좀 더 낫다고 느낄 수도 있다.

감상문을 쓸 때에 논증문을 쓸 때처럼 논리에 따라 앞뒤 내용을 일정하게 꿰맞춰야 할 필요는 없다. 주장을 했으니 근거가 반드시 있어야 하는 것처럼 강제되는 요소가 없고 있어도 아주 약하다. 감상문을 쓸 때에는 조리를 잃지 않는 한에서 그저 글쓴이 마음을 따라 진실하고 자연스럽게 붓을 움직여 나가면 된다. 이것이 감상문을 구성하는 제1 원리이다.

　물론 감상문 가운데 전통과 관습에 따라 일정 구성 형식이나 요소를 꼭 생각해야 하는 것도 있다. 독후감, 편지, 일기 따위에는 공인되다시피 한 구성 요소가 몇 가지 있다. 독후감을 쓸 때에는 느낌을 쓰기에 앞서 책 내용을 먼저 요약하여 내놓고 그 책을 읽게 된 까닭이나 경위를 밝힌다. 강제하지는 않지만 대개 이 요소를 중요하게 여긴다. 일기에는 날짜와 날씨를 꼭 적어 넣고 편지에는 날짜와 더불어 글 앞뒤에 인사말을 꼭 쓴다.
　그러나 편지를 쓰든 일기를 쓰든 이러한 요소 또는 조건을 만족시키고 나면, 글쓴이는 자신이 지닌 취향과 뜻에 따라 얼마든지 자유롭게 구성을 꾸밀 수 있다. 색다른 효과를 거두려고 기본 형식을 변형하거나 형식 요소 가운데 어느 것 하나를 생략할 수도 있다.

　한편 감상문 가운데 이렇듯 한 지점, 한 상황, 한 대상에 머문 느낌을 쓰는 글이 있는가 하면, 줄거리가 있는 사건에 따른 느낌과 생각을 쓰는 글이 있다. 이러한 글을 구성하는 원리는 또 다른 시각에서 살펴야 한다. 사건을 글로써 다시 꾸미려 한다면 첫째, 전체 사건일지에서 꼭 필요한 부분을 가려내는 적절한 ‘선택’이 있어야 한다. 다음, ‘시작 – 중간 – 끝’이라는 구조 바탕 위에서 선택한 부분들을 실제 어떻게 늘어놓는가 하는 구성원리가 있어야 한다.
　소설문학에서는 이 원리가 매우 복잡하게 나타난다. 좀 더 재미있고 좀 더 효과 있게 주제를 펼치려고 사건 속에 담긴 과거와 현재를 뒤바꿔 서술하는 경우가 많다. 그러나 감상문에서는 대부분 그저 시간이 흐르는 순서에 맞춰 사건을 서술한다. 감상문에서 다루는 시간은 대개 소설만큼 길지 않기 때문이다.

아래 예문을 읽고 글쓴이가 시간을 어떻게 다루고 그에 따라 어떻게 글을 구성하고 있는지 살펴보자.

예문 4)

잊히지 않는 사람

1987년 여름. 무더위가 막바지로 접어들던 때로 기억한다. 어느 날 전입병(轉入兵) 세 명이 우리 소대로 배치되었다. 부족한 인원을 보충하려고 타 부대에서 데리고 온 병사들이다. 이렇게 비정기로 병력이 이동하는 일이 가끔 있는데 그럴 적마다 내 신경은 보초 서듯 곤두섰다. 문제는 오직 하나, 새로 들어오는 병사들이 박혀있는 돌인 나보다 짬밥(계급)이 많으냐 아니냐 하는 것뿐이었다. 세 명 가운데 둘은 이제 갓 일병이고 나머지 한 명은 상병이었지만 일호봉(일개월)짜리였다. 다행이었다. 그때 나는 상병 계급장을 단 지 삼 개월이 지나 있었다.

졸따구(하급자)가 불현듯 세 명이나 늘어난 셈이요, 기분이 썩 괜찮은 조짐이었다. 소대 안에서 살림살이 이것저것을 관장하는 위치에 있던 나로서 특히 상병은 옆에 두고 부려먹을 수 있어 그만이었다. 일병들은 말할 것도 없고.

상병 일호봉의 이름은 '김영찬'. 며칠 같이 살아보니 여러 모로 마음에 쏙 들었다. 몸매는 날렵하니 군더더기가 없고 하얀 얼굴이 군바리답지 않게 잘 빠진 계란형이라 호감이 갔다. 무엇보다 평소에 말이 없는 버르장머리가 나는 제일 좋았다.

원래 이 땅에서 치러야 하는 군 생활이란 한마디로 말해 고생길이다. 군대 왔으면 당연히 고생하러 온 것으로 여겨야 한다. 먹는 거고 입을 거고 항상 부족하여 고달프다. 여럿이 함께 모여 먹고 자다보니 꼭 지켜야할 규칙은 또 거미줄처럼 가지가지 얽혀있어 불편할 뿐이다. 그러니 불평이 쉬 나오고 입에 '씨발' 소리가 배이기 마련이다.

그런데 영찬은 그렇지 않았다. 작업을 하거나 고된 훈련을 하거나 쌍소리는커녕 불평 한 마디 하는 법을 볼 수가 없었다.

새 식구가 된 지 한 달쯤 지나 시월쯤 되었을 것이다. 한 번은 저탄고 작업을 함께 나가게 되었다. 저탄고 작업이란 겨울 내내 부대 안 난로들을 지필 석탄을 부대 창고에 채워 넣는 일이다. 하루 종일 부대 저탄고 앞에 커다란 트럭이 석탄을 실어 나르는데, 각 소대에서 차출된 작업병들은 트럭에 실린 석탄을 저탄고로 옮기려고 온종일 삽질을 하느라 허리가 뒤틀어질 지경이고 얼굴에서 발끝까지 새까만 칠을 해야만 하는 것이다. 겨울에 쓸 걸 왜 벌써부터 난리냐고 다들 한마디씩 쌍소리에 투덜거리는 것은 당연한 일이다. 그 날도 다른 날에 뒤질세라 뒷덜미를 잡아채듯 하는 가을 햇살이 지긋지긋하여 아이스크림을 입에 달다시피 했지만 다들 숨이 헉헉거려 영 작업이 나아가지 않았다. 계급께나 높은 병사들은 슬그머니 그늘을 찾아 스며들고 쫄다구들도 제 나름대로 재수 없이 꼬인 일진을 두고 틈만 나면 투덜대는 것이다.

그런데 영찬이는 말이 없다. 처음에는 그런가 보다 했는데 가만히 따져 보니 이상한 현상이다. 아침 9시에 시작하여 저녁 5시까지 작업이 이루어지는 동안 녀석은 아마(?) 단 한마디도 안한 것이다. 더욱이, 고참이 꾀부리는 거야 어쩔 수 없다 치고 쫄다구들이 까불 때는 '야, 씨발놈들아 똑바로 안 해, 빠져가지고.' 하면서 제 분풀이라도 할 만한데… 도대체 남이야 서있든 누워있든 그저 자기 삽질에만 묵묵하다. 똑같은 속도로 변함없는 무게로.

고참을 보든 쫄따구를 대하든 마찬가지였다. 고참이 본다고 부러 열심인 척 하지 않고 쫄다구가 늘어진다고 말을 쏘는 법은 더욱 없었다. 그렇다고 미련 곰탱이 식으로 무감각하거나, 그래 엿 같은 군대생활 어서 시간이나 가라 조로 무관심을 피우는 것도 아니었다. 땀은 땀대로 누구보다 묵묵히 다 흘리는 그였고, 좀 편해보자는 요령은 도무지 개념 자체가 없었다. 기독교 환자(?)라는 사실만 빼고 영찬은 내게 너무나 안락한 졸병이었다. 군 생활에 어느 정도 도가 터가고 있던 나로서 좀 별나 보이기도 했지만 당장 말 잘 듣고 원체 개기지 않으니 문제 될 것이 무엇이겠느냐.

참을 수 있으면 군대 얘기는 피해야 사회생활에 이롭다는 주장과 요구가 있다. 그런데 어쩔 수 없다. 김영찬, 그 사람을 생각하며 몇 마디 더 하고 싶다.

　식당에서였다. 어느 날 그와 마주 앉아 점심을 먹게 되었다. 기도 드리고 숟가락질도 조용히 차분차분한데 배는 무척 고팠는지 영찬은 밥알 하나 남기지 않고 식기를 비워냈다. 성격 좋은 녀석이 먹기도 참 잘 먹네 했다. 그리고 그날 저녁 식사에도 우연히 또 마주앉았던 것인데, 이번에도 식기가 너무 깨끗했다. 절간에서 스님들이 밥 먹는 게 그렇다는 장면을 TV에서 언젠가 본 적이 있었다. 밥알은커녕 티 끌 하나 남기지 않고 말끔히 씻고 헝궈 끝으로 개숫물마저 들이키는 데, 다 먹은 식기는 따로 설거지를 할 필요가 없게 투명했다. 나는 비위가 상하고 말았는데 그걸 발우공양이라고 했던가. 꼭 그렇지는 않았지만 고춧가루 하나 보이지 않을 정도로 영찬이 비운 식기도 만 만치 않았다. 역시 유별났다.

　누구나 잔밥통에 식기를 턱턱 털어 비우기 마련이다. 열이면 열 다 그렇다. 군대 밥이 뭐 그렇게 맛있고 영양가가 뛰어나다고 밥알 하나 양념 한 톨까지 남김없이 훑어 먹을까? 남들보다 열심이니 당연히 배도 더 고프고 입맛도 제대로 댕기겠지… 그때까지만 해도 나는 그 렇게 여기고 더 생각하지 않았다.

　그런데 문제가 간단치가 않았다. 다음 날도 또 그 다음 날도 그는 끼니때마다 늘 그랬다. 그가 잔밥통 앞에 서는 꼴을 나는 보지 못했 고, 남모르는 호기심에 내 눈은 점차 물들기 시작했다. 봐라! 대한민 국 육군 상병 영찬이 먹는 식기에 잔밥은 없다! 딱 이런 꼴이었다. 완전 군대 체질인가? 설마 그렇지는 않을 테고, 아무튼 프랑스 어느 독재자가 자랑했던 사전에는 혹 실려 있을지 모르겠으나, 김영찬 사 전에 '잔밥'은 분명 없었다.

　영찬이 어딘지 달라 보이기 시작했다. 식사 전에 기도를 드리는 경 건한 모습도 새롭게 눈에 들어왔다. 그리고 이 대목에서 내 성질도 만만치 않았으니 은근히 오기가 생겨났다. '그래, 두고 보자. 니가 언 제가는 밥알 한 톨, 김치 한 쪼가리라도 남기겠지' 이거였다. 나는 식사 때마다 일부러 앞이나 옆에 꼭 붙어 앉기 시작했고 가재미눈을 열었다. 언젠가 반드시 보고말리라.

　가을이 깊어가고 부대 전체가 월동준비로 눈코 뜰 새 없이 바삐 돌아갔다. 그 와중에도 내 가자미눈은 영찬이 먹는 밥을 하루 세 번 어김없이 염탐했다. 그러나 한 달이 지나고 두 달이 지나고 첫눈이 내리고 나서도 나는 영 허점을 잡아내지 못하고 말았다. 결국 나는 패배했다.

중부 전선 포천 땅에서 겨울이 칼날을 더욱 시리게 세워가는 마당에 그가 우러러 보이기 시작했다. 이런 생각이 들었다. 김영찬은 남달리 차분하고 순한 얼굴을 지녔다. 누구에게도 자기주장이나 고집을 내세우는 법이 없다. 그러나 그 모습 뒤에는 아무도 모를 많은 이야기가 깃들어 있다. 그러나 따져 묻지는 않았다. 넌지시 떠볼 수도 없었다. 나는 그 사람만이 거느린 차분한 세계에 감히 이러쿵저러쿵 집적대고 싶지 않았다. 그냥 바라만 보고 싶었다. 아니 솔직히 말하면 이렇다. 나는 그 사람이 어려워져서 함부로 입을 벙긋하지 못했던 것이다.

특히 숙녀들이 군대 얘기에 공포와 진저리를 느낀다 한다. 이제 그만 안심하라. 군대 얘기는 끝이다. 이제껏 얘기를 들어준 참을성에 감사드리고, 다만 마지막으로 교육학 논설을 곁들여 볼까 한다.

사람이 사람을 가르쳐 말과 행동을 바꾸어놓는 길은 여러 가지다. 스파르타 군대식으로 다그치면 상상 외로 속도가 빠르고 정확하다. 운전이라 하면 바퀴가 어떻게 생겼는지조차 모르는 사람일지라도 몽둥이로 맞고 구르면 이삼일에 끝장을 볼 수 있다. 이게 군인정신이다. 제정신이 아닌 것이다. 그런가 하면 오랜 시간 간곡히 설득하고 매달리는 사도(師道)도 있다. 넘치는 사랑에 바탕 한 칭찬이 학동(學童)을 감화시켜 새로운 길로 인도할 수 있고, 호된 질책이 아주 좋은 약이 되기도 한다.

그런데 아무도 가르치려 하지 않았지만 몸과 마음에 서린 빛과 향기가 그를 바라보는 사람을 어찌 어찌 변화시키는 수도 있는가 보다. 아무도 모르게. 모르는 사이에 저절로 스며들 듯이. 학동은 낌새조차 눈치 채지 못하고, 배우는 사람이나 가르치는 사람이나 말은 애당초 한 점도 필요 없이……

우주 속에서 쌀 한 톨에 깃든 존귀함이 무엇이고 어떠한지 내가 무슨 철학과 명상을 지니고 있을 리 없다. 그러나 나는 지금도 어디 어느 식당을 가든지 밥알은 물론이요, 반찬을 남기는 일이 없다. 한 건더기라도 남기는 날에는 천국이 물 건너가리라는 느낌이 든다. 군대에서 나는 이 버릇을 몸에 익혔다. 김영찬은 나를 가르치지 않았지만 나는 배웠다. 사실 뭘 배웠다기보다는 세뇌, 세뇌는 좀 그렇고 감화, 그렇다 감화된 것이다. 아주 조용히, 말 한마디 주고받은 일 없이. 이 버릇은 내 몸에 마치 그림자처럼 달라붙었으니 아마 죽을 때까지 갈 것 같다.

밥을 귀히 여기는 몸가짐이 큰 뜻을 지니고 있다고 어떤 이가 말했지만 나는 잘 모른다. 다만 김영찬 상병을 기억한다. 그 선량하고 조용한 눈매가, 결코 서두르지 않는 걸음걸이가, 조금도 변하지 않는 자세와 그에 깃들어 있는 완벽한 실천력이 지금도 생생하다.
그 사람은 지금 어디에서 어떻게 살고 있을까. 전도사가 되어있지 않을까. 목사님일지도 모른다. 밥 퍼주는 돈사님이 아니라 밥 안 남기는 목사님?! 전화번호라도 좀 챙겨놓을 짓을…….

이 글은 인물 감상기이다. 글쓴이는 군대에 복무하던 시절 한 사람을 만났다. 그 사람과 함께 생활하며 겪은 일 몇 가지를 줄거리로 하고 그에게 얻은 감상과 교훈을 주제로 삼아 글을 엮어냈다.

글쓴이가 만난 하급자 '김영찬'은 성품과 행동이 퍽 남다른 듯하다. 군대생활이란 것이 원래 힘겨운 시간인지라 다들 불만과 욕설을 지니고 살며 때로 자기밖에 모르고 행동하기 쉬운데 그 사람은 전혀 그렇지 않다. 글쓴이는 처음에 무심히 흘렸지만 다시 볼수록 그 사람이 특이하다는 것을 느꼈고 나아가 무척 큰 호의를 가지게 되었다. 그리고 그 행동 뒤에 숨겨진 인품과 참뜻을 제 나름대로 헤아린 뒤 그 사람을 새롭게 바라보기에 이른다. '김영찬'이라는 대상이 보내온 감동에 따라 '사람이 사람을 가르쳐 말과 행동을 바꾸어놓는 길'을 깨닫고, 밥을 귀히 여기는 몸가짐을 지니게 되었다. 이렇게 이 글은 대상을 새롭게 알아가는 과정을 쫓아 '의혹을 해소하고 대상을 재인식한다는' 내용 구조로 되어 있다. 그리고 이러한 내용을 글로 옮길 때, 글쓴이는 시간을 따라 가면서 겪은 일을 순서대로 펼쳐놓았다. '①첫 만남→②저탄고 작업→③식당→④재인식→⑤헤어짐'이라는 흐름은 일이 일어난 차례를 그대로 쫓은 것이다. 글쓴이가 깨달음을 얻는 것도 이 차례를 따라 간다. 이러한 구성법은 단순하다는 느낌을 주지만 인물과 대상을 일정한 초점에 담아 일관성 있고 또렷하게 드러낼 수 있다는 장점을 지니고 있다.

이 단순구성법은 수필에서 일반으로 쓰인다. 소설 춘향전에 나타나 있는 구성법과 비교하여 그 양상이 어떠한지 다시 살펴보자.

다 알다시피 춘향전에 보이는 내용구조는 '열녀위기극복기'이다. 한 여인이 한 남자를 사랑하다가 위기를 맞이하지만 끝내 수절을 지켜 행복한 삶을 찾는다는 구조로 되어 있다. 만약 주인공 춘향이 수절하지 못하고 변학도가 내민 청을 받아들여 이몽룡과 갈등을 빚게 되었다고 하자. 이 작품은 사랑이 좌절되는 내용을 담은, 비극어린 구조로 된 이야기로 남았을 것이다.

'춘향전'은 또 절대 위기 상황이 한순간에 뒤집어지는 '반전(反轉) 구조'를 지니고 있다. 암행어사가 된 이몽룡이 처음부터 신분을 밝히며 나타나 변학도를 단죄하고 춘향이가 처한 위기상황을 풀어낸다면 긴장감과 그에 따른 묘미는 영점(零點) 상태에 떨어지고 말 것이다. 이몽룡은 자신이 성공한 사실을 숨기고 거지 행세를 하여 위기 상황을 절정으로 치닫게 한 뒤 이를 한순간에 풀어냈다. 이러한 '막판뒤집기' 구조 덕분에 긴장과 흥미가 최대로 높아졌고 읽는 이가 느끼는 쾌감도 덩달아 올라가면서 춘향전은 만고에 길이 전할 고전이 된 것이다.

이러한 이야기 구조를 지닌 춘향전은 실제 '① (이몽룡과 춘향이) 만남 ② 이별 ③ 변학도 등장 ④ 춘향 위기 ⑤ 이몽룡 등장 ⑥ 결말'이라는 차례를 밟아 시작하여 전개되고 끝난다. 우리가 흔히 읽어온 춘향전은 예문4)가 그렇듯 대부분 사건이 펼쳐진 시간 순서를 그대로 따라 구성한 것이다. 이러한 방식을 춘향전을 꾸며낸 '원형 구성법'이라고 일단 정리해두자. 그런데 이 '시간순서대로 펼친' 이야기를 예를 들어, '③→①→②→④→⑤→⑥'로 또는 '④→①→③→⑤→②→⑥' 따위로 재배열하여 쓸 수도 있다.

이 가운데 두 번째 예를 좀 더 자세히 살펴보자. 이 구성법에 따르면 작품 첫 장면은 춘향이가 감옥 안에서 칼을 쓰고 앉아 시름에 잠긴 모습이다.(④) 다음 춘향이 펼치는 회고에 따라, 옥에 갇히기까지 춘향이가 겪은 이야기가 펼쳐진다.(①, ③) 그리고 다시 현재로 돌아와 춘향이와 변학도가 갈등을 겪는 장면이 이어지고(④) 그 다음 암행어사 이몽룡이 나타나 위기를 이겨내고 춘향이가 행복을 되찾는 장면으로 마감된다.(⑤→⑥) 이야기를 이루고 있는 시간단위들을 이렇게 제 나름대로 뒤섞어 배열하면 여러 가지 구성방식을 꾸밀 수 있는데, 그때마다 작품은 각각 다른 맛을 지닐 것이다.

예문 4)도 '①첫 만남→②저탄고 작업→③식당→④재인식(패배인식)→⑤헤어짐'이라는 흐름을 예를 들어, ③식당→②저탄고 작업→①첫 만남→④재인식(패배인식)→⑤헤어짐'이나 ⑤헤어짐→①첫 만남→②저탄고 작업→③식당→④재인식(패배인식)' 따위로 새롭게 바꾸어볼 수 있다.

어떤 사건을 소재와 주제로 하여 소설을 쓸 때 작가는 지닌 솜씨와 취향에 따라 여러 가지 구성법을 운용한다. 사건을 중심으로 감상문을 쓸 때에도 이와 같이 다양한 구성을 꾸밀 수 있을 것이다. 그러나 감상문은 첫째, 대개 길이가 짧고 둘째, 사건 자체보다는 사건에 따른 느낌을 표현하는 데에 주로 초점을 맞춘다. 그러므로 사건을 좀 더 효과 있게 펼치려고 시간을 조절하는 일에 글쓴이는 그렇게 큰 공을 들이지 않으며 그럴 필요도 별로 없다.

하지만 감상문을 쓸 때에도 얼마든지 개성어린 구성법을 시도할 수 있다. 사건이 어린 감상문에서 색다른 맛을 주고 주제를 좀 더 강하게 돋을새김 한다는 뜻에서 앞으로는 앞뒤 시간을 마음껏 뒤바꾸어볼 만하다. 이는 창의성으로 이어지는 발상이 될 수 있다.

4. 문단

문단은 음절, 낱말, 문장을 거느려 글을 빚어내는 최대단위로서 구조와 구성이라는 큰 틀 안에서 글을 체계 있게 펼쳐 내는 역할을 한다.

글 한 편이란 여러 생각이 모여 이루어진다. 이미 보았듯이 논증문에는 현상, 진단, 주장, 근거들이 나타난다. 그런데 이 생각들을 한데 섞어 놓거나 앞뒤 없이 그대로 이어 놓으면 생각 사이에 구분이 없어져서 혼란스럽다. 주장 하나만 보아도, 주장 1이 있고 주장 2가 있을 수 있다. 이제 생각 하나를 마무리했다면 잠시 사이를 두어 다음 생각을 펼치는 것이 바람직하다. 문단은 이러한 필요에 따라 꾸미는 매듭이다.

문단을 꾸려 가면 글쓴이는 적절하게 호흡을 조절하면서 차분하게 자기 생각을 펼칠 수 있다. 읽는 이는 문단을 따라서 편안하게 글을 읽고 내용을 좀 더 또렷하게 정리하고 새길 수 있다.

글을 편하게 읽고 쓰려고 문단을 운용한다고 했지만 이에 앞서 전제가 되는 필수 조건이 있다. 문단과 문단 사이에는 주제에 따라 함께 움직이고 서로 응대하는 통일성과 유기성이 있어야 한다는 것이다. 그래야 논증문을 쓰든 감상문을 쓰든 조리가 바로 설 수 있다. 서론에서 본론을 거쳐 결론에 이르건서 앞뒤 문단이 서로 다른 내용을 담고 있다면 온전한 글 한 편이 될 수 없다. 부연 관계이든 주장－근거, 비교, 예시 관계이든 전 문단은 한 주제를 구현한다는 목적 아래 상호연관성을 이어 가야 한다.

문단 하나는 흔히 그 자체로 완결된 형식인 '소주제문＋뒷받침 문장'으로 이루어진다. 문단 하나에 소주제문은 대개 하나만 쓴다. 여기서 소주제문은 물론 글 전체 주제에 갖춰져야 하고 그 뜻이 또 렷하고 뒷받침 문장을 제대로 감싸 안아야 한다. 소주제문과 뒷받침문장이 내용에서 잘 맞아야 한다는 것이다.

소주제문과 뒷받침 문장은 '소주제문→뒷받침문장'이나 반대로 '뒷받침문장→소주제문' 또는 '뒷받침문장→소주제문→뒷받침문장' 따위로 다양하게 엮인다. 그런데 모든 글에서 '소주제문＋뒷받침문장'이라는 문단 구조가 반드시 지켜지지는 않는다. 감상문에서 자주 그렇고 논증문에서도 때때로 주제문을 강조하려고 주제문 하나로써 문단 하나를 이루기도 한다.

논증문을 쓸 때에는 주장과 근거를 우선으로 하기에 '주제문＋뒷받침문장'이라는 문단 구조를 되도록 지켜 쓰고 문단과 문단 사이에서 필연과 유기성을 최대한 좇는다. 그리고 각 문단에서 주제문과 뒷받침문장이 맺는 관계는 대개 '현상＋원인', '현상＋예시', '현상＋분석', '현상＋평가', '주장＋근거' 따위로 이루어진다. 그러나 감상문에서는 글쓴이 개인 감성에 치중하므로 이 구조를 굳이 따르지 않아도 되거니와 문단을 연결하는 이음새도 조리만 바로 서 있다면 꼭 논리성에 따른 인과관계로 엮지 않아도 된다.

다음 글은 논증문이다. 문단을 어떻게 이끌어 갔는지 눈여겨보자.

예문 5)

'그녀' 앞에만 서면 왜 작아지는가
오명철

1. **서울의 한 여교수는 얼마 전 고교 2학년인 자신의 아들에게 걸려온 휴대전화를 무심코 받았다가 깜짝 놀랐다.** 발신자가 '마누라'로 돼 있었기 때문이다. 놀란 가슴을 진정하고 조심스럽게 아들에게 물었더니 "여자 친구가 입력해 놓은 것"이라며 대수롭지 않게 대답했다. "그래도 좀 지나치지 않으냐?"고 했더니 아들은 "그보다 더 심한 표현도 있다."고 했다.

2. 여학생들의 애정 공세는 유치원, 초등학교 때부터 시작된다는 것이 교사들의 전언이다. 과거에는 늑대 같은 사내 녀석들로부터 딸아이를 지켜내야 했으나 **요즘은 반대로 여학생들의 적극적 애정 공세로부터 아들을 지켜내야 하게 됐다.**

3. 실제로 상급학교 진학 철만 되면 아들을 둔 부모는 여학생과 경쟁을 하지 않는 남자 학교에 진학하기를 바라고, 딸을 둔 부모

는 만만한 남학생이 많은 남녀 공학에 진학하기를 바란다고 한
다. 대학의 수석 졸업생은 대부분 여학생 차지다. 언론사에도
여성의 진출이 괄목할 만큼 늘어났다 **그러다 보니 학업 운동
리더십 등 모든 면에서 남자를 능가하는 여성을 의미하는 '알파
걸(Alpha Girl)' 이라는 용어가 부담 없이 받아들여지고 있다.**

4. 이런 현상이 10년 이상 진행되다 보니 외국에서 살다 온 **사람
   들이 대단히 놀라는 것 중 하나가 역시 한국에서의 괄목할 만
   한 여성 파워 현상이다.** 특히 여성이 자녀 양육과 교육 및 자산
   관리에 있어서 이처럼 절대적인 권한을 휘두르는 나라는 찾아
   보기 힘들다는 것이 그들의 공통된 얘기다.

5. 삼성경제연구소에서 발행한 보고서에 따르면 사법시험 여성 합
   격자는 1996년 36명(7.2%)에서 2006년에는 375명(37.7%)으로
   10년간 크게 증가했다. 행정고시 여성 합격자도 1996년 19명
   (9.9%), 2006년 104명(44.6%), 2007년 123명(49%)으로 늘었다.
   외무고시 여성 합격자는 1996년 4명(9.8%), 2005년 10명(52.6%)
   으로 증가한 데 이어 2007년에는 무려 67.7%로 급등했다. 국내
   대기업 3곳 중 한 곳은 대졸 신입사원 선발에서 여성들이 남성
   들을 압도해'남성 할당제'를 실시하고 있을 정도다. 반면 아내
   대신 육아와 가사를 전담하고 있는'전업 주부(主夫)'가 3년 새
   42.5%나 늘어 15만 명에 이른다. **이런 추세대로라면 21세기에
   는 '여성 우위' 를 넘어 사실상 '여성 독주' 시대가 도래한다고 해
   도 지나친 말이 아닐 것이다.**

6. 미국 언론은 종전에는 유능한 아내 때문에 위축을 느끼는 사내
   를 '작은 남편(Small Husband)', 경제적으로 크게 성공한 아내를
   둔 남자는 '트로피 남편(Trophy Husband)'이라고 불렀다. 하지
   만 이는 성공한 아내를 둔 소수의 남편을 가리키는 용어였을 뿐
   이다. 그러나 얼마 전 등장한 '베타 남(Beta Male)'이라는 용어
   는 좀 더 적극적이고 광범위한 의미에서의 현대 남성상을 보여
   준다. 돈 잘 벌고 똑똑하지만 자기보다 우수한 여성을 받아들이
   지 못하는 '알파 남'과는 달리, 수입과 학력이 떨어지지만 성공

한 아내를 기꺼이 이해해 주는 남성이라는 의미다. **'남녀 간 전쟁(Sex War)'** 에서 남성이 항복하고 있으며, 전통적으로 여성의 몫이었던 조연이나 내조 역할을 남성이 받아들이기 시작했다는 해석이 나온다.

7. 이런 세태를 잘 반영하는 한국 주부들의 유행어가 있다. '잘난 아들은 나라에 바치고, 돈 잘 버는 아들은 장모에게 보내고, 못난 아들은 내가 돌본다.'는 말이다. 바치고, 보내고, 돌보는 주체가 여성인 점에 주목하라. **한국 가정의 주도권이 남성에서 여성으로 넘어갔음이 단적으로 드러난다.** 경영학계의 3대 스승으로 꼽히는 톰 피터스는 아예 "경제성장 원동력은 중국이나 인도 인터넷이 아니라 바로 여성"이라고까지 말한다. 어느덧 아들이 꼭 있어야 한다는 한국 주부가 열 명 중 한 명에 불과한 시대에 우리는 살고 있다.

(동아일보, 2008. 1.31.)

이 글에서 글쓴이는 여성시대가 왔다는 사실을 깊이 깨달아야 한다고 주장한다. 정신 좀 똑바로 차리고 세상 돌아가는 상황을 눈여겨보자고 힘주어 말한다. 그러면서 자신이 겪은 일과 조사한 자료 따위 갖가지 증거를 펼쳐 놓고 주장을 거듭거듭 되새기고 있다. 글쓴이가 지닌 자기주장이 그만큼 강하고 또렷한 것이다.

1문단에서는 여성이 적극성을 보이는 사례를 든다. 현상 서술이다. **'서울의 한 여교수는~깜짝 놀랐다.'** 가 소주제문이고 그 까닭을 밝히려고 쓴 사례 문장이 뒷받침문장이다. 2문단에는 개인 경험이 좀 더 폭넓은 현상인식으로 이어지면서 이에 따른 진단이 나타나 있다. 교사들이 전하는 말을 바탕으로(뒷받침 문장), 여학생이 적극 어린 애정공세를 펴기 때문에 남학생을 보호해야 하는 시대가 왔다고 한다(소주제문). 3문단에서는 이러한 사례가 우리 사회 전반에 걸친 현

상으로 이미 굳어졌다고 한다. '알파 걸(Alpha Girl)'이라는 용어
가 부담 없이 받아들여지고 있다.'가 소주제문이고 갖가지 사례가
뒷받침 문장을 이루고 있다.

　4문단에서는 외국에서 살다 온 사람이 한 말을 빌려 현상과 진
단을 내린다. '외국에서 살다 온 사람들이 대단히 놀라는 것 중 하
나가 역시 한국에서의 괄목할 만한 여성 파워 현상이다.'가 소주제
문인데 결국 한국에서는 여성의 힘이 크게 늘었다는 진단을 내리
고 있는 것이다. 우리나라처럼 여성이 지닌 권한이 큰 나라가 없다
고 지적한 다음 문장이 뒷받침문장이다. 5문단에서는 '여성 우위'
가 아니라 이제 '여성 독주 시대'가 온 것이라고 주장한다. "이런
추세대로라면 21세기에는 '여성 우위'를 넘어 사실상 '여성 독주' 시
대가 도래한다고 해도 지나친 말이 아닐 것이다."가 소주제문이다.
나머지 문장이 모두 뒷받침문장이다. 앞 문단들에 나온 뒷받침문장
은 모두 글쓴이 개인이 일상 주변에서 보고 들은 것들이다. 이 문
단에서는 '삼성경제연구소에서 발행한 보고서'라는 조사 통계 자료
로 뒷받침문장을 꾸미고 있다. 좀 더 객관성 있는 근거를 마련하여
주장과 논지를 튼튼하게 하려고 한 것이다.

　6문단에서는 이야깃거리를 나라 밖에서 가져 왔다. 'Small Husband',
'Trophy Husband', 'Beta Male' 따위 외래 용어를 활용한다. 자료
(근거) 출처 범위가 한층 더 넓어진 셈이다. 이 문단은 남녀 성역할
마저 이제는 바뀌었다는 주장으로써 논지를 삼고 있다. '남녀 간
전쟁(Sex War)'에서 남성이 항복하고 있으며, 전통적으로 여성의
몫이었던 조연이나 내조 역할을 남성이 받아들이기 시작했다는 해
석이 나온다.'가 소주제문이다.

결론 단락에서는 앞에 늘어놓은 진단과 주장을 한데 모았다. 우리 시대는 아들, 남성중심체제에서 벗어났으니 이 점을 제대로 새기라고 못을 박듯이 진단, 주장하며 끝을 맺는다. **'한국 가정의 주도권이 남성에서 여성으로 넘어갔음이 단적으로 드러난다.'** 가 소주제문이다. 세태를 반영한 격언 한 말씀과 이름이 잘 알려진 학자가 내놓은 말을 빌려 주제문 앞뒤에 뒷받침문장을 쓰고 있다.

보다시피 이 글에서 모든 문단은 전체로 긴밀하게 엮여 있다. 일상에서 눈여겨본 현상으로 이야기를 시작하였고 이어 일반 사회현상으로 안목을 넓혀 갔으며 나아가 객관성을 확보하려고 구체성 있는 통계자료를 제시했다. 마지막에는 국외 현상을 말하기까지 했다. 꼬리에 꼬리를 물고 나가듯 문단과 문단을 이어가면서 객관성 어린 근거를 두텁게 쌓아 가는 가운데 점점 이야기 폭을 넓혀 간 것이다. 문단을 적절하게 이어서 집을 짓듯 차곡차곡 튼튼하게 생각을 쌓은 셈이다.

뒷받침문장은 글쓴이가 지닌 뜻에 따라 하나에서 다섯 개까지 여러 가지 형태로 되어 있되, 7문단을 뺀 나머지 모든 문단은 한결같이 '소주제문＋뒷받침문장' 구조로 되어 있다. 아래 글은 감상문으로서 이 글과 견주어 보면 문단 운용이 퍽 자유분방하다.

예문 6)

행복
마광수

행복이 무엇인지 나는 아직도 잘 모르겠다. 30년도 채 살아 보지 않은 나에게 행복이 무엇인지 아느냐고 묻는다는 것은 말도 안 되는 말이다.

1. 행복이 무엇이라고 감히 말할 수 있는 사람이 과연 몇 명이나 될까.
2. 죽을 때까지 인간은 행복의 의미를 캐어 보려고 노력한다. 그러나 행복의 진정한 의미를 아는 사람은 아무도 없다.
3. 석가나 예수나 공자나 다 마찬가지였을 것이다. 적어도 나는 이렇게 믿는다. 예수나 석가도 행복은 이러이러한 것일 것 같다고 가정한 데 지나지 않는다고.

그들은 행복을 너무 정신적인 의미에만 국한시켰다. 도덕과 양심을 너무나 중요시했다. 그러나 현재로서의 나의 행복관은 그렇지 않다. 행복은 다분히 '육체적이고 관능적인 것'이라고 나는 생각한다. 물론 이러한 생각은 완전히 결정적인 것은 아니다.

행복의 기준을 너무나 거창한 데다 두면 안 된다. 많은 종교가 행복의 기준을 내세적인 데 두고 있다. 그래서 현세적인 행복을 무조건 멸시하는 데서 우리 인간의 많은 불행이 비롯되는 것이라 나는 생각한다.

서양 중세기의 암흑시대를 생각해 보자. 완전히 금욕적인 생활만을 강요하고 인간을 신의 노예로 전락시킨 결과로, 얼마나 많은 비극이 초래되었던가.

그런 점에서 나는 다분히 쾌락주의적인 행복관을 가지고 있다.

우리의 행복은 단순한 데서 온다. 맛있는 음식을 배불리 먹고 난 다음의 기분이나, 목욕을 하고 난 다음에 날아갈 듯 몸이 가벼워지는 것, 이런 것들이 다 행복이다.

특히, 가장 큰 행복은 '관능적인' 데서 나온다. 사랑하는 사람과 달콤한 입맞춤을 주고받을 때, 그리고 뜨거운 포옹을 나눌 때, 우리는 황홀한 행복감을 경험한다. 그런 점에서 볼 때, 예수가 '사랑'을 가장 중요하게 생각한 것은 참으로 옳은 판단이었던 것 같다.

나는 예수가 말한 사랑이 하나님과 인간의 영적인 사랑이라느니, 아가페적 사랑이라느니 하며, 형이상학적 사랑만을 가치 있는 사랑으로 취급하는 사람들을 못마땅하게 생각한다. 예수가 말한 사랑은 어디까지나 인간적이고 현세적인 사랑이었다. 우리가 관능적인 쾌락을 추구하는 것은 절대로 죄가 아니다. 그것을 얼마나 건전한 것으로 받아들이느냐가 문제다.

어떻게 생각하면 인간은 확실히 비극적인 존재다. 우리는 죽음을 피할 수 없다. 생, 노, 병, 사의 고통이 언제나 우리들을 괴롭힌다. 그렇게 비극적이고 허무한 인생을 우리들이 악착같이 살아가는 이유는 무엇일까. 우리에게 사랑이라도 있기 때문이 아닐까.

그러니까 사랑은 궁극적인 행복이라기보다는 우리가 살아가기 위한 최소한의 이유에 불과하다. 우리들은 사랑을 조금씩조금씩 연소시켜 가면서 그날그날을 겨우겨우 지탱해 가고 있는 것이다. 그러니까 우리는 사랑을 경멸해서는 안 된다. 특히 육체적인 사랑 애로스적인 사랑을 우습게보아서는 안 된다. 관능적인 쾌락을 추구하는 사랑만이 가장 인간적인 사랑이요 솔직한 사랑이기 때문이다.

그런데 아직까지도 도덕적인 사랑, 플라토닉한 사랑 등이 가치 있는 사랑으로 간주되고 있다. 그러나 '정신적인 사랑'은 아예 없는 것이므로 그것에 대해 헛된 미련을 품는다면 우리들의 행복은 불가능해진다.

흔히들 행복의 조건이라고 생각하는 돈이나 출세, 명예 따위의 것들도 사랑이 충족될 때 저절로 곁들여지는 것이라고 나는 생각한다. 출세하겠다고 이를 갈면서 아부를 해대고, 돈을 벌려고 버둥거려 봐야 소용없다. 4. 이것저것 가리지 말고 그저 사랑에만 몰두하라! 그러면 자질구레한 행복의 조건들은 저절로 충족되어진다. 사랑은 진실로 행복한 삶을 위한 묘약 중의 묘약이다.

'육체를 바탕에 둔 정신', '관능적인 사랑의 체질화'가 당연한 것으로 받아들여질 때에 우리는 조금씩 행복을 느껴 볼 수 있을 것이다. (1980. 2.)

이 글은 행복론이며 사랑론이다. 행복은 거창한 것이 아니라 단순한 것에서 찾아야 하며, 관능이 가장 큰 행복을 가져다주니 육체에 따른 사랑을 얻도록 노력해야 한다고 글쓴이는 주장한다. 그래서 보기에 따라 이 글은 논증문인 듯하다. 사랑하는 방법을 따지면서 글쓴이 나름대로 근거와 주장을 펼치고 있기 때문이다.

그런데 문장 4를 보면, 자기주장을 객관성 있게 풀어내기보다는 자기입장을 좇아 심정을 풀어내고 그 기분 그대로 글을 마무리하고 있다. 그에 앞서 예수님과 부처님을 말하면서 내놓은 판단도 논리보다는 감성에 기대어 있다. 특히 예수님이 하신 사랑이 어디까지나 '인간적이고 현세적'인 것이었다는 주장은 진위를 따지는 자세만 가지고 본다면 설득하는 힘이 약하다. 성현(聖賢)에 서린 가치를 판단하고 말하는 자리인데 근거가 또렷하지 않기 때문이다. 이러한 판단을 근거로 삼아 자기 생각을 옹호하는 태도는 논리성에 따른 주장이라고 보기 힘들다.

그러나 이 글에서 읽는 이가 누리는 기쁨은 정형된 논리나 노련한 사고에서 비롯되지 않는다. 글쓴이 자신이 글 맨 앞에서 '30년도 채 살아 보지 않은 나에게' 라고 스스로 밝혔듯이, 글쓴이는 아직 젊기에 순수한 열정이라는 바탕 위에서 자기 생각을 펼치고 있다. 그래서 젊은이가 지닌, 자기 신념에 대한 굽힐 줄 모르는 패기와 순수한 몰입이 구절마다 나타나 있다. 글쓴이는 자유롭게 자기 생각과 취향을 펼치고 있는 것이요, 이 점이 바로 이 글에 어린 개성이요 장점이다.

이러한 글쓰기 태도는 각 문단이 비교적 짧고 자주 바뀌는 현상을 보아도 쉽게 파악할 수 있다. 그만큼 생각을 이끌어 가는 호흡이 짧고 그에 담긴 힘은 강한 것이다. 예를 들어 문장 1,2,3은 문단 하나로 묶어놓을 수 있다. 내용상 2가 소주제문이고 1과 3이 뒷받침문장이다. 논증문을 쓰는 방식과 질서에 따라 문단을 운용하여 글을 쓰고자 했다면 이 문장들을 한데 엮어놓아야 마땅했다. 하지만 글쓴이는 아무것에도 제약을 받지 않고 그저 자기 마음 내키는 대로 생각을 늘어놓았다. 자신이 지닌, 강한 신념에 따른 자유로운 감성 호흡을 따라간 것이다.

감상문에 비해 논증문은 글쓴이가 독자 반응을 좀 더 생각한다. 자기 의지나 의견을 꼭 관철시키고자 하므로 질서 있게 글을 펼쳐 그 뜻이 설득력을 지니고 잘 전해지도록 하려 한다. 그러니 논리 계단을 따라간다. 각 계단 달리 말해 문단 하나하나를 쓸 때, 한 문단과 그 앞뒤 문단이 서로를 지탱하여 긴밀하게 이어 가도록 한다. 그래서 모든 문단은 '소주제문＋뒷받침문장'이라는 구조로써 틀을 단단하게 다지는 것이다.

감상문을 쓸 때에도 물론 읽는 이를 생각하지만 글쓴이는 자기를 찾고 자기를 확인하는 데에 그만큼 많이 애를 쓴다. 그래서 글쓴이 개인 호흡에 흐름을 맞추기 마련이다 보니 문단 씀씀이가 어떤 틀에 얽매이지 않고 구성방식도 논증문보다 자유로운 것이다.

이처럼 논증문과 감상문은 문단을 쓰는 꼴이 퍽 다르다. 이 차이점을 잘 살펴 어떤 글을 쓰든 자기 생각을 적절하게 담아낼 문단 기준을 제 나름대로 세워야 한다.

제6장

글쓰기 차례

살다 보면 수많은 일을 겪는다. 그 가운데는 느닷없이 다가오는 일이 참 많다. 그러나 삶이란 일정한 목적과 필요에 따라 스스로 꾀하는 일에 따라 성패가 갈린다. 목적을 이루고 원하는 것을 얻으려면 계획을 세우고 순서에 따라 실천해야 한다. 글쓰기에도 당연히 목적과 필요가 있고 앞뒤 순서가 있다. 무턱대고 쓰는 것이 아니다. 적절한 여유를 가지고 계획을 짜서 순서에 따라 차근차근 써야 좋은 결과를 얻을 수 있다.

1. 동기

　예를 들어 과제 제출 시한이나 누군가 떠맡긴 원고청탁에 쫓겨 억지로 글을 쓸 때가 있다. 이런 글쓰기는 강제로 하는 글쓰기이다. 진정한 글쓰기라고 할 수 없으며 엄격하게 말하면 아예 글쓰기가 아니다. 언제나 꼭 그렇지는 않지단 그다지 달갑지 않거니와 바람직하지 않은 상황으로 이어지기 십상이다. 글 한 편을 쓰는 일이 벌서기처럼 지겨워질 수 있다.

　이와 달리 순수하게 자기 느낌과 주장을 정리, 확인하고 싶어서 붓을 들기도 한다. 이때 남이 건넨 부탁 따위는 물론 시간과 형식에 얽매이지 않고 글쓴이는 자기 자신을 헤아리고 밝혀 나가는 즐거움을 누릴 수 있다. 이렇게 스스로 의욕을 일으켜 하는 글쓰기를 진정한 글쓰기라 여기고 이에 초점을 맞춰 글쓰기 차례를 살펴보자.

2. 글쓰기에 차례가 있다!

　어떤 이는 불현듯 영감(靈感)이 떠오를 때 그 자리에서 한순간에 써 내려가 글 한 편을 완성한다. 인생과 문장에 능통하여 한 번 붓을 휘둘러 명문(名文)을 남기는 사람도 있다. 그러나 이들은 특별한 예일 뿐이다. 이런 경지에 올라 있다면 좋겠지만 실제 우리는 그렇지 못하다. 글을 써야겠다는 욕구가 일어났다고 해서 곧바로 원고지에 글자를 적어 넣기 시작해서는 안 된다. 한 번에 끝을 보려 하면 생각은 오히려 꼬이기 십상이며 그만큼 글이 나아가질 않아 힘만 더 들 뿐이다.

글을 쓰기에 앞서 꼼꼼하게 계획을 세워 준비한 뒤 정해진 차례에 따라 차근차근 글을 쓰는 것이 바람직하다. 그렇게 해야 생각을 온전하게 글로 옮기는 데에 좀 더 효과가 있고 무엇보다 편안하게 글을 쓸 수 있다. 하나로 이어진 과정을 순서대로 밟아 나가면 역량을 최대로 모아 글을 쓸 수 있다는 것이다.

모든 이들이 그에 꼭 맞춰야 할 공인된 차례는 없다. 글쓴이가 글쓰기에 얼마나 익숙한가, 어떤 취향을 가지고 있는가, 글쓰기 버릇은 어떤가, 어떤 종류로 글을 쓰려고 하느냐에 따라 글쓰기 차례는 그때그때 조금씩 다를 수 있다. 그러나 흔히 다음과 같은 차례에 따른다. 이 차례를 밟을 때 노력과 힘을 헛되이 낭비하는 일 없이 편안하게 글을 쓸 수 있다.

* 주제와 소재 고르기→(주제토론)→구상→주제문 쓰기→개요 짜기→쓰기→다듬기

주제토론은 주제 하나를 정해 놓고 여러 사람이 모여 의견과 느낌을 나누는 활동이다. 예를 들어 학교에서 글쓰기 학습을 할 때 필요하다. 토론을 하면 다른 이가 하는 말을 듣고 생각을 넓고 깊게 할 수 있어 여러 각도에서 주제를 다시 바라보게 되므로 퍽 바람직하다. 나 홀로 글을 쓸 때에는 책을 읽거나 자료를 조사하여 생각을 가다듬는 과정이 이를 대신한다.

3. 주제와 소재 고르기

주제와 소재를 고른다고 했지만 사실 이 말은 옳지 않다. 5장에서 이미 힘주어 말했지만 주제는 고르는 것이 아니라 우러나는 것이기 때문이다. 그러나 성의와 열의를 가지고 세상과 삶을 바라본다고 해서 주제가 늘 샘솟듯 하지는 않는다. 그래서 글을 쓰고 싶다면 평소에 글감을 찾아 주의를 기울이고 탐색하여 그 결과를 잘 정리해 둘 필요가 있다. 다음은 주제를 찾아 생각을 정리하는 과정이다.

주제는 글쓴이가 글을 써서 드러내고자 하는 중심 내용이다. 넓게 보면 우리가 지니고 사는 갖가지 인생문제 모두가 주제이다. '정치, 경제, 사회, 문화, 민족, 환경, 사랑, 우정' 따위가 모두 주제가 된다는 것이다. 그런데 이 주제는 내용 범위가 너무 넓어서 무엇이 문제인지 아직 구체성 있게 잡히지 않은 것이다. 그래서 '큰 주제' 또는 '가주제'라고 한다.

큰 주제를 범위를 좁혀 우리가 직접 다룰 수 있는 크기로 맞춰 가야 한다. 예를 들어 '정치'라는 큰 주제를 '정치→인간과 정치→현대 정치의 동향과 구조→도시빈민이 지닌 정치 성향이 집권세력에 미치는 영향→2007년 대선 구조와 문제점'으로 좁혀 갈 수 있다. 또 '사랑'이라는 주제도 막연하므로 '사랑→사랑의 종류와 실천→이성 간에 나누는 사랑→이성 사이에 우정은 가능한가?→내 첫사랑' 따위로 범위를 좁혀 가야 한다. 이렇게 하여 얻은, 구체성을 갖춘 주제를 '작은 주제' 또는 '참주제'라고 한다.

가주제든 참주제든 글쓴이 자신이 잘 알고 있어 익숙한 분야에서 주제를 찾는 태도가 가장 바람직하다. 그래야 자신감 있게 문제를 다루어 가며 글을 써 나갈 수 있기 때문이다. 자신감이 없이 글을 쓰면 알찬 내용으로 글을 마무리할 수 없다.

누구나 강제로 글을 써야 할 때가 있다. 초등학교에서 중, 고등학교를 거쳐 대학교에 가서도 그렇다. 물론 퍽 괴롭지만 이때에도 되도록 첫째, 그에 깊이 이해하고 있거나 관심을 지니고 있으며 둘째, 누구나 공감하고 참여할 수 있는 분야로 주제를 좁혀 가며 차근차근 글쓰기 차례를 밟아 나가야 한다.

소재는 주제를 펼치는 데에 쓰는 재료이다. 당연히 주제와 잘 어울려야 한다. 글을 쓰기에 앞서 주제에 꼭 맞는 소재를 선택하는 안목이 매우 중요하다. 예를 들어 겪은 일을 중심으로 글을 쓸 때에는 소재를 따로 마련하지 않아도 될 것이다. '겪은 일'이 바로 주제요 동시에 소재가 되고 겪은 일 가운데 글을 쓰는 데 꼭 있어야 할 부분을 가려 뽑으면 그것이 적절한 소재가 되는 것이다.

주장과 의견을 밝히는 글에서는 사정이 조금 다르다. 주장과 의견을 제대로 드러내는 데에 이바지할 사건, 일화, 사례, 속담, 격언, 명언, 자기 경험, 관련 통계 자료 따위를 미리 소재로 찾고 준비해야 한다.

4. 구상과 개요

주제와 소재를 어떤 틀 안에서 어떻게 펼쳐 글을 쓸지 전체에서 계획을 짜는 것이 구상이다. 그리고 그 내용을 머릿속에서 꺼내어 종이 위에 문장으로써 정리하는 행위가 개요 짜기다.

개요는 설계도다. 집을 지을 때 설계도가 꼭 필요하듯이 글을 쓸 때에도 개요가 있어야 한다. 개요를 작성하면 첫째, 글을 쓰기 전에 글 윤곽을 또렷하게 파악, 정리할 수 있다. 둘째, 주제뿐만 아니라 구성과 소재 따위 다른 요소도 알맞게 갖추었는지 다시 살필 수 있다. 셋째, 특히 글 전체를 조감할 수 있어 글 내용이 미리 생각한 주제에서 벗어나 엉뚱한 방향으로 빗나가지 않도록 조절, 통제할 수 있다. 처음에 가졌던 뜻과 계획에 따라 제대로 글을 쓰는 데에 개요가 쓸모 있는 길잡이가 된다는 것이다. 글을 쓰다 보면 생각이 바뀌는 수가 있고 그에 따라 글 내용도 많이 바뀐다. 이때 퍽 혼란스러워지며 글쓰기가 원점으로 돌아갈 수도 있다. 그러나 미리 개요를 또렷하게 세워 두면 생각이 바뀌거나 새로운 생각이 불현듯 끼어들더라도 그것을 잘 조절할 수 있다. 뺄 것은 빼고 새로 넣을 것은 넣어 가며 전체에서 글이 중심을 잃지 않도록 잘 이끌어 갈 수 있다.

글쓰기는 실기라고 했다. 개요 짜기는 글쓰기 실기 과정에서 핵심이 되는 부분이다. 개요 짜기란 간단하게 말하면 사전준비과정인데 글쓰기가 잘되느냐 못되느냐를 가름할 수 있는 요소다. 남다르게 특별한 영감(靈感)이 글을 쓰는 데에 도움을 주지 않는다면 되도록 또렷이 개요를 짜고 이를 가능한 한 자세히 검토하고 가다듬

은 뒤 글을 쓰기 시작해야 하겠다. 개요를 잘 짜면 짤수록 글쓴이
는 자신이 지닌 사고력과 글쓰기 역량을 한껏 제대로 발휘할 수 있
을 것이다.

5. 화제개요와 문장개요

개요에는 화제개요와 문장개요가 있다. 화제개요는 어절로써 문
장개요는 문장으로써 글의 뼈대를 세운다. 문장개요는 화제개요보
다 좀 더 자세하고 구체성 있게 내용을 요약하므로 글을 쓰는 데에
그만큼 도움이 더 크다. 다음에 각각 예를 든다.

예문 1)

양심에 따른 병역거부가 걸어온 길
한홍구/성공회대 교수(한국사)

2007년 9월 18일 오전 국방부 고위관계자는 기자회견을 열고 "종
교적인 사유 등으로 집총(입영)을 기피하는 사람들에게 군대 대신 다
른 방법으로 병역을 이행할 수 있도록 대체복무를 허용키로 했다"며
그 후속조치로 "내년까지 병역법과 사회복지 관련 법령, 향토예비군
설치법 등을 개정할 것"이라고 발표했다. 국방부는 "병역 이행이라는
국민의 의무와 소수 인권 보호를 합리적으로 조정하고 병역거부 분
위기의 확산 방지를 위한 안전장치를 강구한다는 차원에서 종교적
병역거부자들의 대체복무 분야를 가장 난도가 높은 부문으로 선정할
것"이라고 밝혔다. 이로써 지난 6년여 동안 한국사회에서 뜨거운 쟁
점으로 부각되어온 양심에 따른 병역거부 문제에 대한 해결의 가닥

이 잡힌 것이다. 크게 환영할 일이다.

양심에 따른 병역거부 문제가 수권 위로 떠오른 것은 2001년 초 《한겨레21》의 한 쪽짜리 짧은 기사가 반향을 일으키면서부터이지만, 그 역사는 일제시대로 거슬러 올라간다. 일본에서 징병제가 확대되면서 일본 내 '여호와의 증인'들이 병역을 거부하자 일제는 1939년 조선의 '여호와의 증인'들에게도 탄압을 가하여 신자 38명을 투옥하였는데, 이들 중 5명은 옥사하고 나머지 33명은 신앙양심을 지키다가 해방이 되어서야 옥문을 나섰다. '여호와의 증인'들은 자신들은 그저 신앙양심을 지켰을 뿐이라고 했지만, 정부기관이 편찬한 각종 독립운동사에는 이들의 '등대사 사건'이 일제 말기의 주요한 저항 중 하나로 기록되어 있다.

'여호와의 증인'들은 일제하에서나 독립된 대한민국에서나 똑같은 행동을 하였을 뿐인데, 대한민국정부는 그들의 일제 말기의 행동은 독립운동으로 평가하면서, 대한민국 정부수립 이후의 행동은 엄히 처벌해온 것이다. 인권운동가들조차도 양심에 따른 병역거부 문제에 눈을 돌리지 못하는 사이 정부수립 이후(실제 광범위한 처벌은 5·16군사반란 이후) 무려 1만 3천명에 달하는 병역거부자들이 묵묵히 징역을 살아온 것이다.

우리 사회에서 양심에 따른 병역거부 문제가 제기된 시점도 매우 상징적이다. 1990년대 한국사회에서는 여러 가지 인권문제가 제기되었는데, 그중에서도 비전향 장기수의 석방과 북송 문제가 첨예한 관심을 끌었다. 그런데 김대중정권의 출범으로 고령의 비전향 장기수들이 모두 석방되고, 2000년 남북정상회담의 성과로 비전향 장기수가 북송되면서 90년대 내내 뜨거운 이슈가 되었던 인권문제가 해결된 것이다. 그런데 비전향 장기수란 누구인가? 바로 우리 사회에서 '문둥이'보다 더한 천형이라 낙인찍힌 '빨갱이'들이 아닌가? 양심에 따른 병역거부자 문제는 극도의 반공지상주의, 국가주의, 군사주의가 판을 친 한국에서 '빨갱이'의 인권문제가 해결된 뒤에야 드러난 그런 문제였다.

병역거부자의 99퍼센트는 '여호와의 증인'들이었다. 이들이 산 징역 햇수를 모두 합하면 족히 3만년은 된다. 우리가 흔히 얘기하는 반만년 유구한 역사의 여섯 배쯤에 해당하는 징역을 특정 집단의 사람들이 산 것이다. 양심에 따른 병역거부자들은 남을 해친 것도 아니고 남의 물건을 훔친 것도 아니다. 단지 다른 사람을 살상하는 무기인

총을 드는 것을 거부했을 뿐이다. 과연 이 일이 그토록 무거운 처벌을 받아야 하는 것이었을까?

전 세계에 양심에 따른 병역거부권을 인정하지 않는 나라도 많지만, 한국처럼 엄하게 처벌하는 나라는 없다. 전 세계의 양심에 따른 병역거부 수감자 900여 명 중 현재 830여명이 한국의 감옥에 투옥되어 있다. 3~4년 전까지만 해도 르완다가 근 300여명의 병역거부자들을 감옥에 가두고 있었지만, 내전의 종식과 함께 이들을 석방한 바 있다. 이 문제에 관한 한 한국은 세계 10위권의 경제·군사대국, OECD 가입국, 유엔사무총장을 배출한 나라답지 못하다는 비판을 받아왔는데, 이제는 이런 불명예에서 벗어나게 되었다.

일부에서는 여전히 남과 북이 대치하는 상황에서 병역거부자들에게 대체복무의 길을 열어주는 것은 시기상조라고 주장하나, 일제시대에는 할아버지, 군사정권시절에는 아버지, 그리고 민주화되었다는 오늘날에는 아들, 이렇게 3대가 감옥에 가는 현실을 보면 시기상조가 아니라 만시지탄(晩時之歎)이라 하지 않을 수 없다. 2001년 처음으로 병역거부 문제가 공론화된 뒤부터 따지면 약 4천명, 2004년 대법원과 헌법재판소가 각각 양심에 따른 병역거부자들을 감옥에 보내는 대신 사회가 포용할 수 있는 방안을 찾을 것을 행정부와 입법부에 권고한 다음부터 치면 2천여 명의 청년들이 전과자가 되고서야 이번 조치가 발표되었다.

일부에서는 양심에 따른 병역거부자들을 사회복무제로 포용하는 조치가 국방력을 약화시킬 것이라 하나, 오히려 군의 효율적 운영과 병역지도의 개선에 기여할 수 있을 것이다. 일선 군부대에 가보면 지휘관들이 큰 부담으로 느끼는 것은 이른바 '문제사병' '관심사병'이라 불리는 복무 부적응자들에 대한 '관리' 문제이다. 일선 지휘관들은 이들이 혹시 사고라도 치지 않을까 전전긍긍하면서 이들의 '관리'에 온 힘을 쏟고 있다. 우리보다 앞서 2000년에 대체복무제도를 도입한 타이완의 경우, 열악한 복무환경과 형편없는 사병의 인권상황으로 인해 해마다 군대 안에서 많은 인명사고가 발생했는데, 대체복무제도의 도입으로 인해 복무 부적응 사병이 될 소지가 있는 청년들이 사전에 대체복무제를 지원함으로써 사고 발생을 미연에 방지하는 효과를 거두었다.

한국에서 양심에 따른 병역거부 문제가 공론화되면서 얻은 성과 중 하나는 사병들의 복무환경과 인권상황이 크게 개선되었다는 점이다. '양심에 따른 병역거부권 실현과 대체복무제도 개선을 위한 연대회의'에서도 병역거부 문제에 대한 여론을 우호적으로 변화시키려면 현역병들의 복무환경이 개선되어야 한다고 판단하고, 다양한 방식으로 군인인권 문제를 제기한 바 있다. 2002년 일당 7백 원, 월 2만원 정도에 불과하던 사병의 급여는 아직도 급여라 부르기에는 미흡하지만 올해 기준 평균 8만 8천원으로 4.4배 인상되었다. 군인인권은 아직도 적잖은 문제를 갖고 있지만, 최근 몇 년 사이에 인권상황이 가장 많이 개선된 부분이라는 점도 부인할 수 없다. 군 당국이 양심에 따른 병역거부자들에 대한 대체복무를 종교적 이유 '등'이라고 하여 종교적 이유의 병역거부자들에 국한하지 않고 일정한 선택권을 부여한 것은 잠재적인 '복무 부적응자'들을 대체복무로 유도하려는 것이기도 하지만, 또 한편으로는 군인 인권과 복무환경 개선에 대한 자신감을 반영한 것이라고도 하겠다.

그동안의 뜨거운 논쟁에 비하면, 막상 정부의 방침 발표 이후에는 반대 목소리가 높지 않은 편이다. 조중동 등 보수언론도 대체복무제 실시를 기정사실화하면서 병역기피에 악용되지 않도록 감독과 운영을 잘해야 한다는 선으로 물러섰다. 사실 양심에 따른 병역거부자들의 대체복무를 허용하지 않는다는 것은 결국 그들을 계속 감옥에 보내야 한다는 이야기이기 때문이다.

이번 정부의 조치는 큰 흐름에서는 환영할 만한 것이지만 문제가 없는 것은 아니다. 우선 시행이 2009년으로 미루어져 있는데, 여러 가지 실무적인 준비가 필요하기는 하지만 현 정부 임기 내에 입법화 등 가시적인 조치가 마련되어야 한다. 또한 당장 입영통지서를 받아놓고 있는 사람들이 양심에 따른 병역거부를 할 경우 이들을 계속 잡아들여 감옥에 보낼 수는 없지 않은가? 마년 7~800명의 병역거부자가 나오는 현실, 즉 하루에 2~3명의 병역거부자가 나오는 현실에서 이들의 입영연기와 고소고발 취하 등이 필요하다. 그리고 나아가 현재 수감된 사람들에 대해서도 각각의 조건에 따라 가석방, 형집행정지 등의 전향적인 조치가 취해져야 한다.

반대 목소리가 상대적으로 낮은 것은 국민들이 보기에 대체복무의 기간과 조건이 충분히 '가혹'하기 때문일 것이다. 병역거부자들 입장에서 한센병 환자 재활기관이나 결핵요양소는 마다할 이유가 없다 하겠지만, 현역복무의 2배라는 긴 기간은 재고되어야 한다. 유엔도 대체복무 기간을 현역복무의 2배로 잡는 것은 너무 길며 징벌적 성격을 띤 것이라 비판하고 있다.

　　노무현정권은 출범 이후 이라크 파병, 비정규직 확대 등 노동운동 상황의 악화, 국가보안법 폐지의 좌절, 양극화 심화, 한미FTA 강행 등으로 지지기반이었던 진보-개혁진영을 계속 실망시켜왔다. 그나마 이번 조치가 일련의 과거청산 작업 — 여전히 문제가 많고 더디기만 하지만 — 과 함께 그래도 노무현정부니까 이 정도라도 했다는 평가를 받게 하지 않을까 하고 생각해본다.

(창비주간논평, 2007.10.2)

　　이 글은 모두 열세 개 문단으로 이루어져 있다. 1문단에서는 최근 정부가 양심에 따른 병역거부자 문제를 해결하려고 발표한 조치를 꺼내 놓고 있다. 국방 의무 수행과 소수 인권 보호라는 두 가지 문제를 합리성 있게 조절하고 병역거부 분위기를 억제하려고 국방부가 대체복무제를 내놓았는데, 이는 문제를 푸는 실마리로서 크게 환영할 일이라고 평했다. 현상 1과 진단 1이다.

　　2〜5문단에서는 병역거부 문제가 지내온 역사를 살핀다. 이는 병역거부 문제를 좀 더 깊이 더듬어 보자는 뜻에 따른 것이다. 양심에 따른 병역거부는 일제 때부터 시작되었으며 여호와 신자 38명 가운데 5명이 옥사하고 33명은 해방 때까지 옥고를 치렀다고 한다.(문단2) 또 정부수립 이후 1만 3천 명이 징역을 살았던 사실과(문단 3) 양심에 따른 병역거부 문제가 이념에 얽힌 인권문제가 풀린 뒤에야 겨우 드러나게 되었다는 사실을 밝히고(문단4), 병역거부자 가운데 99%는 여호와의 증인 신도들이며 이들이 감옥에서 보낸 시간이 3만 년에 가깝다는 사실도 알리고 있다(문단5). 이 내용들은 병역거부문제에 얽힌 사실을 밝히고 있으니 현상 설명이다.

그러나 병역거부가 일제 저항사로서 의미를 지니고 있는데도 그동안 병역 거부자가 지나치게 심한 불이익을 감당해 왔다고 지적하고 있으니, 뒤에서 내놓을 주장을 뒷받침하는 근거도 된다. 그렇게 보면 문단 2~5는 근거 1, 2, 3, 4이다.

6~7문단은 진단 2와 3이다. 6문단에서는 이번 조치에 어린 의미와 가치를 짚고 있다. 세계 곳곳에서 찾을 수 있는 사례를 들어가며 이번에 정부가 내놓은 의지가 인권후진국이라는 불명예를 씻어 낼 수 있는 기회라고 한다. 7문단에서는 구체성 있는 통계자료를 제시하여 구속 인원을 밝히면서 이번 조치가 너무 늦게 발표되었다고 말하고 있다.

8~9문단에서는 대체복무제를 시행해야 하는 구체 근거를 몇 개 내놓았다. 대체복무제가 '문제 사병'과 '관심 사병'을 관리하는 데 도움을 주므로 '군의 효율적 운영과 병역제도 개선'에 이바지한다고 한다. 또 군 당국이 병역거부 문제를 바라보는 여론을 유리하게 이끌려고 노력하다 보니 사병의 복무환경과 인권상황이 크게 나아졌다고 한다. 주장을 뒷받침하는 근거 5와 6이다.

10문단에서는 조중동 따위 보수 언론조차 대체복무제를 긍정하는 자세를 보인다고 지적하며, 이는 대체복무제가 결국 어쩔 수 없이 필요하다는 사실을 인식하고 있기 때문이라고 말한다. 언론 현상과 그 원인을 분석하였으므로 '현상2 + 진단 2'이다. 그러나 보기에 따라 뒤에 이어지는 주장을 뒷받침하는 기능을 지니고 있으므로 근거 7로 볼 수도 있다.

11과 12문단이 주장 단락이다. 더 이상 피해자가 생기지 않도록 입영연기와 고소고발 취하 그리고 수감자 가석방과 형집행정지 따위

가시성과 전향성을 띤 조치를 정부는 빨리 내놓아야 한다고 촉구한
다. 또 대체복무자가 치러야 할 복무기간이 너무 긴 것은 징벌성이
있으므로 다시 살펴야 한다고 주장한다. 주장 1과 2이다. 마지막으
로 13문단은 맺는말로서 이번 조치가 그나마 정권이 이룬 업적으로
남으리라 내다보고 있다. 무엇을 꼭 진단하거나 주장하려는 뜻이 있
기보다는 정부 정책에 가볍게 의미를 부여하면서 글을 마무리한다.

이 글에서 글쓴이는 주장을 뒷받침하려고 퍽 많은 이유(근거)를
내놓고 있다. 진단도 주장을 뒷받침하는 예비 근거로 볼 때, 읽는
이가 병역거부에 따른 대체복무제를 받아들이도록 설득하려고 글
쓴이는 문단 여덟 개를 모두 쓴 것이요 아주 끈질기게 자기주장을
펼친 셈이다. 병역거부문제가 그만큼 뿌리 깊은 폐단을 지니고 있
다고 글쓴이는 생각한 듯하다.

그럼 이제 이 글의 개요를 짜 보자.

① 화제개요

제목: 양심에 따른 병역거부가 걸어온 길
주제문: 대체복무제는 오랫동안 돌보지 않은 인권문제를 해결하
　　　　는 조치이며, 문제 사병관리에 도움을 줄 뿐만 아니라
　　　　군 환경과 사병 인권 개선에 이바지하는 제도이므로 빠
　　　　른 시간 안에 구체성 있게 실시해야 한다.
개요:

1. (머리말) 정부 발표 내용에 따라 해결 가닥이 잡힌 병역거부문제

2. 일제저항사에 기록된 병역거부자들

3. 부당한 대우를 받아 온 병역거부자들

4. 너무 늦게 제기된 문제의식

5. 병역거부자가 받아야 했던, 지나치게 심한 형벌

6. 개선 조치가 지닌 의의(불명예 불식)

7. 너무 늦게 이루어진 조치

8. 대체복무제 시행에 따라 생길 이익 - 문제 사병 관리

9. 병역거부문제 공론화에 따른 성과 - 사병 인권과 생활환경 개선

10. 반대 여론 약화와 그 이유

11. 가시성과 전향성을 띤 빠른 조치 촉구

12. 복무 기간 재고 요청

13. (맺는말) 정권 차원에서 찾아지는 의의 - 정권의 업적으로 남을 것으로 예상

② 문장개요

제목: 양심에 따른 병역거부가 걸어온 길

주제문: 대체복무제는 오랫동안 돌보지 않은 인권문제를 해결하는 조치이며, 문제 사병관리뿐만 아니라 군 환경과 사병 인권 개선에 이바지하는 제도이므로 빠른 시간 안에 구체성 있게 실시해야 한다.

개요:

1. (서론) 정부가 발표한 대체복무제는 병역거부문제를 해결하는 데에 이바지하므로 퍽 바람직하다.

2. 일제 말 여호와의 증인 신도가 펼친 병역거부운동은 주요한 저항사례로 기록되어 있는데, 다섯 명이 옥사하고 서른세 명은 해방 때까지 옥살이를 했다.

3. 그러나 정부 수립 이후 정부는 그들을 부당하게 대했고, 지금껏 일만 삼천 명이 투옥되었다.

4. 비전향 장기수 같은 지극히 민감한 문제를 해결한 뒤에야 비로소 병역거부문제를 생각하기 시작했다.

5. 양심에 따른 병역 거부자는 대부분 여호와의 증인 신도들인데, 그동안 그들은 모두 합해 3만 년에 이르는 옥살이를 하여 지나치게 무거운 형벌을 받았다.

6. 이번 개선 조치는 인권 후진국이라는 불명예를 없애는 계기가 되었다.

7. 안보상황을 들어 시기상조론을 펼치는 이도 있지만 수감자 수를 생각할 때 오히려 늦은 감이 있다.

8. 대체복무제로써 문제 사병을 효과 있게 관리할 수 있다.

9. 병역거부문제를 공론화하여 사병 인권과 생활환경을 개선할 수 있다.

10. 반대 여론이 약한 이유는 결국 거부자를 또다시 감옥에 보낼 수 없다는 공감에 있다.

11. 정부는 가시성과 전향성을 띤 조치를 좀 더 빨리 시행해야 한다.

12. 또 복무 기간이 지나치게 긴 것은 징벌이라는 느낌이 강하니 재고해야 한다.

13. (결론) 이 조치는 정권이 거둔 업적으로 여겨질 것이다.

이 개요들은 이미 발표된 글을 읽고 문단을 따라 내용을 정리하면서 되짚어 쓴 것이다. 이렇게 개요를 짜는 것은 한 예일 뿐이다. 개요 짜기에 정해진 틀은 없다. 개요는 첫째, 글쓴이가 글을 쓰기에 편리한 대로 따라가면 그만이고 둘째, 앞으로 쓰고자 하는 내용을 효과 있게 가늠보고 생각을 또렷하게 정리할 수 있기만 하면 된다. 필요에 따라서 화제개요 방식과 문장개요 방식을 함께 써도 좋다.

여기에서는 편리대로 문단을 따라가며 주로 숫자 '1, 2, 3……'을 써서 순서를 적었다. 이 밖에 숫자가 아니라도 '처음 - 중간 - 끝'이나 '서론 - 본론1 - 본론2 - 본론3 - 결론' 따위, 글쓴이가 쓰기에 편리하고 내용을 체계 있게 정리, 요약하기에 유리하다면 어떤 방식을 써도 괜찮다. '1, 1 - 1, 1 - 2, 1 - 2, 2, 2 - 1, 2 - 2, 2 - 3……'처럼 문단을 상위와 하위로 나누어 계단식으로 짜도 좋고 이 방식들을 모두 활용하여 새롭게 틀을 짜 보아도 상관없다.

또 글을 쓸 때 생각해야 할 또 다른 요소들 예를 들어 문단 수와 현상, 진단, 주장, 근거 따위 구성요소, 글 전체분량과 각 문단 분량 따위를 헤아려 명기(明記)하면서 좀 더 자세하게 작전을 세우는 것도 퍽 유익하다.

예를 하나 더 들어 본다.

예문 2)

인생의 묘미
김소운

실패란 것이 있고 성공이란 것이 있다. 어떤 것이 성공이며 어떤 것이 실패인가를 ㄱ 씨는 모른다. 천 원 어치 행상꾼이 만 원 밑천으로 판자 가게를 내개 된 것도 성공이요, 10억 자본의 큰 회사가 5억으로 줄어든 것도 실패라면 실패이다. 10만 원 이윤을 기대했던 장사가 5만 원 번 것도 실패라고 볼 수 있고, 5천 원을 바랐다가 만 원이 생기면 이것은 성공일 수밖에 없다. 하필 물질이나 장삿속에만 한한 것이 아니리라. 인간 일생을 통틀어서 과연 어느 것이 성공이요 어느 것을 실패라고 할 것인가? 이 점에 있어서는 언제나 ㄱ 씨는 회의적이다.

그러나 누구의 눈에도 뚜렷한 결정적인 실패란 것이 있다. 누구나 인정하는 불행도 있다. 이 실패, 이 불행에 인생을 아로새기는 묘미가 있다고 ㄱ 씨는 생각한다.

십여 년 전 ㄱ씨는 '바둑판'을 두고 글 하나를 쓴 적이 있다. 비자나두로 다듬은 일본식 바둑판─단면의 무늬가 고르고, 모든 조건에 합격한 1급품은 30년 전 값으로 2천 원, 요즘 시세로는 30~40만 원은 간다.

이 1급품 외에 또 하나 특급품이란 것이 있다. 용재(用材)며 치수며 연륜의 무늬며 어느 점에도 1급품과 다를 데가 없으나 반면(盤面)에 머리카락만 한 가느다란 흉터가 보이면 이것이 '특급품'이다. 물론 값도 1급보다 20퍼센트 정도 비싸다.

흠이 있어서 값이 내리는 게 아니고 도리어 비싸진다는 데 진진한 흥미가 있다.

오랜 세월을 두고 공들여서 기른 나무가 바둑판으로 완성될 직전에 예측하지 않은 사고로 금이 가 버리는 수가 있다. 1급품 바둑판이 목침감으로 전락할 순간이다.

그러나 그것이 최후는 아니다. 금 간 틈으로 먼지나 티가 들지 않도록 헝겊으로 고이 싸서 손가지 않는 곳에 간수해 둔다. 1년, 이태, 때로 3년까지 그냥 묻어 둔다. 추위와 더위가 몇 차례 없이 반복되고, 습기와 건조가 여러 차례 순환된다. 그 새 상처 났던 바둑판은 제 힘으로 제 상처를 고쳐서 본디대로 유착해 버리고, 금 갔던 자리에 머리카락 같은 흔적만이 남는다. 언제나 그렇다는 것은 아니다. 한번 금 간 그 시련을 이겨 내는 바둑판은 열에 하나가 어렵다.

일어로 '가야방'이라는 이 비자목 바둑판은 연하고 부드러운 탄력성이 특질이다. 한두 판만 두어도 돌자국으로 반면이 얽어 버린다.

그냥 두어 두면 하룻밤 새 본디대로 다시 평평해진다. 돌을 놓을 때의 그 부드러운 감촉, '가야방'이 진중(珍重)되는 것은 그 까닭이다.

한번 금이 갔다가 다시 제 힘으로 붙어진 것은 그 부드럽고 연한 특질을 증명해 보인, 이를 테면 졸업증서이다. 하마터면 목침감이 될 뻔한 비자목 바둑판이 이래서 특급품으로 승격한다.

ㄱ 씨가 말하는 인생의 묘미란 이것이다.

실패나 불행은 환영할 것이 못된다. 그러나 그것이 마지막은 아니다. 실패와 성공은 몇 차례 없이 거듭하면서, 쓴맛 단맛을 고루고루 겪어 가면서 살아가는 인생 - 만일에 쓰러진 채 다시 일어나지 못하는 실패가 있다면 그것이야말로 막가는 실패요 불행일 수밖에 없다. 금이 간 채 제 힘으로는 아물지 않는 바둑판 맞잡이이다.

그러나 ㄱ 씨는 믿고 있다. 때로는 그 불행, 그 실패로 해서 한결 더 깊어지는 인생이 있고 정화(淨化)되는 사랑이 있다는 것을……

"인간이 바둑판만도 못하다고 해서야 될 말인가."

옛날에 쓴 ㄱ 씨의 글에는 이런 끝맺음이 붙어 있다.

행복의 기준은 어디다 두어야 할 것인가? 앞 못 보는 소경은 단 한 번 빛을 보기를 원할 것이요, 다리를 못 쓰는 앉은뱅이는 제 발로 걸을 수만 있다면 - 하는 것이 가장 절실한 소망일 것이다.

ㄱ 씨는 그 옛날 수인 호송차에 실려서 대도회의 큰 길을 달린 적이 있었다. 호송차에서 내다보이는 길 가는 사람들의 그 행복스런 모습, 그러나 행인들에게 그 행복이 있었던 것은 아니다.

제 눈으로 빛을 볼 수 있는, 제 다리로 길을 걸을 수 있는 성한 사람들이 만일에 소경이나 앉은뱅이의 마음을 가질 수만 있다면 이 세상의 불행은 얼마나 줄어들 것인가? 자유롭게 제 발로 길 가는 행인이 호송차에 실려 가는 수인의 마음을 엿볼 수만 있다면 그들은 제 자신의 행복에 얼마나 가슴이 뛸 것인가?

온 천지에 넘쳐흐르는 행복! 목마른 자만이 아는 물 한 그릇의 행복!

─ ㄱ 씨는 눈을 감고 이런 생각에 잠길 때가 있다.

이 글에서 글쓴이는 행복을 논하고 있다. 그러나 '인생의 묘미'라는 차원에서 주제를 다루고 'ㄱ' 씨라는 가상인물을 내세웠으며 특히 마지막 문장에서 '온 천지에 넘쳐흐르는 행복! 목마른 자만이 아는 물 한 그릇의 행복!'이라고 하며 눈을 감고 감성에 기대고 있다. 그래서 이 글은 논증문이 아니라 감상문이다.

무엇이 진정 성공이고 무엇이 진정 실패인지 알 수 없다고 하며 글쓴이는 이야기를 시작한다. 살다 보면 성공하기도 하고 때로 실패하기도 하는 꼴이 누구도 완전히 피해갈 수는 없는 세상 이치인데, 이러한 인생사를 생각하며 글을 써 내려간 듯하다. 실패와 성공을 거느린 인생…… 이 양면성이 바로 삶에 어린 묘미라고 한다.

이어 '가야방'이라고 불리는 특급 바둑판을 소재로 삼아 이 바둑판이 만들어지는 과정을 자세히 소개하면서, 실패와 그에 따른 시련을 이겨 낼 때 인생은 그만큼 값어치를 지닌다고 말한다. 실패를 겪은 뒤 살고자 하는 의지와 사랑은 더 깊어진다고 글쓴이는 믿고 있다. 이러한 믿음은 아무리 괴롭고 힘들더라도 끝내 삶을 긍정하고자 하는 사상으로서 이 글에 담긴 주제의식이다.

이 글은 마치 부기(附記) 같은 짧은 토막글 하나를 뒷부분에 덧붙인 점이 특이하다. 그 내용은 자신이 처한 상황에 만족할 때 진정 행복할 수 있다는 것이다. 앞에서는 실패를 이겨 내자는 말을 하고 이제 부기에서 낮은 곳으로 눈을 돌려 자기 처지에서 행복을 찾자는 이야기를 한 셈이다. 이를 각각 시련을 이기는 법, 자족을 구하는 안목으로 풀이한다면, 둘은 인생살이를 살펴 행복을 따지는 마당에서 저마다 독립된 의견이요 감회로서 대등관계로 이어지므로 전체에서 조리가 틀어진 듯하다.

그러나 좀 더 넓게 새기면 자족을 좇자는 부기 내용도 자신에게 닥칠 수 있는 시련과 불행을 이겨 내는 방법 가운데 하나로 풀이할 수 있다. 결국 앞뒤가 다 실패와 시련을 이기고 행복을 찾자는 이야기이고, '가야방'과 'ㄱ 씨의 호송차 경험' 둘 다 이 주제를 뒷받침하는 소재가 되는 것이다.

'가야방'은 퍽 특이한 소재이다. 그 덕분에 글쓴이가 펼친 생각이 큰 설득력을 얻고 있다. 그리고 'ㄱ 씨'가 실제 인물인지 또는 허구 인물인지 정확히 알 수 없다. 아무튼 글쓴이는 'ㄱ 씨'의 마음을 빌려 글을 펼쳤다. 'ㄱ 씨'가 보고 들은 일과 겪은 일 심지어 그가 쓴 글까지도 소재와 주제로 삼고 있다. 설계도가 퍽 복잡하고 정교했을 것이다. 다음에 재구성해 본다.

제목: 인생의 묘미

주제문: 인생살이에는 실패와 성공이 교차한다. 실패를 이겨 내고 자신이 처한 상황에서 만족을 구할 때 진정 행복해진다.

분량: 약 2500자(200자 원고지 15장쯤)

문단 수: 12개

(분량과 문단 수, 각 문단 길이까지 미리 정하는 것은 어떨까. 큰 계획만을 짠 뒤 그에 바탕을 두고 글을 자유롭게 써 가도 좋지만 좀 더 세밀하게 계획을 짜서 차곡차곡 글을 써 내려가는 것이 유익할 듯하다.)

1. (머리말) 실패와 성공을 가르는 기준은 앞뒤 사정에 따라 그때그때 다르다.

2. (본론 - 첫 번째 이야기) 불행에 인생의 묘미가 있다.

2 - 1. 1급품 바둑판

2-2. 특급품 바둑판

2-3. 흉이 있어 더 값진 이치

2-4. 사고로 금이 간 나무

2-5. 금이 간 나무가 특급 바둑판으로 변하는 과정

2-6. 특급 바둑판인 '가야방'의 진중성

2-7. '한 번 금이 간 것'의 의미

2-8. 살면서 실패에 무너져서는 안 된다.

(* 'ㄱ 씨가 말하는 인생의 묘미란 이것이다.'는 문장 하나이지만 문단 하나로 보아야 한다. 그러나 내용상 '2-8' 문단에 속한 것으로 여겨 정리했다.)

2-9. 실패와 불행을 겪고 인생은 더욱 깊어진다.

(* "'인간이 바둑판만도 못하다고 해서야 될 말인가.' 옛날에 쓴 ㄱ 씨의 글에는 이런 끝맺음이 붙어 있다."는 '2-9' 문단에 속한다.)

3. (맺는말 - 두 번째 이야기) 행복의 기준은 각각 자기 입장에서 찾기 마련이다.

3-1. 호송차에서 겪은 일

3-2. 자신의 처지를 바로 새길 때 진정한 행복을 꿰뚫어 볼 수 있다.

(* '온 천지에 넘쳐흐르는 행복! 목마른 자만이 아는 물 한 그릇의 행복!— ㄱ 씨는 눈을 감고 이런 생각에 잠길 때가 있다.' 는 '3-2' 문단에 속한다.)

여기에서는 화제개요와 문장개요 방식을 그때그때 편리한 대로 섞어 썼다. 개요를 짤 때 누구나 꼭 지켜야 할 규칙이나 용어가 정해져 있지 않다고 앞에서 말했다. 개요는 편하고 효과 있게 글을 쓰려고 짜는 것이다. 생각하고 있는 내용을 미리 꼼꼼하게 정리하여서 계획표를 짜는 것과 같다. 글쓴이가 글을 쓸 때 적절하고 효과 있는 길잡이 역할을 하고 글 전체 윤곽을 또렷하게 세워 생각이 잘 흐르도록 이어 줄 수만 있다면 어떤 형식이라도 상관이 없다.

6. 주제문 쓰기

주제문은 글쓴이가 말하고자 하는 중심내용을 한두 문장 정도로 정리하여 또렷하게 밝히는 것이다. 개요를 짜기에 앞서 또는 뒤에 쓰는데 매우 중요한 요소이며 과정으로서 개요와 더불어 글을 이끌어 가는 나침판으로 쓰인다. 주제문을 써 놓으면 못을 박듯이 핵심내용을 확정, 기억할 수 있으니 글을 써 내려가면서 집중력과 일관성을 이어갈 수 있다. 주제문에 기준을 두고 글쓴이는 자신이 지닌 목적을 이루려고 흐트러짐 없이 힘을 모을 수 있다는 것이다.

개요와 주제문 모두 글을 쓰기 전에 작성한다. 개요를 먼저 쓸 수도 있고 주제문을 먼저 쓸 수도 있다. 그러나 개요를 쓴다는 것은 글쓰기를 시작한 것과 마찬가지이므로 주제문을 먼저 쓴 뒤 개요 쓰기를 하면 좀 더 좋을 듯하다.

7. 다듬기

천의무봉이라는 말이 있다. 사물이나 글이 자연스럽고 완전무결하다는 뜻이다. 우리가 쓴 글이란 천의무봉하기가 퍽 힘들다. 천의무봉은커녕 다 쓴 뒤에 보면 그저 실망스럽기 짝이 없을 때가 많다. 다 그렇지는 않을 테지만 대체로 그렇지 않은가? 심하면 아예 내가 쓰려던 이야기는 온데간데없고 어찌 할 수 없이 난삽한 문자 덩어리가 눈앞에 거슬릴 뿐이다. 글을 다듬어야 하는 첫 번째 이유는 여기에 있다.

다음, 그럭저럭 마음에 들게 글을 쓰고 나서도 하고 싶은 얘기가 다 끝나지 않은 듯 마음 한구석에 무엇인가 미련 같은 것이 남아 있을 수 있다. 좀 더 잘 쓰지 못했다는 판단과 의심, 아쉬움이 새록새록 떠오르기 때문이다. 그래서 틀린 곳을 고치는 것이 아니고 미처 생각하지 못한 부분을 떠올려 내용을 새롭게 바꾸려는 뜻과 욕심이 있을 수 있다. '퇴고(堆敲)'라는 낱말이 생겨난 유래를 살피면, 좀 더 알맞은 낱말을 고르려고 '퇴(堆)'로 할까 '고(敲)'로 할까 깊이 고심했다는 내용이 나온다. 이처럼 이전보다 완벽한 글을 추구하는 마음이 글을 다듬는 두 번째 이유이다.

한 번도 쉬지 않고 앉은 자리에서 단숨에 글을 써 놓아도 뜻이 막히지 않고 문법이 틀리지 않는다면 얼마나 좋을까. 그런 능력을 지닌 명인이 우리 곁에 있기는 있을 것이다. 그 사람은 십중팔구 말 그대로 달인이리라. 그러나 글재주가 보통을 넘지 못하는 우리는 글다듬기를 꼭 해야 할 처지에 놓여 있다. 인간 언어와 인간 정신은 결코 완전하지 못하고 늘 무엇인가 부족하다. 글다듬기는 이에 따른 피할 수 없는 과정이다. 별 뾰족한 수가 없다. 그러므로 글다듬기는 해도 좋고 안 해도 좋은 그런 것이 아니다. 하면 그럭저럭 좋은 것도 아니다. 글쓰기 과정에서 곁다리나 부록으로 끼어 있는 차례는 더더욱 아니다. 글다듬기는 차분하고 꼼꼼한 자세를 가지고 꼭 해야 할 일이다.

무릇 '내가 쓴 글'이란 '남이 쓴 글'과 참 많이 다르다. '남이 쓴 글'은 훤히 잘 보인다. 눈을 감고 보아도 남이 저지르는 잘못은 크게 보이는 법이다. 반면 '내가 쓴 글'은 캄캄하다. 내 글에 담긴 잘못은 제대로 보이지 않기 마련이다. 그래서 '내가 쓴 글'은 어느 정도 시간이 지난 뒤에 다시 보아야 그때 비로소 정체를 제대로 파악할 수 있다.

어떤 소설가는 평생을 두고 작품을 다듬어 개작했다고 한다. 글을 쓸 때도 그렇고 다듬기를 할 때도 듣히 서둘러 욕심을 내서는 안 된다. 우선 한 번 보고 시간이 좀 지난 뒤에 다시 보는 것이 좋다. 글쓴이에 따라 다 다르지만 일주일쯤 지나 보는 것이 적당한 듯하다. 처음에는 잘 안 보이지만 이 정도 시간이 흐른 뒤에는 이제 객관성 있게 글을 훤하게 볼 수 있을 것이다. 한 번이 아니라 이렇게 적어도 두세 차례는 글을 보리라 하는 마음을 먹어야겠다.

그렇다고 글을 다듬으면 글이 늘 좋게 바뀌나. 꼭 그렇지는 않다. 고친다고 열심히 애를 썼으나 문장에서든 낱말에서든 앞뒤가 맞지 않아 오히려 전보다 더 어색한 글이 된 듯하고 도대체 마음에 들지 않을 수도 있다. 그러므로 글을 쓰고 나던 다듬기를 하되 '더 좋게,

더 좋게'라는 표어에 매달려 끌려 다니지만 말고 어느 순간 잠시 멈춰 만족할 수도 있어야 한다. 글다듬기는 기어이 완벽과 이상(理想)으로 가야만 하는 길은 아니기 때문이다. 좀 더 시간을 가지리라 하는 마음도 있어야 하고 특히 어떤 강박증에 쫓길 필요가 없다는 말이다.

요즘 글다듬기를 잘하지 않는다. 대중매체 시대가 되어서 그런가 속도경쟁시대가 되어서 그런가. 인터넷에 나오는 이른바 '댓글'을 보면 이러한 현상은 특히 두드러진다. 컴퓨터언어를 마치 제 말이나 표준 국어처럼 쓰는 것이야 또 다른 현상이고 문제이므로 잘하는 짓이니 어쩌니 여기서 말하지 않겠다. 다만 댓글을 쓰는 사람들이 띄어쓰기와 맞춤법에서 국민이 기본으로 지켜야 할 법을 너무나 자주 그리고 많이 무시한다. 띄어쓰기니 맞춤법이니 하는 것은 아예 기본조차 모르고 있는 것 같기도 하다. 게다가 우선 기분이 내키는 대로 자기 생각을 내지르고 보는 자세를 다들 지니고 있다. 그러니 글을 다듬을 시간도 마음도 처음부터 없는 것이다. 이런 면에서 댓글문화에는 글과 말을 잘못 쓰고 헤프게 다루는 버릇이 그대로 굳어져 있다고 할 수밖에 없다. 근본에서 반성이 필요하다.

글다듬기를 할 때 어떤 기준이 있어야 할 것인가. 그야 당연히 넘치면 빼고 모자라면 넣고 틀린 것을 고치면 된다. 여기에 더하여 좀 더 자세하게 항목을 나열했다. 이미 오래전에 여러 책에서 말한 것들이다. 다시 정리해서 중요한 순서대로 번호를 매겨 놓았다.

글이 세상에 나오면 당연히 누군가 읽게 된다. 쓸 때는 모르겠지만 일단 세상에 나오면 올바른 글로서 남에게 제대로 읽혀야 한다.

그러니까 글이 글로서 기본 자질을 지녔는가를 살펴보아야 한다. 글 내용이 누군가 읽을 만한 가치를 담고 있나. 이 점을 먼저 반성해 본다. 이것을 첫 번째 기준으로 삼아 보자. 그다음, 글은 내 생각을 쓰는 것이다. 내 생각이 소중하다. 내가 하고 싶은 말, 쓰고 싶은 이야기가 남김없이 글에 다 실렸는지를 보아야 한다. 이것이 두 번째 기준이다. 그다음은 좀 더 섬세하게 문단, 문장, 낱말들이 제대로 쓰였나 눈여겨본다.

1. 첫 번째 기준

읽는 이가 관심과 흥미를 가질 만큼 주제와 내용이 값어치가 있는가?
전체 내용이 앞뒤 조리가 맞아 떨어지나?

2. 두 번째 기준

내가 하고 싶은 얘기를 충분히 잘 썼나?
내가 원하는 주제와 어조와 문체가 제대로 구현되었나?

3. 세 번째 기준

소재는 주제와 어울리는가?
문단은 알맞게 나누어졌나?
중심 문장과 뒷받침 문장은 잘 어울리는가?
뒷받침 문장은 뒷받침 문장으로서 값을 하는가?

글의 내용을 밝히는 데에 보탬이 없는 낱말이나 어구, 문장은 없
는가?

4. 네 번째 기준

문장이 너무 길지 않나?

문장과 문장이 잘 이어져 있나?

주어와 서술어, 목적어가 잘 호응하는가?

문장 주체(주어)가 또렷한가?

전달성, 표준성, 표현성에서 적절한 단어를 썼나?

과장되거나 어설프게 멋을 부린 곳이 없나?

뜻이 애매하거나 어색한 문장은 없나?

틀린 글자, 빠진 글자는 없나?

문장 부호는 제대로 썼나?

제7장

문체

세상 만물은 제각각 고유한 꼴을 지니고 있으며 글도 마찬가지다. 어떤 글이든 내용에는 둘론 낱말, 문장, 문단을 쓰는 방식과 버릇에도 다른 글과 구별되는 개성이 깃들어 있으며 그에 따라 읽는 이에게 풍기는 전체 인상이 다르다. 이것은 글을 일구어 낸 '꾸밈'이 다르기 때문에 나타나는 결과다.

문체는 이 '꾸밈'에서 비롯된다. 그런데 여기서 말하는 꾸밈이란 내용도 없는 억지 겉치레를 말하는 것이 아니다. 그보다는 글쓴이가 지니고 있는 개성을 자연스럽게 펼치는 데에 따르는 개념을 이른다.

1. 문체의 뜻

한자를 그대로 새겨 풀어내면 문체는 '글의 몸'이요, 국어사전에 따르면 '지은이의 개성이나 사상이 나타나 있는 문장의 특색'이다.

뼈와 살과 피가 있기에 머리, 몸통, 팔, 다리를 이루고 이것들이 합쳐져 몸을 이룬다. 몸이 서고, 걷고, 달리고, 앉고, 일어서고, 눕고 하면서 사람은 살아간다. 이러한 몸은 일정한 꼴을 지니고 있으며 그에 따라 일정한 인상을 풍긴다. 어떤 사람을 쳐다보고 우리는 이런 말을 할 수 있다. 몸이 구부정하다. 참 건강해 보인다, 멋있다.…… '잘 빠졌다'는 시쳇말도 있다. 이 말들은 몸 전체에 나타나 있는 인상을 평가한 것이다.

뼈와 살과 피가 우리 몸을 지탱하듯이 음절과 단어와 문장이 단락을 이루고 글 한 편을 엮어 낸다. 그리고 우리 몸이 그렇듯 우리가 읽고 쓰는 글도 제 나름대로 전체에서 어떤 인상을 지니고 있다.

사람이라면 누구든지 '나서 사랑하다 죽는다.'는 틀을 벗어나지 못하고, 대한민국 국민은 대한민국에 사는 한 생각과 행동이 전체에서 엇비슷한 부분이 많다. 사회생활을 하려면 누구든 일반성과 상식에 맞춰 행동해야 하며 그에 따른 생활감각과 습관을 지니게 되기 때문이다. 그러나 그러한 가운데서도 개인이 제 나름대로 지니고 있는 생각과 태도는 모두 다르다. 이 세상에 그토록 많은 사람이 함께 살지만, 얼굴 생김새와 지문이 다 다르다. 다른 이와 똑같은 모습을 지닌 사람은 어디에도 없다. 감정과 정서와 사상도 다 다르다. 개성이 모두 다른 것이다.

글도 이와 마찬가지다. 우리 모두 한국어로 말을 하고 한글로 글을 쓴다. 같은 도구를 쓰는 셈이다. 그러나 여기에서도 개성이 드러난다. 말이 '아 다르고 어 다르다.'고 한다. 글쓴이가 쓰고자 하는 내용, 취향, 글 버릇 따위에 따라 글 전체 인상도 달라질 수밖에 없다. 문단 구성이 어떤가, 문장을 길게 쓰느냐 짧게 쓰느냐 그리고 공식어, 평어, 비어 가운데 주로 어떤 낱말을 즐겨 쓰느냐 따위에 따라 글은 느낌이 다르게 나타난다. 여기서 말한, 각 글이 지니고 있는 '전체 인상'과 '개성 어린 느낌'이 바로 문체다.

다음 문장을 보자

예문 1)

1. 네가 지난여름에 한 일을 나는 알고 있다.

이 문장을 아래와 같이 여러 가지 형태로 다시 쓸 수 있다.

1-1. 당신이 지난여름에 하신 일을 나는 알고 있습니다.
1-2. 네가 지난여름 꾸민(저지른) 일을 나는 다 안다.
1-3. 지난여름 네놈이 한 짓을 나는 알고 있다.
1-4. 나는 알고 있다, 지난여름 네가 한 일을.

전하고자 하는 뜻만 볼 때 다섯 문장은 같다. 그러나 읽는 이에게 전해지는 느낌도 뜻을 이루는 일부라고 보면 이 문장들이 지니고 있는 뜻은 다 다르다고 해야 한다. 강조하고자 하는 부분이 서로 다르고 그에 따라 조금씩 다른 느낌을 주고 있기 때문이다.

문장 1은 평범한 진술이다. 1-1은 상대를 높였으며 1-2는 특별히 상대를 높이거나 낮추지는 않았지만 상대에게 뭔가 불만을 품고 있는 듯하다. 1-3은 상대를 하대하고 있다. 비속어를 쓰고 있기에 좀 더 강렬한 느낌을 준다. 1-4는 목적어와 서술어를 위치를 바꿔 놓았다. 자신이 상대 행동을 알고 있다는 점을 서술자가 좀 더 강조하고 있어 의사 표현 의지가 들보이고 그 때문에 긴장감이 높아졌다.

문장 1은 문장 성분 세 개로 이루어져 있다. 주어 '나'와 서술어 '알고 있다', 목적어 '네가 지난여름에 한 일'이다. 나머지 문장은 이 셋을 순서를 바꾸어 늘어놓거나 낱말을 바꾸어 쓴 것이다. 그 결과 각각 다른 감정과 의지를 표현하게 되었으며 새로운 느낌으로 뜻을 꾸미게 되었다. 다른 것과 구별되는 이러한 꾸밈에서 문체는 비롯된다.

2. 문체는 시대마다 사람마다 다르다!

당연한 말이지만 문체는 시대에 따라 그리고 글쓴이 개인에 따라 다르다. 문체를 결정하는 주체를 큰 것부터 차례대로 살펴보아서 문체가 무엇인지 그 뜻을 좀 더 또렷하게 새겨보자.

문체를 결정하는 가장 큰 틀은 시대이다. 간단하게 말해 옛날 글은 근본에서 오늘 글과 느낌이 많이 다르다. 근대 이전에 써진 글을 몇 편 보자.

예문 2)

홍색이 거룩하여 붉은 기운이 하늘을 뛰놀더니 이랑이 소리를 높
이 하여 나를 불러 저기 물밑을 보라 외치거늘 급히 눈을 들어 보니
물밑 홍운을 헤치고 큰 실오리 같은 줄이 붉기 더욱 기이하며 기운
이 진홍 같은 것이 차차 나 손바닥 너비 같은 것이 그믐밤에 보는
숯불빛 같더라 차차 나오더니 그 위로 작은 회오리밤 같은 것이 붉
기 호박 구슬 같고 맑기 통랑(通郞)하기는 호박보다 더 곱더라

(의유당, 「동명일기」)

이 글은 조선 후기 수필인데 글 속에 운율이 배어 있다. 일정한
정형률에 꼭 맞추진 않았지만 가락이 엄연히 살아 있다. 그래서 읽
기보다는 읊기에 알맞다. 요즘 우리가 거의 쓰지 않는 어미로서
'–거늘, –더니, –더라'는 글에서 가락과 여운을 살리는 역할을
한다. 이 글을 읽으면 누구나 예스럽다고 느낄 것이다. 다음은 독
립신문(1898. 07 ~ 1899) 창간사다.

예문 3)

우리신문이 한문은 아니쓰고 다만 국문으로만 쓰는거슨 샹하귀천
이 다보게 홈이라 또 국문을 이러케 구절을 떼여 쓴즉 아모라도 이
신문 보기가 쉽고 신문속에 있는 말을 자세이 알어 보게 함이라 각
국에서는 사람들이 남녀 무론하고 본국 국문을 몬저 배화 능통한 후
에야 외국 글을 비오는 법인대 죠션셔는 죠션 국문은 아니 배오드래
도 한문만 공부하는 까닭에 국문을 잘아는 사람이 드물미라 죠션 국
문하고 한문하고 비교하여 보면 죠션 국문이 한문보다 나흔거시 무
어신고하니 첫째난 배호기가 쉬흔이 됴흔 글이요 둘째난 이글이 죠
션 글이니 죠션 인민들이 알아서 백새을 한문대신 국문으로 써야 샹
하 귀천이 모도보고 알아보기가 쉬흘터이라 한문만 늘써 버릇하고
국문은 폐한 까닭에 국문만쓴 글을 죠션 인민이 도로혀 잘 아러보지

이 글은 예문 2)보다 나중에 나온 것이지만 오히려 운율이 더 짙게 깔린 가운데 대체로 호흡이 길다. 아직 마침표를 쓰지 않고 있어 호흡이 더욱 길게 이어지는 듯하다. 철자법과 띄어쓰기 체계가 오늘날과 많이 다르다는 점이 제일 눈에 띈다. '–흠이라, 드물미라, 무엇인고하니, 한심치 아니하리오' 따위 구절도 요새 쓰지 않는 것인데, 현대 종결어미가 '～다.'로 거의 고정되어 있다시피 한 실정에 비해 보면 퍽 다양하고 그에 따라 느낌도 다양하다. 격식과 품위를 퍽 따져서 쓴 듯하다. 이는 말하듯이 글을 쓰지 않고 글을 따라서 글을 쓴 형태로서 이러한 문장을 흔히 문어체라고 한다. 오늘날 우리가 쓰는 글투로 고치면 '–하다, 드물다, 무엇이냐 하면, 한심하지 않을까'가 된다. 다음 글은 1921년 창간된 동아일보 창간사 일부이다.

예문 4)

蒼天에 太陽이 빛나고 大地에 淸風이 불도다. 山靜水流하며 草木昌戊하며 百花爛發하며 鳶飛魚躍하니 萬物 사이에 生命과 光榮이 充滿하도다. 東方 亞細亞 무궁화 동산에 二千萬 朝鮮民族은 一大光明을 見하도다.

이 글도 앞글과 마찬가지다. 글에 운문이 또렷하게 배어 있다. 어미 '～도다'는 예스러운 표현으로서 글쓴이가 지닌 자부심, 긍지, 굳은 의지가 느껴지는가 하면 뭔가 완고해 보이기도 한다. 그리고 전체에서 우리말이 아니라 아직 한자가 주인이 되어 있다. 오늘날 감각으로만 비추어 보면 예스럽다 못해 고리타분하다. 아니면 고색 창연하여 우아한 맛이 느껴질까.

이렇게 과거에는 글이라는 것이 생활 현장에서 입으로 쓰는 말과 퍽 떨어져 있었다. 근대 이후 말과 글은 거리를 퍽 좁히기 시작했고 지금 우리가 읽고 쓰는 글은 우리가 평소 하는 말과 퍽 가깝다. 그만큼 글이 이해하기 쉽고 읽기 편해졌다. 언문일치체요 구어체가 된 것이다. 그렇다고 말과 글이 완전히 하나가 되지는 않았다. 전에 비하여 가까울 뿐이고 시나리오나 소설 따위에서 말과 글을 최대한 붙여 쓴 글이 나타나기는 하지만 여전히 차이가 있다. 우리 생활 현장 어느 일부에서는 아직도 위 예문들과 같은 글이 생생하게 남아 있기도 하다. 아래 글이 그 예다.

예문 5)

예수께서 홀로 계실 때에 함께한 사람들이 열두 제자와 더불어 그 비유들에 대해 물으니 이르시되 하나님 나라의 비밀을 너희에게는 주었으나 외인에게는 모든 것을 비유로 하나니 이는 그들로 보기는 보아도 알지 못하며 듣기는 들어도 깨닫지 못하게 하여 돌이켜 죄 사함을 얻지 못하게 하려 함이라 하시고 또 이르시되 너희가 이 비유를 알지 못할진대 어떻게 모든 비유를 알겠느냐(신약성경 마가복음 4장 10~13절)

이 글은 오늘날 읽히고 있는 성경 구절이다. 그런데 문어체로 되어 있고 운율이 잔뜩 배어 있다. 그 이유가 무엇인지 헤아려 보았다. 첫째, 성경이 처음 이 땅에 전해진 때가 구한말이다 보니 그 당시 표기법에 따라 번역하였기에 이렇다. 둘째, 성경은 그저 한

번 읽고 줄거리를 이해하는 데에 그치는 책이 아니라, 한 경전으로서 늘 곁에 두고 암송하고자 하는 글이다. 그래서 읊기에 좋도록 가락을 한껏 살려 놓았다. 셋째, 성경은 성인(聖人)이 남긴 발자취를 찬양, 묘사하는 글이기 때문에 성인에 어린 권위를 한껏 드러내고자 옛 습관대로 문어체를 좇은 것이다. 이 글을 요새 문장으로 고쳐 본다.

> 예수께서 혼자 계실 때에 함께 한 사람들이 열두 제자와 더불어 그 비유들에 대해 묻자, 예수께서 다음과 같이 말씀하셨다. "하나님 나라의 비밀을 너희에게는 주었으나 외인에게는 모든 것을 비유로 하였다. 이는 그들이 보지만 알지 못하며 듣지만 깨닫지 못하게 하여 돌이켜 죄 사함을 얻지 못하게 하려고(죄를 씻지 못하게 하려고) 하기 때문이다." 그리고 또 말씀하셨다. "너희가 이 비유를 알지 못할 텐데 어떻게 모든 비유를 알겠느냐."(신약성경 마가복음 4장 10~13절)

위 두 글은 지닌 내용이 같다. 그러나 우리에게 다가오는 느낌은 퍽 다르다는 것을 누구나 쉽게 느끼고 알 수 있다. 이것은 문어와 구어, 옛글과 오늘날 쓰는 글이라는 차이에서 오는 효과이다.

문체를 결정하는 요인 가운데 시대 다음으로 큰 틀로는 글의 종류를 생각해 볼 만하다. 글의 종류가 다르다는 것은 글을 쓰는 목적이 다르다는 것이고 목적이 다르면 글쓴이가 지닌 태도도 다른 것이다. 그렇다면 글에 나타나는 인상도 강연히 달라지는 것이다.

설명문은 글쓴이 개인감정이 끼어들 여지가 거의 없으니 문체가 대개 간결하고 딱딱하다. 논증문도 설명문과 크게 다르지 않겠지만, 글쓴이 주장과 감정이 각각 어느 정도 배어 있느냐에 따라 인상이 달라질 것이다. 논증문 가운데 학술논문이 가장 건조하다면 신문사설이나 칼럼에 실리는 글, 가벼운 평론 따위는 그에 비해 퍽 부드러울 수 있다. 한편 감상문은 개인 정서와 취향을 자유롭게 펼치는 것을 본질과 목적으로 하므로 첫째 형식면에서 설명문이나 논증문에 비해 서술범위와 양상이 다양하고 둘째 감정 표현을 주로 하므로 문장이 훨씬 부드럽고 때로 화려하다.

다음 감상문 한 편을 보자.

예문 6)

1. 벌레

낮에는 벌써 90 몇 도의 더위가 가만히 앉아 있는 사람의 숨을 턱턱 막는다. 그러나 어느 틈엔지 제일선에 나선 가을의 전령사(傳令使)가 전등빛을 따라와서, 그 서늘한 목소리로 노염(老炎)에 단 심신을 식혀 주고 있다. 그들이 여치요, 베짱이요, 그리고 귀뚜라미들이다.
물론, 이 전령사들의 전초역(前哨役)을 맡아 가지고 훨씬 먼저 온 것으로 매미·쓰르라미가 있지만은 그들은 소란한 대낮에 우거진 녹음 속에서, 폭양에 항거하면서 부르는 외침이라 듣는 사람에게 「가을이다」 하는 기분을 부어 주기에는 아직 부족한 무엇이 있었다.
그렇더니, 이 저녁에 들리는 정밀(靜謐) 속에 전진하여 오는 소리야말로, 「인젠 확실한 가을이구나!」 하는 영추송(迎秋頌)이 나도 모르는 사이에 입술을 들치고 튀어나온다.

2. 달

전등을 끄고 자리에 누우니 영창이 유난히 환하다. 가느다란 벌레 소리들이 창밖에 가득 차 흔든다.
「아?」 하는 사이에 나는 내 그림자의 발목을 디디고 퇴 아래 마당 가운데 섰다. 쳐다보아도 눈이 부시지 않은 수정덩이가 도시의 무수한 전등과 네온사인에게 나 보아란 듯이 달려 있다.

　저 달이 생긴 뒤로 몇 사람의 마음이 그를 어루만지고 꼬집고 하였을까? 울기는 누구누구며 웃기는 누구누구? 원망인들 오죽 쌓였을라고. 그의 얼굴은 따뜻한 듯 서늘한 듯 쌀쌀하면서도 다정도 하다. 성결(聖潔)한, 숭고한, 존엄한 그의 위력에 나는 다시 내 자리에 쫓겨 들어왔다.……(하략)……

(이희승, 청추수제(淸秋數題))

　글쓴이는 계절이 바뀌는 시간을 아주 예민하게 느끼고 있다. 마음속에 가을 정취와 흥이 가득 차 있다. 이러한 가을 정취를 한껏 살리면서 실감을 자아내려고 말을 골라 쓴 흔적이 뚜렷하다. 귀뚜라미는 가을을 알리는 '전령사'이고 달은 '쳐다보아도 눈부시지 않은 수정덩이'라고 했는데, 이는 소박한 비유지만 퍽 동감이 간다. 또 가을을 대표하는 사물을 주요소재로 정하고 각각 번호를 주어 문단을 끌어가고 있는 것은 가벼운 파격으로서 소재를 눈여겨보게 하며 글 읽기에 재미를 더해 준다. 마지막 단락에는 설의법을 동원하여 어미를 퍽 다양하게 활용하고(하였을까?, 누구누구? 쌓였을라고, 다정도 하다.) 낱말을 이어 써서(성결한, 숭고한, 존엄한) 글쓴이가 지닌 감정을 더한층 풍부하게 드러냈다.

　문체를 나누어 살피는 용어 가운데 '건조, 화려, 간결, 만유, 강건, 우유체'가 널리 알려져 있다. 이에 따라 이 글에 어린 문체를 매겨 보자면…… 가을에 젖은 마음이 촉촉하여 결코 건조하지는 않다. 그렇다고 미문을 열렬히 구사하거나 수사법을 요란하게 쓰지는 않았으니 화려하지도 않다. 바야흐로 자기 성찰이 시작되는 서늘한 시간에 마음을 맞춰서 그런가, 가을 정서가 안으로 차분히 가라앉아 있어 문장 호흡이 더러 길고 부드럽게 흘러간다. 그래서 만

연체와 우유체가 적절히 섞여 있는 글이라고 할 수 있겠다.

다음 글은 논증문에서 한 문단만을 옮긴 것이다. 예문 6) 문장과 비교해보자.

예문 6-1)

한미FTA는 관세장벽뿐 아니라 비관세장벽의 철폐를 목표로 한다. 미국의 대표적인 비관세장벽이 미국의 반덤핑 등 무역구제 관련법이다. 무역협회에 따르면 이로 인해 지난 25년간 약 373억달러 연 15억달러 정도의 수출손실을 입었다. 무역구제법의 개선은 우리측의 '전략적' 목표였고 그래서 15개항 정도의 개선요구를 제시했지만, 5개 정도로 금세 주저앉았다. 이 과정에서 핵심 중의 핵심이라 할 제로잉(zeroing)* 조항을 포기했다. 미국측 연구에 따르면 무역구제 각 조항 가운데 제로잉이 차지하는 비율이 86%이다. 우리의 수출손실 연 15억불 가운데 약 13억불에 달한다. 따라서 제로잉 등 핵심조항이 제외된 조건에서 나머지 요구를 미국이 다 수용하더라도 실익은 없거나 미미할 것으로 예상된다. (이해영, '실익으로 보는 한미FTA', 창비주간논평, 2007. 3.)

이 글은 한미 FTA 문제 가운데에서도 제로잉 조항에 얽힌 실상을 설명하려고 쓴 것이다. 이러한 사회공동체 문제를 다루면서 글쓴이는 당연히 개인감정을 드러내지 않고 일정 사실을 정확하고 또렷하게 전하는 데에만 집중하고 있다. 숫자를 중심으로 한 공식어와 개념어를 주로 썼으며, 꼭 필요한 낱말과 문장만을 구사하여 군더더기가 없고 그 결과 건조하고 딱딱하다.

다음, 문체는 개인마다 다르다. 문체가 주는 묘미는 글쓴이마다 글 한 편마다 개성이 다 다르기 때문에 생긴다. 예를 들어 갑과 을 두 사람이 같은 주제로 동시에 논설문을 쓴다고 하자. 주장내용은 물론 구성과 문장, 낱말 사용에서 차이가 드러나기 마련이다. 글을 읽을 때 이러한 개성과 마주쳐 얻는 기쁨이 자못 크다. 그것이 바로 우리가 글을 읽는 까닭이기도 하다.

원래 내 뜻을 남에게 진실하고 효과 있게 전달하려고 글을 쓴다. 이것이 첫 번째 목적이다. 여기에 더해, 남하고 다른, 나만이 지니고 있는 문체를 가꾸고 이를 표현하려는 욕구도 글을 쓰는 목적이 되기도 한다.

예문 7)

> 산다는 것은 서로 말을 주고받는 것이다. 우리는 언어의 수수(授受) 속에서 살아간다. 말은 곧 사람이다. 말은 인품의 표현이요 수양의 나타남이다. 고운 말을 쓰는 사람은 마음이 고운 사람이다. 더러운 말을 쓰는 사람은 마음이 더러운 사람이다. 말은 마음의 표현이다. 마음은 말의 옷을 입고 나타난다. 말 속에는 마음이 있다. 말은 마음의 집이다.
>
> (안병욱, '산다는 것은')

이 수필에서 글쓴이는 짧은 문장을 주르 썼다. 아니 짧은 문장만 썼다. 아주 간결하다. 글쓴이는 예를 들어 부드럽게 또는 좀 더 우아하게 내용을 펼치려고 애쓰기보다는 지니고 있는 뜻을 또렷하게 알리는 데에만 우선 신경을 쓴 듯하다. 접속어를 하나도 쓰지 않고 문장을 이어가면서 의미전달에만 집중하였다. 특히 눈에 띄는 것은 문장을 서술형으로 풀어 쓰지 않고 명사로써 끝맺고 있는 점이다. 그래서 생각이 급하게 펼쳐진 듯하고 전체에서 글이 딱딱하게 느껴진다. 그런가 하면 반대로 군더더기가 전혀 없어서 글쓴이가 지닌 판단, 의지, 주장이 또렷하게 드러나서 힘이 있어 보인다. 아무튼 아래와 같이 문장을 아주 길게 쓰는 글과 느낌이 퍽 다르다.

예문 8)

며느리로 말한다 하여도 이에는 더할 수 없는 것이, 작달막한 키에 얼굴 하나는 반반하고, 마음씨 또한 더 착할 수가 없다 하지만, 원래 부모 없이 자란데다가, 남의 집 애기업개나 부엌데기로만 커 시집이라고 온 터라, 길쌈을 한다거나, 품을 팔아 잔돈을 마련하여 살림 늘릴 시샘 한 톨 가진 바라고는 애초에 없고, 그저 서방이 벌어오는 대로 지져 먹고, 볶아 먹고, 이웃이나 형제간 좋자 하는 대로 푼푼이 나누어 먹을 줄만 알 뿐이며, 남편 끌어안고 잠자고 애 낳는 일 외에, 무슨 장사라든지 왼데 출입을 하여 본 바 없으므로, 그 해수 기침이 이 겨울 들어 더 심해진 시어머니의 장삿길을 무슨 재주 부려 막을 수는 없는 터였다.

(한승원, '어머니')

소설에서 따온 이 예문은 쉼표를 써서 문장 열두 개를 하나로 이어 놓았다. 참 웬만해서는 찾아보기 힘들게 호흡이 길다. 며느리가 지닌 성품을 설명하는 데 목적을 두고 뜻을 다 이루기 전에는 결코 문장을 멈추지 않고 있으니 대상을 바라보는 집중력이 여간 높은 것이 아니다. 이렇게 길게 쓰는 것은 물론 글의 주제와 깊은 연관이 있어서이겠지만, 그에 앞서 글쓴이가 지닌 개성에서 비롯한 것일 게다. 잠시 모든 일을 제쳐 놓고 엉덩이 붙이고 앉아 글쓴이가 들려주는 얘기를 들어 봄직하다. 얘기가 언제 그칠 줄 모르니까. 그만큼 글이 매우 유연하고 느긋하다. 그런가 하면 축 늘어져서 지루하기도 한다.

문체는 특정 내용을 드러내려고 일부러 그에 맞춰 문장과 낱말 따위를 골라 써서 만드는 것이 아니다. 글쓴이가 고유하게 지닌 개성에 따라 문장을 쓰면 그것이 바탕과 원인이 되어 자연스럽게 나타나는 효과요 특성이다. 그래서 개인이 지니고 있는 문체란 그야말로 남이 흉내 낼 수 없는, 그에게만 나타나는 고유 자질이다. 다음 예문처럼 남달리 개성이 강한 글을 보면 이러한 판단이 굳어진다.

예문 9)

땅 속 저 밑은 늘 음침하다.
고달픈 간드렛불, 맥없이 푸르끼하다. 밤과 낮이 달라서 낮엔 **되우** 흐릿하였다.
겉으론 황토 장벽으로 앞뒤 좌우가 콕 막힌 좁직한 구뎅이. 흡사히 무덤 속같이 **귀중중하다**. 싸늘한 침묵, **쿠더부레한** 흙내와 징그러운 냉기만이 그 속에 자욱하다.
곡갱이는 뻔질 흙을 **이르잡는다**…… 암팡스레이 내리쪼며.
퍽 퍽 퍽 —
이렇게 **매떨어진** 소리뿐. 그러나 간간 우수수 하고 벽이 헐린다.
영식이는 일손을 놓고 소맷자락을 끌어당기어 얼굴의 땀을 훑는다. 이놈의 줄이 언제나 잡힐는지 기가 찼다. 흙 한 줌을 집어 코밑에 바싹 들이대고 손가락으로 샅샅이 뒤져 본다. 완연히 버력은 좀 변한 듯싶다. 그러나 불통 버력이 아주 다 풀린 것도 아니었다. 말똥 버력이라야 금이 온다는데 왜 이리 안 나오는지.

(김유정, '금따는 콩밭')

이 글은 잘 알려진 소설의 일부이다. 1920년대 전라도를 작품 배경으로 삼았다. 작가는 '되우, 귀중중하다. 쿠더부레한, 이르잡는다, 매떨어진' 따위 '그때 그 지방' 사람이 쓰던 낱말을 그대로 쓰고

있다. 그 덕분에 글이 현장성이 짙고 실감이 두드러진다. 글을 읽
다 보면 그때 그곳이 그대로 눈에 보이는 듯 감칠맛이 나는지라 특
별한 흥미와 관심을 지니고 작품 세계에 빠져들기 십상이다. 김유
정 소설 세계를 평가할 때 남달리 향토색이 짙다고 많은 이가 규정
한다. 바로 이 향토색이 작가 김유정이 쓴 글에서 느낄 수 있는 강
렬한 개성이다. 이는 인물 성격, 주제와 더불어 고유한 문체가 빚
어내는 효과다.

아래 시 작품은 같은 맥락에 따라 특이한 문체를 보여 준다.

예문 10)

명절날 나는 엄매 아배 따라 우리집 개는 나를 따라 진할머니
진할아버지가 있는 큰집으로 가면

얼굴에 별자국이 솜솜 난 말수와 같이 눈도 껌벅거리는 하루에
베 한 필을 짠다는 벌 하나 건너 집엔 복숭아나무가 많은 新
里 고무 고무의 딸 李女 작은 이녀李女
열여섯에 四十이 넘은 홀아비의 후처가 된 포족족하니 성이 잘
나는 살빛이 매감탕 같은 입술과 젖꼭지는 더 까만 예수쟁이
마을 가까이 사는 土山 고무 고무의 딸 承女 아들 承동이
六十里라고 해서 파랗게 뵈이는 산을 넘어 있다는 해변에서 과
부가 된 코끝이 빨간 언제나 흰옷이 정하든 말끝에 섧게 눈
물을 짤 때가 많은 큰골 고무 고무의 딸 洪女 아들 洪동이
작은 홍(洪)동이
배나무접을 잘 하는 주정을 하면 토방돌을 뽑는 오리치를 잘 놓
는 먼 섬에 반디젓 담그러 가기를 좋아하는 삼춘 엄매 사춘
누이 사춘 동생들
이 그득히들 할머니 할아버지가 있는 안간에들 모여서 방안에서
는 새옷의 내음새가 나고

또 인절미 송구떡 콩가루차떡의 내음새도 나고 끼때의 두부와
콩나물과 뽂운 잔디와 고사리와 도야지비 계는 모두 선득선득
하니 찬 것들이다

저녁술을 놓은 아이들은 외양간섶 밭마당에 달린 배나무 동산에
서 쥐잡이를 하고 숨굴막질을 하그 꼬리잡이를 하고 가마 타
고 시집가는 놀음 말 타고 장가가는 놀음을 하고 이렇게 밤이
어둡도록 북적하니 논다

밤이 깊어가는 집안엔 엄매는 엄매들끼리 아르간에서들 웃고
이야기하고 아이들은 아이들끼리 웃간 한 방을 잡고 조아질
하고 쌈방이 굴리고 바리깨돌림하고 호박떼기하고 제비손이
구손이하고 이렇게 화디의 사기방등에 심지를 몇번이나 돌
구고 홍게닭이 몇번이나 울어서 즐음이 으면 아릇목싸움 자
리싸움을 하며 히드득 거리다 잠이 든다 그래서는 문창에 텅
납새의 그림자가 치는 아침 시누이 동세들이 욱적하니 흥성
거리는 부엌으론 샛문틈으로 장지 문틈으로 무이징게국을 끓
이는 맛있는 내음새가 올라오도록 잔다
(백석, '여우난골族', 1936, 전문)

이 시에서는 향토성이 한층 더 짙게 느껴진다. 우리가 익히 아는
남쪽이 아니라 북쪽 지방의 삶을 그려 너고 있어서 더욱 그런 것
같다. 시인(글쓴이)은 1930년대 함경도 지방에 살았던 사람들의 정
서를 그려 내면서 그때 쓰이던 말을 원형 그대로 모아 놓았다. 예
문 9)에서 글쓴이는 주로 동사와 형용사에서 사투리를 복원하였다.
이 시에서 시인은 그뿐만 아니라 '진할머니, 오리치, 안간, 송구떡,
숨굴막질' 같은, 생활도구나 생활풍습을 가리키는 낱말들까지 생생
하게 살려 놓고 있다. 그 결과 시에 그려진 사람과 삶은 아주 짙은
정감에 휩싸여 있다. 사실성과 생동감이 한층 더 높아졌으며 민속

성이 좀 더 또렷해졌다.

시인은 민족의 삶을 소중하게 여기고 이를 길이 보전(保全)하려
한 듯하다. 이러한 의장은 시인이 지닌 개성어린 문체를 이루어 냈
으며 아울러 작품세계를 완성한 요인이 되었다. 이 글을 읽고 우리
가 느낄 수 있는 흥취란 이 시에 어린, 이 시인이 펼친 문체가 없
었다면 얻을 수 없는 것이다.

다음 글은 이 글들과 여러 면에서 대조를 이루어 또 다른 느낌
을 준다.

예문 11)

육신이 흐느적흐느적하도록 피로했을 때만 정신이 은화처럼 맑소.
니코틴이 내 횟배 앓는 뱃속으로 스미면 머릿속에 으레 백지가 준비
되는 법이오. 그 위에다 나는 위트와 패러독스를 바둑 포석처럼 늘어
놓소. 가증할 상식의 병이오.

나는 또 여인과 생활을 설계하오. 연애 기법에마저 서먹서먹해진
지성의 극치를 흘깃 좀 들여다본 일이 있는, 말하자면 일종의 정신분
일자(精神奔逸者) 말이오. 이런 여인의 반(半) ― 그것은 온갖 것의
반이오 ― 만을 영수(領受)하는 생활을 설계한다는 말이오. 그런 생활
속에 한 발만 들여놓고 흡사 두 개의 태양처럼 마주 쳐다보면서 낄
낄거리는 것이오. 나는 아마 어지간히 인생의 제행(諸行)이 싱거워서
견딜 수가 없게끔 그만둔 모양이오, 굿바이.

굿바이. 그대는 이따금 그대가 제일 싫어하는 음식을 탐식(貪食)하
는 아이러니를 실천해 보는 것도 좋을 것 같소. 위트와 패러독스
와…….

그대 자신을 위조하는 것도 할 만한 일이오. 그대의 작품은 한 번
도 본 일이 없는 기성품에 의하여 차라리 경편(輕便)하고 고매(高邁)
하리라.

……하략……(이상, '날개')

한마디로 이 글은 난해하다. 뜻을 이해하기가 퍽 어렵다. '가증할 상식의 병'이라든지 '여인의 반만을 영수하는 삶을 설계한다.'든지 '두 개의 태양처럼 마주보고 낄낄거린다.' 따위가 무슨 뜻을 지니고 있는 문장인지 쉽게 풀어낼 수 없다. 여기에 '피로할 때 정신이 은화처럼 맑아진다.'는 진술은 역설이 어려 있는 문장으로서 '그대가 싫어하는 음식을 탐식하는' 행위나 '자신을 위조하는 행위가 차라리 경편하고 고매'하다는 주장과 맥락이 같다. 피로할 때 맑아지고, 싫어하는 것을 탐식하고, 위조가 오히려 고매하다는…… 이처럼 앞뒤가 어긋나 상식을 뒤엎는 진술 태도는 이 글에 어린 특성이다.

글쓴이는 남들이 다 알고 있는 낱갈과 어절을 쓰지 않고 되도록 새로운 낱말 나아가 낯선 말을 골라 쓰고 있다. '정신분일자, 탐식, 경편' 따위 어려운 한자와 '위트, 패러독스, 굿바이' 따위 작품 발표 당시로서는 매우 낯설었을 외국어를 거침없이 쓰고 있다. '－하오, －리라' 체와 '굿바이'라는 낱말을 새기면, 일상과 상식에서 멀리 떨어져 있는 또는 멀어지려는 듯한 글쓴이의 태도와 삶을 느낄 수 있다.

이러한 문장, 낱말을 볼 때 글쓴이는 대부분 사람이 그렇듯 상대와 쉽게 뜻을 주고받으려고 문장을 쓴 것이 아니라, 자기 개성을 최대로 끌어올리고 드러내는 데에 목적을 두고 문장을 쓴 듯하다. 시대를 앞서가는 새로움과 난해성을 특징으로 하는 문체라고 할 수밖에 없다.

예문 10)과 예문 11)을 비교해 보면, 글쓴이가 좇는 작품 성향이 다르다는 사실을 첫눈에 알아볼 수 있다. 주제는 물론 대상을 다루는 마음자세와 세계관이 다르다. 그 고유한 개성이 문체에 또렷하게 드러나 있는 것이다.

3. 문체는 어디에서 생기나?

이제까지 어떤 관점에서 문체를 살펴볼 수 있을지 따져 보았다. 이제 실제 글 어느 부분에서 문체가 이루어지는지 살펴보자.

문체는 첫째, 음절 하나에서 움이 튼다. 사람은 여러 가지 목소리를 낼 수 있는데 그 하나하나가 저마다 독특한 인상과 느낌을 지니고 있다. 예를 들어, '어머니(母)'를 가리키는 낱말이 우리나라는 '어머니'이고, 중국은 '媽媽', 미국은 'mother', 독일은 'mutter'이다. 이 네 나라 낱말에 공통으로 음성 [m]이 들어 있다. 이 음성은 사람에게 아주 포근한 느낌을 준다고 한다. 그래서 세상에서 가장 안락한 품안을 지녔고 아무 조건 없는 사랑을 주는 존재인 어머니를 가리킬 때 이 음성을 쓰게 되었다는 것이다. '말이 아 다르고 어 다르다'는 속설이 있지만, '하하'와 '허허'가 다르고, '이리저리' 와 '요리조리'가 분명 다른 느낌으로 다가온다.

이렇게 각 음성이 고유한 느낌을 지닌다는 사실에 바탕 하여 일정 음성을 즐겨 써서 음절을 운용하면 일정한 감정을 드러내고 느낄 수 있다. 음성으로써 제 나름대로 독특한 느낌과 흥을 이루어 내는 예는 시작품에서 많이 볼 수 있다. 아래에 실린 시를 읊어 보자.

예문 12)

내마음의 어딘듯 한편에 끝없는
  강물이 흐르네
도쳐오르는 아침날빛이 뻔질한
  은결을 도도네

가슴엔듯 눈엔듯 또 핏줄엔듯
마음이 도른도른 숨어있는곳
내 마음의 어딘듯 한편에 끝없는
 강물이 흐르네
(김영랑, '동백잎에 빛나는 마음' 「시문학」, 1930, 전문)

내 마음의 어딘 듯…… 그곳은 아마 낡은 모르고 나만 알고 있는, 가슴속 저 깊은 곳이 아닐까. 그곳에 내 마음이 흐르고 있다고 한다. 시인(글쓴이)은 강물이라고 했지만 그 마음은 차라리 작은 시냇물같이 가녀리게 흐르고 있을 듯하다. 조용하고 따뜻한 봄날 평평한 들판을 가로지르는 작은 시내. 이 작은 시내가 가늘고 긴 물결을 이루어 천천히 흐르고 있는 것이다.

이러한 느낌은 '어딘듯, 흐르네, 은결, 도른도른, 마음' 따위 낱말에서 음성모음 'ㅡ'를 반복 사용하여 나타나는 효과로 여겨진다. 여기에 더해 자음 'ㅁ'을 '가슴, 마음' 따위 낱말에서 여러 차례 써서 부드럽고 가냘프고 애잔한 느낌을 불러왔는데, 읽고 듣기에 따라 이 음절은 숭고하고 엄숙한 분위기를 이루기도 한다. 또 'ㅡ네'를 반복하여 끝을 맺어서 글 전체가 안정감을 얻고 있다.

그런가 하면 조용한 가운데 아주 밝고 힘차게 빛나는 마음을 읽을 수도 있다. 이것은 '도쳐오르는, 도도네, 도른도른'에서 양성모음 'ㅗ'를 계속 쓴 데서 오는 느낌일 것이다. 이 구절들을 입안에서 굴리면 여리지만 또렷또렷한 어떤 형상이 눈앞에 그려진다.

이처럼 글쓴이는 같은 음절, 음성을 일부러 되풀이하여 여러 가지 효과를 얻고 있다. 그런데 같은 시 작품이지만 다음 시는 작법이 퍽 다르다. 견주어 가며 읽어 보자.

예문 13)

> 올 어린이날만은
> 안사람과 아들놈 손목 잡고
> 어린이 대공원에라도 가야겠다며
> 은하수를 빨며 웃던 정형의
> 손목이 날아갔다
>
> 작업복을 입었다고
> 사장님 그라나다 승용차도
> 공장장님 로얄살롱도
> 부장님 스텔라도 태워주지 않아
> 한참 피를 흘린 후에
> 타이탄 짐칸에 앉아 병원을 갔다
>
> 기계 사이에 끼어 아직 팔딱거리는 손을
> 기름먹은 장갑 속에서 꺼내어
> 36년 한많은 노동자의 손을 보며 말을 잊는다
> 비닐봉지에 싼 손을 품에 넣고
> 봉천동 산동네 정형 집을 찾아
> 서글한 눈매의 그의 아내와 초롱한 아들놈을 보며
> 차마 손만은 꺼내 주질 못하였다
> (하략)
> (박노해, '손무덤')

이 시에는 반복 규칙에 따른 운율이 배어 있지도 않고 일정한
음성과 음절을 일부러 가려 쓴 흔적도 없다. 음성이 정서에 미치는
영향에 따른 효과는 관심 밖에 있고 그보다는 뜻을 전달하는 데에
집중한 꼴로 되어 있다. 그래서 시작품이지만 마치 산문을 적당히
잘라 늘어놓은 형태를 지니고 있다.

글쓴이가 말하고자 하는 내용은 또렷하다. 글쓴이는 노동자를 억

압하는 열악한 시대현실을 보여 주려고 한다. 노동자가 작업을 하다가 기계에 손목이 잘렸다. 위급하고 처절한 상황이지만 사장, 공장장, 부장 따위 사용자들은 노동자가 얼마나 고통스러운지를 살피기보다는 자신들이 타고 다니는 자동차가 더러워질 것만 생각할 뿐이다. 노동자가 인간으로서 최소 대접드 받고 있지 못한 것이다. 글쓴이는 이러한, 그저 기막힐 따름인 사건 전말을 전하며 객관 현실에 기댄 고발정신을 펼치는 데에 힘을 모으고 있다. 그러니 음절과 낱말을 가려 뽑고 운율로써 감정을 아름답게 가다듬는 데에 글쓴이는 큰 관심이 없는 것이다. 다만 현실을 적나라하게 보여 주는 데에 초점을 맞췄다. 문장에 어린 미추를 굳이 좇지 않았기에 어찌 보면 퍽 무미건조하지만 자기주장과 감정을 직설하고 솔직하게 펼쳐 내고 있어 고발, 저항정신이 내뿜는 힘을 생생하게 느낄 수 있다.

음성을 고르고 그에 따른 운율 효과를 좇는 방식은 사실 시 작품뿐만 아니라 글쓴이의 감정이 풍부하게 드러나거나 절정에 이를 때 산문에서도 가끔 쓰인다. 그러나 대개 운문에서 문체를 이루는 중요한 자질로 쓰이고 있다.

다음 어떤 낱말을 쓰느냐가 문체를 이루는데 크게 이바지한다. 마누라, 부인, 여편네, 반려자, 집(안)사람…… 이 낱말들은 모두 개념이 같다. 그러나 느낌이 다 다르다. '좋아한다, 사랑한다, 연모한다' 들이 같은 뜻을 나타내지만 불러오는 정감이 조금씩 다른 것과 마찬가지다. 이렇듯 낱말은 제각각 특정 정서를 불러오며, 이러한 낱말을 어떻게 가려 쓰느냐에 따라 문장과 글이 각각 다른 느낌을 지니게 된다.

또 우리말은 조사와 어미가 참 여러 가지로 변한다. 그에 따라 느낌이 다 다르다. '푸르다'를 '푸르스름하다, 짙푸르다, 푸르팅팅하다, 시퍼렇다……' 따위로 바꿔 쓰면 새로운 느낌을 표현할 수 있다. '그렇다'를 '그렇소. 그러하옵니다. 그래' 따위로 바꾸면 색다른 느낌을 주게 된다. 다음 문장을 보자.

예문 14)

> 1. 하늘이 푸르고, 바다도 푸르고, 내 마음도 푸르고, 그대 얼굴도 푸르다.

이 문장을 다음과 같이 다시 쓸 수 있다.

> 1-1. 하늘이 푸르니 바다도 푸르고, 내 마음이 푸르니 그대 얼굴도 푸르다.
> 1-2. 하늘은 푸르고 바다도 푸르다. 내 마음은 푸르고 그대 얼굴도 푸르다.
> 1-3. 하늘이 푸르러 바다가 푸르니 내 마음도 푸르고 그대 얼굴까지 푸르다.

조사와 어미를 달리 쓰면서 문장이 바뀌었는데 그에 따라 아주 작지만 느낌이 조금씩 달라졌다. 1은 하늘, 바다, 내 마음, 그대 얼굴 모두가 똑같은 비중으로 푸르다. 또는 푸르다고 느낀다. 1-1에서는 바다와 그대 얼굴이 하늘이나 내 마음보다 좀 더 부각되어 있다. 마치 바다와 그대 얼굴이 푸른 것은 하늘과 내 마음이 푸르기 때문인 것 같다. 1-2는 문장을 두 개로 나누었다. 하늘과 바다가 한 공간을 이루고 그것과 좀 동떨어져서 내 마음과 그대 얼굴이 한 공간을 이루었다. 둘 사이가 약간 벌어진 듯하다. 1-3는 어미 '-

러, -니, -고, -까지'로 하늘, 바다, 내 마음, 그대 얼굴을 잇고 있어 네 사물이 마치 인과관계로 긴밀히 연관되어 있는 듯한 느낌이 강하다. 문장이 표현하고자 한 대상은 결국 그대 얼굴이고 나머지는 모두 그대 얼굴을 뒷받침하고 있는 듯하다. 그래서 앞 문장들에 없는 박진감이 어려있다. 이와 같이 조사와 어미를 어떻게 쓰느냐에 따라 강조점과 느낌이 얼마든지 달라질 수 있다.

셋째, 문장을 어떻게 쓰느냐가 관건이다. 문장의 길이나 구조가 다르면 느낌이 변한다. 주어와 서술어를 하나씩만 거느리면서 문장을 짧고 단순하게 쓰기도 하고, 포유문(안은 문장), 접속문(이어진 문장) 따위로 길고 복잡하게 쓰기도 한다. 문장이 길면 대개 지루하고 뜻이 늘어지는 느낌이 들지만 반대로 유장하고 한가로운 맛이 있다. 문장이 짧으면 호흡이 늘어지지 않아 간결하고 또렷하고 힘찬 맛이 있다. 반면 자주 뜻이 끊겨 신중하지 못하고 가벼운 느낌을 줄 수도 있다. 이밖에 주어와 목적어를 순서를 서로 바꾸거나 능동문을 피동문으로 바꿀 때 그리고 명사문을 쓸 때와 그것을 풀어 쓸 때 조금씩 다른 느낌을 줄 수 있다. 예문을 하나 읽자.

예문 15)

　　낮 동안의 시끌벅적함이 사라진 고요한 밤에 가장 좋아하는 머그잔에 커피를 가득 담아 놓고 과제를 제출하기 위해 키보드를 두드리는 지금, 처음 데이트를 하러 갔던 그날처럼 빗소리가 들리는 이 순간에도 '사랑 그리고 행복'이란 주제에 대하 글을 쓰면서, 지난날 받았던 선물들을 꺼내 볼 수 있는 저의 모습을 보며 '난 참 행복한 사람'이라고 생각하면서 은은한 행복에 젖어듭니다.

이 글에서 글쓴이의 마음은 시공간 배경과 조화를 퍽 잘 이루고 있다. 글쓴이 나름대로 행복한 순간을 포착한 감각이 매우 선명하여 적잖은 재미와 동감을 느낄 수 있다. 다만 문장이 좀 긴 듯하다. 물론 받아들이기에 따라 다르겠지만, 읽는 이가 지루함을 느낄 수 있을 듯하다. 또 글을 쓰면서 선물을 보고 동시에 자기 모습을 보며 생각까지 한다고 하니, 네 가지 행동이 한꺼번에 이루어지고 있는 셈으로서 동작 이음새가 매끄럽지 못하고 의미가 뒤엉켜 어수선하다. 문장을 짧게 끊어 정리해 보았다.

> **낮 동안의 시끌벅적함이 사라진 고요한 밤,** 가장 좋아하는 **머그잔에 커피를** 가득 담아 놓고 지금 나는 **키보드를** 두드리는 있습니다. **과제를 제출**하기 위해서입니다. 처음 **데이트를** 하러 갔던 그날처럼 빗소리가 들리고 있습니다. 이 순간에도 '사랑 그리고 행복'이란 주제로 글을 쓰면서, 지난날 받았던 선물들을 꺼내 보고 있습니다. 이러한 저의 모습을 보며 '난 참 행복한 사람'이라고 생각하면서 은은한 행복에 젖어**듭니다.**

내친 김에 굵게 쓴 부분도 고쳐 보자. '낮 동안의 시끌벅적함이 사라진 고요한 밤'은 '시끌벅적했던 낮이 끝나고 고요한 밤이 왔다.' 또는 '시끌벅적했던 낮이 끝나고 밤이 왔다. (밖은) 고요하다.' 쯤으로 고칠 수 있다. 이렇게 풀어 쓰면 다른 느낌을 가질 수 있다. 또 '머그잔'과 '커피'를 '도자기잔'과 '녹차'쯤으로 바꾸면 어떨까. '과제를 제출'은 '숙제를 끝내려고' 또는 '숙제를 내려고'로 고치고, '키보드'는 '자판'이 아니면 그냥 '글자'라고 해 보자. '데이트'는 외래어인데 다른 적당한 말이 없을까 생각해 본다. '듭니다.'를 '-든다, -드네'로 바꾸면 말할 것도 없이 글이 주는 느낌이 달라진다.

　그런데 이렇게 정리를 한다고 해 놓고 보니 다른 생각이 들기도 한다. 글쓴이는 사실 아무도 없는 조용한 밤 자기 방에서 여러 가지 상념을 한꺼번에 떠올리고 있다. 이 여러 가지 생각이란 순서가 없이 다가온 것이다. 그러니 한 문장 안에 뒤엉킨 것이고 당연히 문장이 길어진 것이다. 그렇다면 짧게 끊어 정리를 하기보다는 조금 무질서해 보이더라도 긴 문장을 살려 놓아야 하지 않을까. 그래야 오히려 글쓴이의 마음 상태를 생생하게 표현할 수 있지 않을까. 각자 느끼기 나름이다. 다만 길게 쓸 때오 짧게 정리할 때 그 효과와 느낌은 분명히 각각 다른 것이다.

　문장이 모여서 단락을 이루는데 단락을 어떻게 쓰느냐에 따라 글 전체 느낌이 달라질 수 있다. 마지막으로 이 점을 살펴본다. 주제 단락을 글머리에 둘 때(두괄식)와 말꼬리에 둘 때(미괄식)에 따라 호소력이 각각 다르고 양쪽에 배치하면(쌍괄식) 글쓴이의 주장이나 느낌이 당연히 좀 더 강하게 전달될 것이다. 또 단락 길이, 단락 수와 종류, 배치, 접속어 사용 여부와 사용 어휘 따위에 따라 분위기가 달리질 테니 이를 눈여겨볼 만하다. 예문을 보면서 생각해 보자.

예문 16)

이동 음식점
김용준

서울은 재미난 도시다.
골동품 같은 집이 있다.
남의 담장에 기댔을망정 쓰레기통 옆에 놓였을망정 아담한 차림새로 구중 궁궐 부럽잖게 꾸밀 대로 꾸미기도 했다.

추녀 끝에는 방울 같은 새를 앉히고 납작한 완자창도 달았다.

쌍희자(雙喜字)를 아로새긴 세렴(細簾)도 늘였다.

이 집에는 떡국도 팔고 진짜 냉면도 있다. 맛 좋은 개장국도 한다.

노동자 빈민은 물론 한다하는 신사도 출입을 한다.

이 집에는 계급의 구별도 없다.

땅바닥에는 검둥이란 놈이 행여 동족의 뼈다귀나 한 개 던져 줄까 하고 침을 꿀꺽꿀꺽 삼키며 기다리고 있다.

이래 봬도 하루의 수입이 물경 만 원을 넘기는 것은 누워 떡 먹기다.

더구나 이 집의 재미난 것은 주추 대신에 도롱태를 네 귀에 단 것이다. 아무 때나 이동할 수 있다.

순경 나으리가 야단을 치는 날이면 지금 당장에라도 훨훨 몰아갈 수 있다.

주인 부처는 진종일 영감 그린 종이를 모으기에 눈코 뜰 새 없다가 도시의 소음이 황혼과 함께 스러진 뒤 참새 보금자리 같은 이 집 속에서 신화 같은 이야기를 도란거리다가 고요히 꿈나라로 들어가고 만다.

재민(災民)들은 이렇게 가지각색으로 살고 있다.

서상을 살아가는 법이란 별의별 재주가 다 있어…….

– 김용준, 「근원수필」(1948)에서

글쓴이는 이동음식점 안에 들어서서 그저 눈에 보이는 대로 마음이 가는 대로 하고 싶은 이야기를 적어 놓았다. '눈에 보이는 대로', 이것이 이 글을 구성한 원리이다. 그 결과 '일 문장 일 문단' 방식을 즐겨 쓰고 있다. 논증문이 '주제문＋뒷받침문장'이라는 구조로써 논리 문단을 이끌며 글을 구성하는 데 비해 이 방식에서는 각 문단 사이에 인과나 논리에 따른 연결성이 엄격하지 않다. 고딕 부분 문장을 보면 문맥이 두서가 없다. 이동 음식점 안에서는 계급이 없다는 설명을 한 뒤 불현듯 검둥이 이야기로 건너갔는가 하면 이어 하루 수입이 기꺼이 만 원을 넘어간다는 말을 하고 있다. 이

동 음식점 안팎에 보이는 이모저모를 자유롭게 담아내고 있는 것이다. 그렇다고 앞뒤가 맞느니 어쩌니 따질 필요가 없다. 감상문에서는 논리 연결성이 없는 것이 흠이 되지 않기 때문이다.

'일 문장 일 문단' 방식을 쓴 것이 뜻을 이어 글 전체를 꾸며 내는 데에 조금 허술해 보이기는 한다. 그러나 글을 읽고 쓰기에 여유가 있어 보이며 문장과 문장, 문단과 문단 사이에 폭넓은 여운이 깃들어 있기에 짧은 글이지만 오히려 글쓴이의 느낌과 생각이 퍽 풍족하게 담겨 있다고 여겨진다. 마지막을 보면 두 문장을 두 문단으로 처리하였다. 짧은 문장이요 짧은 문단이지만 가난한 분들에 향한 심회가 여기에 가장 깊게 드리워져 있다.

다음 글은 한 단편소설에서 가져온 예군인데 글쓴이가 자기만이 지닌 의욕에 따라 문단을 새롭게 쓰고 있다.

예문 17)

상략)
그 특이한 이름의 고시원이 아직도 그곳에 있는지는 알 수 없다.
물론 여타의 세상일들이 그러하듯 있을 수도 없을 수도 있겠다는 생각이지만, 아무래도 좋은 일이다. 설령 사라졌다 한들, 또 그것이 누구의 탓도 아니니까. 10년이란 세월이 흘렀다. 이래저래, 죽은 사람도 있고 죽은 고시원도 있는 거겠지.

살다보면, 말이다.

이제는 있어도 그만, 없어도 그만인 그 고시원의 밀실이 생각난 것은 '몸에서 사람의 귀가 자라는 쥐'의 뉴스를 보고 있을 때였다. 이유는 알 수 없다. '몸에서 사람의 귀가 자라는 쥐'를 보고 있는데 그냥 그 고시원의 모든 것이 한꺼번에 떠오른 것이다. 마치 쥐의 몸에서 자라난 귀처럼. 엉뚱하게, 쑥쑥.

(하략)
(박민규, '갑을고시원체류기, 2004)

이 글에서는 문단들이 거의 비슷한 길이로 짧게 계속 끊어져 있다. 간략한 문단 운영으로서 읽기에 편하다. 또 '그 특이한 이름의 고시원이 아직도 그곳에 있는지는 알 수 없다.'와 '살다보면, 말이다.'에서 보다시피 문장 하나 또는 짧은 어귀를 써서 문단 하나를 이루면서 그 사이에 여백을 충분히 주어 앞뒤 문단과 일부러 띄어 놓았다. 마치 문단과 문단 사이에 깊은 골을 파 놓은 듯하다. 이러한 방식 자체가 우선 흥미와 관심을 이끌어 내고 있다. 충격을 몰고 올 정도는 아닐지라도 다른 글에서 쉽게 볼 수 없이 새롭고 특이하기 때문이다. 이 어절 문단은 마치 이정표처럼 앞뒤 문단에서 펼친 의미내용을 한데 모으는 역할을 한다. 읽는 이는 이 문단에 이르러 앞에서 제시한 내용을 다시 새기게 되고 주제에 좀 더 집중하게 될 것이다.

4. 문체 가꾸기

글을 쓸 때에는 읽는 이가 쉽고 편안하게 뜻을 받아들일 수 있을 것인지를 먼저 생각해야 한다. 다음 글쓴이 자신이 쓰고 싶은 대로, 자기 마음에서 우러나오는 얘기를 진실하게 쓰는 자세가 또한 중요하다. 그렇지만 특별한 상황 때문에 글을 일정한 방향으로 끌고 가야 할 때도 있다. 예를 들어 특별한 목적을 가지고 일정한 희로애락에 맞춰 읽는 이를 고무하려고 그에 필요한 낱말과 문장을 골라 쓸 수도 있다.

그러나 문체라는 것은 글쓴이 가인이 지닌 개성에서 자연스럽게 이루어져야 한다. 문체는 무엇을 선택하고 일부러 꿰어 맞춰 만드는 것이 아니라는 말이다. 자기주장이나 믿음, 느낌을 진실하게 펼치면 자신이 지닌 개성이 숨김없이 그대로 드러나며 결국 이렇게 하여 가장 알맞은 형태로 문체를 가꾸어 낼 수 있을 것이다. 여기서 '가장 알맞은 형태'란 읽는 이가 볼 대 개성이 무리 없이 드러나 있어 즐거운 상태이고 글쓴이 자신에게도 글을 쓰기에 아주 편안한 형태를 말한다.

어떤 문체를 보고 마음에 든다고 하여 그것을 무조건 좇는 버릇은 좋지 않다. 이른바 '좋은 문체'를 생각하여 제 나름대로 노력을 기울이는 것은 괜찮지만 잔뜩 의식하기만 한다고 되지 않는다. 마치 법률을 만들어 세우듯 문체 하나를 택하여 못으로 박아 두고 그것만을 늘 쓴다고 알맞은 문체를 얻을 수 있는 것도 아니다. 몇 개 문체를 살펴서 자기에게 맞는 유형이 무엇인지 가늠해 보는 것은 바람직하다. 그러나 역시 문체란 자기 글을 진실하게 쓰면서 자연스럽게 형성되는 버릇으로 여겨야 하겠다.

문체는 개성이다. 해당 글쓴이가 쓴 글을 읽을 때에만 볼 수 있고 느낄 수 있는 고유 특성이며 성격이고 체취이다. 그래서 문체를 느끼는 일은 즐겁다. 이제 웬만큼 글쓰기에 자신이 생겼다면 자신이 좇을 만한 문체 방향을 생각해 봄직하다. 그렇게 하려면 음절, 낱말, 문장, 문단 하나하나에 정성을 기울여야 할 것이다.

제8장

글쓰기 자세와 요령

글쓰기가 무엇인지 이해하려고 지금까지 바탕 이론 일곱 가지를 살폈다. 그러나 백 번 듣느니 한 번 써보는 것이 낫다. 그저 생각만 해서는 안 된다. 어쨌든 실제로 써 봐야 문장과 글이 생기고 뜻이 바로 설 수 있다. 이제 글 한 편을 쓰려 한다. 아직 글쓰기에 익숙하지 않아도 누구든 좋은 글을 쓰려고 제 나름대로 애를 쓸 것이다. 이론을 살피는 마지막 장으로 삼아 글을 쓸 때 어떤 자세와 요령을 지녀야 하는지 말해 본다.

1. 글쓰기 마음 자세

① 개요 다시 살피기

'글을 써야 하겠다.'고 생각하였다면 이미 어떤 주제가 마음속에 맺혀 있다는 것이다. 어떤 글을 쓸까?…… 감상문을 쓸 것이냐 논증문을 쓸 것이냐는 글에서 기본 방향을 잡는 문제인데, 이 또한 글을 쓰려고 마음먹는 순간 함께 결정될 것이다. 이제 분량, 구조, 구성, 문단, 어조, 문체 따위를 구처성 있게 가늠본다.

생각과 계획이 어느 정도 무르익었으면 이를 바탕으로 하여 개요를 쓴다. 개요는 설계도이므로 좀 더 세밀하고 구체성 있게 짜면 짤수록 도움이 크다. 글쓰기 초보자라면 더욱 그렇다. 개요 쓰기 때문에 시간이 많이 걸리더라도, 글쓰기에 익숙해질 때까지 얼마간 개요 짜기에 충실해야 한다. 주제문을 꼭 써 보고, 머리말 본론 마무리를 각각 어떻게 배열하며 문단 개수, 문단 분량 따위는 어느 정도로 하리라 하는 사항까지 정하는 것이 바람직하다. 설명문이나 논증문을 쓸 때에는 자료를 폭넓게 조사, 수집하여 검토한 뒤 글쓰기에 꼭 필요한 부분을 꼼꼼하게 요약, 정리해 두어야 한다.

끝으로 개요를 들여다보면서 전체 계획을 다시 한 번 차분하게 다지고 새긴다. 글을 쓸 준비가 제대로 되었는지 살펴보는 것이다. 개요에 만족한다면 사전 준비를 잘한 셈이다. 앞으로 펼쳐질 글을 내다보면서 자신감과 기대감을 갖도록 한다. 이제 첫 줄 첫 글자를 써넣으면 된다.

② 정신 집중하기

무슨 일을 하든지 순수하게 집중해야 한다. 그래야 효율이 있고 뜻한 것을 이루어 낼 수 있다. 글을 쓸 때에도 이와 마찬가지다. 이에 관하여 내 기억 속에 있는, 오래전 경험 하나를 이야기해 볼까 한다.

대학교 일 학년 일 학기 때였다. 신입생 기초공통 수업으로 '문장론'이라는 과목이 있었다. 월요일 일 교시, 아침 아홉 시에 시작해서 세 시간을 이어 가는 수업이었고 아주 유명한 시인인 교수님께서 강의를 담당하셨다. 학기가 시작된 지 한 달쯤 지나서였다. 그날 교수님께서는 '글 쓰는 법'이라는 제목으로 강의를 하셨다. 그런데 예를 들어 문장 수사법이나 문단 나누는 요령 따위 실제 기술(技術)에 관한 내용이 아니었다. 교수님은 그저 다음과 같이 말씀하셨다.

"마음의 창을 닫아야지요. 먼저 바깥 세계에서 물러나야 합니다."

그리고 교수님께서는 지금 눈앞에 마치 진짜 창문이 있는 듯 두 팔을 천천히 올려 창문을 닫고 장막을 여미는 동작을 보여 주셨다.

"잠시나마 바깥 세계와 완전히 떨어져서, 자신만의 시간과 공간으로 가야 합니다. 그리고 차분하게 안을 바라보아야 하겠지요."

'안'이란 '내 마음속'을 이르고 교수님이 하신 말씀은 결국 정신을 모으라는 것이었다. 따져 보면 복잡한 내용이 아니요 아주 새로운 뜻도 아니었다. 그러나 당신이 취하신 몸짓에 실감이 어려 있고 특히 눈빛은 정말 자기 내면만을 바라보고 있는 사람처럼 깊고 그윽하셨다. 너절하게 설명하지 않고 직접 몸으로 보여 주신 덕분이었을까. 그날 교수님께서 하신 말씀은 보통이 훨씬 넘는 동감으로 다가왔다.

'잠시 외부세계와 떨어져 있는 시간과 공간'…… 참 좋은 말이다. 이곳에 이르러야 우리는 우리가 가진 자질을 가장 잘 드러낼 수 있으리라. 이렇듯 차분하게 정신을 가다듬어야 마음 저 깊은 곳에 있는 참다운 내 생각을 남김없이 알뜰하게 건져 올릴 수 있을 것이다.

그러나 정신을 한곳에 모아 순수하게 자기에게 집중하는 상태로 빠져드는 일이 그리 쉽지는 않다. 우리는 정신통일이 꼭 필요하다고 잘 느끼지 못하거니와, 느낀다 해도 곧바로 집중에 이르기 힘들다. 생각하고 말만 앞세운다고 다 되는 일이 아닌 것이다. 그래서 교수님께서는 여러 마디 말을 버리고 몸짓과 눈빛을 우리에게 보여 주셨는지도 모를 일이다.

자신이 지닌 힘을 가장 높이 이끌어 가려면 마땅히 정신을 집중해야 한다. 글을 쓸 때에도 이와 같다. 글쓰기는 정신을 다듬는 일이므로 정신집중이 더욱 필요하다. 개요를 또렷하게 잡았으면 책상 앞에 앉아 이제 잡념 한 점 없이 한 칸 한 칸 원고지를 매워 나가려고 온 마음을 기울여야 한다. 그리하여 순간순간 가장 알맞은 음절, 낱말, 문장을 고르고 써 나갈 수 있어야 한다. 글을 잘 쓰려면 이러한 몸가짐부터 익혀야 할 것이다.

③ 진실하게 쓰기

막연한 말이지만 사람은 모름지기 진실하게 살아야 한다. 사람을 만나면 진실하게 대하면서 아끼고 무슨 일을 하든 진실하게 노력해야 한다. 글도 진실하게 써야 한다. 이 점은 이미 앞에서 몇 번 강조했다. 여기서 한 번 더 새겨보아야겠다.

초등학교 때 일이다. 글쓰기 시간이 되면 선생님께서 으레 이런 말씀을 하셨다. 코흘리개 1~2학년 때에도, 조금 철이 든 3~4학년 때에도, 제법 머리가 커진 5~6학년 때에도…… 그러니까 결국 육년을 다 털어, 원고지를 앞에 두고 선생님들은 늘 이렇게 말씀하셨던 것이다. 지금도 기억하고 있다.

"꾸밈없이 써라."

꾸미지 말라…… 이는 느낀 대로, 있는 그대로 진실하게 글을 쓰라는 말씀일 것이다. 이 말씀을 두 갈래에서 새긴다. 첫째, 남이 겪은 것이 아니라 자기가 몸소 겪은 일과 그에서 생긴 생각을 내용삼아 써야 한다. 남에게 얼핏 들은 덕에 머릿속에 어렴풋이 잡혀 있을 뿐인 일, 책이나 신문에서 읽은 사건, 갑자기 생각이 나서 얽어 낸 이야기 따위를 주제와 소재로 삼아 글을 쓰면 실감이 떨어질 수밖에 없다. 그렇게 쓴 글은 은연중에 허점이 드러나서 허술하거나 경박한 느낌을 주기 쉽다. 거짓이나 허풍은 결국 어딘가에서 꼬리가 드러나는 법이다. 자기 마음에 절실하게 와 닿은 경험과 생각을 주제와 소재로 삼아 글을 써야 한다. 절실한 생각을 마련하지 못했다면 아직 글을 쓸 때가 되지 않은 것이다.

둘째, 문장을 꾸미지 말라. 뭔가 있어 보이려고, 그럴듯하게 보이려고 멋있는 낱말과 문장을 일부러 골라 쓰지 말라는 것이다. 자신이 훌륭하다고 여기는 문인을 무작정 따라가며 흉내를 내는 일에 골몰해서도 안 된다. 마음에 와 닿은 그 낱말 그 문장으로써 글을 써야 한다. 그래야 체험내용과 글이 알맞게 어울리고 그래서 읽기도 듣기도 좋은 글이 된다.

그렇다고 '멋있는 말'을 아예 생각하지도 말라는 얘기는 아니다. 좀 더 효과 있고 매끄럽고 아름답게 표현하려고 애를 쓰는 마음은 탓할 수 없고 오히려 권장할 만하다. 선배 문인을 따라 문장 수련을 쌓는 것은 좋은 문장가가 되는 한 방법이기도 하다. 그러나 그 '멋있는 말'이 진실한 마음과 경험에 뿌리를 두고 자연스럽게 우러나와야 하고, 선배를 흉내 내는 행위는 흉내에 그치지 않고 진정한 자기를 만드는 단계로 나아가야 한다. 일부러 겉치레로 꾸며 내놓는 수준에 머물지 말라는 것이다.

요즘에는 누구든 여러 가지 정보를 쉽게 얻을 수 있다. 인터넷을 비롯한 정보매체가 잘 발달한 덕분이다. 가만히 있어도 텔레비전, 라디오, 가두광고 따위가 갖가지 정보를 끊임없이 머릿속에 밀어 넣어 준다. 글을 쓸 때 이러한 정보를 마치 자기가 연구하고 깨달은 내용으로 여겨 써먹고 싶은 욕구를 느낄 수 있다. 특히 글이 앞으로 잘 나아가지 않을 때 이런 유혹에 빠지기 쉽다. 이 점도 경계하고 삼가야 할 것이다.

어른이나 어린이나 글을 쓸 때에는 진실해야 한다.

　글솜씨가 무르익어 자기 생각을 무리 없이 펼쳐 낼 수 있게 되었다면, 그때에는 '나만이 쓸 수 있는 글'을 생각해 봄직하다. 좀 더 개성 있게 생각을 표현한다는 뜻에서 이제까지 썼던 글과 다른 꼴을 좇아 볼 만하다는 것이다. 사실 글쓰기를 즐기는 이들이 마지막으로 닿아야 할 지점은 참다운 개성이 한껏 드러나는 세계이다. 주제와 소재는 물론 문장, 어조, 구조, 구성에서 자기만이 지니고 있는 특성을 한껏 드러낼 수 있는 길을 찾고, 남과 엄연히 다른 나만이 쓸 수 있는 글, 나만이 지닌 세계를 일구어 내는 일은 퍽 소중하다. 그러나 물론 억지로 꾸며 내면 안 된다. 외면을 치장하려고 짐짓 꾸미면 진실성을 잃게 된다.

　예를 들어 사물과 현상을 보되 남이 잘 살피지 않거나 놓친 곳을 눈여겨보고 그 내용을 주제로 삼아 글을 써 보자. 세상과 사물을 보는 눈을 남다르게 가져 보라는 것이다. 남이 이미 한 이야기와 비슷하게 주장하거나 묘사한다면 감동을 자아내기 힘들고, 반대로 참신한 이야기로써 읽는 이의 안목을 새롭게 트여 준다면 큰 관심을 끌 수 있을 것이다. '머리말→본문→마무리'로 쓰던 글을 '본문→머리말→마무리' 따위로 순서를 바꿔 쓰면서 새로운 구성을 꾸며 볼 수도 있다. 흔히 어미 '－다.'로 끝나는 문장 쓰기에서 벗어나 '～까, ～이, ～가' 따위 여러 가지 종결어미를 두루두루 써 보면 어떨까. 색다른 맛을 전할 수 있을 것이다. 또 외국말 버릇을 모두 버리고 순수 우리말만을 골라 쓴다면 이것도 큰 개성이 되리라 믿는다. 이렇듯 내용과 형식 양면에서 새롭게 글을 써 보려고 노력하면 더 큰 보람과 재미를 찾을 수 있을 것이다.

⑤ 읽는 이 생각하기

'누구에게 말을 하고 누구를 위해 글을 쓰나?' 이 물음을 진지하게 새겨보아야 한다. 자기가 쓴 글을 읽어 줄 사람이 누구인지를 생각해야 한다. 글을 쓸 때 내 글을 누가 읽을 것인지는 보통 생각하지 않는 듯하다. '내가 내 생각을 보는 일'이 글쓰기라고 한다면, 첫째로 내 글을 읽는 이는 바로 '나 자신'이다. 그렇다면 글을 쓰면서 남을 생각할 필요가 없을지 모른다. 예를 들어 학술논문을 보면, 특별히 정해진 대상이 있지 않고 해당 분야에 속해 있는 거의 모든 사람이 읽는 이가 된다. 그래서 학술논문을 쓸 때는 읽는 이를 특별히 따로 생각하지 않고 자기 학문 세계를 넓힌다는 목적에 전념하여 통례에 따라 글을 쓰면 된다.

그러나 그 밖에 다른 글 특히 설명문이나 논증문을 쓸 때에는 좀 더 각별하게 읽는 이를 생각해야 한다. 본질에서 그 '누구'에게 무엇을 설명하고 주장하는 글이 설명문이요 논증문이다. 우선 남이 읽어 주지 않아서야 글이 세상에 존재할 까닭이 없다. 그러므로 남이 내용을 잘 알아듣도록 글을 써야 한다. 이렇게 생각해 볼 수 있다. 읽는 이의 눈길과 평가를 두려워해야 내용이 좀 더 또렷하고 동감이 짙은 글을 쓸 수 있고 쓰려고 노력할 것이다. 물론 읽는 이가 내릴 평가를 지나치게 의식하거나 읽는 이의 이해능력, 연령, 성별 따위를 너무 깊이 고려한 나머지 결국 자기 뜻을 그르치고 개성마저 잃어버리거나 해서는 안 된다. 읽는 이를 존중하는 수준에서 그 의식 상태를 가늠하고 반응 따위를 미리 새겨 두자는 것이다.

지금 글을 쓰고 있다. 좀 더 소중하고 가치 있는 글을 쓰려면 '누구를 위하여, 누구에게 보이려고 이 글을 쓰나?'…… 이 점도 주의 깊게 새겨야 한다.

2. 문장을 쓸 때 주의해야 할 점

① 문법에 맞게 쓰기

글 속에는 글쓴이의 개성이 담겨 있다. 남과 다른, 글쓴이 자신만이 지닌 자질과 인간성이 깃들어 있다. 그런데 우리는 한국 사람이며 한국어로 말하고 한글로 글을 쓰고 읽는다. 우리가 개성을 드러내는 방법과 뿌리는 우리말과 글이다. 그러므로 먼저 한글을 정확하게 알아야 하고 올바르게 쓸 수 있어야 한다. 문법에 맞게 글을 써야 한다는 것이다.

문법(文法)은 글자 뜻 그대로 글을 쓸 때 지켜야 하는 법이다. 아주 오랜 시간을 두고 여러 학자가 연구하고 다듬은 끝에 그렇게 써야 가장 알맞다고 여겨서 내놓은 체계로서 올바르게 글을 쓰는 데에 가장 효과 어린 길잡이가 되는 규칙이다. 우리는 한국 사람으로서 당연히 이 체계를 잘 익히고 이에 맞춰 글을 써야 한다.

1장에서 말한 대로 말과 글은 삶을 이루는 기본요소이다. 사람이 사람답게 살아가는 데 꼭 필요한 기초자질이다. 그런데 우리나라 교육 현실을 보면 교사고 교수고 학생이고 글쓰기 교육에 매우 소홀하다. 대학 입시에만 일정을 맞추다 보니 글쓰기 같은 기초인성교육은 늘 뒷전으로 밀려난다. 그 결과 을바른 문장 쓰기를 이끄는 교육도 저절로 거의 없어졌다. 시험 점수를 따려고 몇몇 사항을 외워 익히기는 하지만 직접 글을 쓰면서 우리 문법을 차분히 손끝에 익힐 기회를 우리나라 학생들은 제대로가 아니라 거의 갖지 못한다. 이제 막 고등학교를 졸업하고 대학에 들어온 1학년 학생들에게 글쓰기를 시켜 보면 문법능력이 거의 초등학교 수준에 머물러 있다는 사실을 쉽게 확인할 수 있다. 문과 학생이든 이과 학생이든 예체능계 학생이든 다 마찬가지다. 국어국문학과 학생이라고 해서 조금이나마 낫거나 하지도 않는다.

정신에 어린 빛과 향기를 엮어 자기 세계를 만들고 가꾸려 하기에 앞서 문법에 맞게 글을 쓸 수 있어야 한다. 한국인으로서 한국어 문법을 익히는 것은 개성 어린 글을 쓰는 밑바탕을 다지는 일이다. 또 문장을 정확하게 써야 읽는 이가 편하게 글을 읽을 수 있다. 이 점도 깊이 헤아려야 한다.

여기에서 국어문법에 관한 사항을 모두 이야기할 수는 없다. 다만 예문을 몇 개 살펴보면서 문법에 맞는 글을 써야 한다는 생각을 일깨우고 다져 보고자 한다. 학생이 쓴 글을 예로 보인다.

예문 1)

사람은 무엇인가 잃어야만 그것의 소중함을 알고 후회한다. 언제나 풍족할 ①<u>것 만</u> 같은 자원을 마구 사용하고 버린 끝에 생긴 지구의 환경문제와 같다. ②<u>건강 역시 마찬가지다.</u> 언제나 건강할 것 같지만 절대 영원하지 않다. 또 장애가 없는 것을 당연하게 생각한다. 즉 정상적인 몸을 가지고 있음에도 그 행복을 못 느낀다. 다리가 불편해져야만 비로소 ③<u>걸을 때 의</u> 행복을 알고 ④<u>뛸 때 의</u> 행복을 느낄 수 있다.

①, ③, ④에서 글쓴이는 낱말과 조사를 붙여 쓴다는 규칙을 지키지 못하고 있다. 체언과 조사를 붙여 쓴다는 것은 기본이 되는 사항이기에 글쓴이가 모르고 썼다기보다 잠깐 실수한 결과이거나 오타로 보이기도 한다. 그러나 한 문단에서 같은 실수를 세 번이나 되풀이했다. 규칙을 모르는 것이다. 아니면 머릿속으로는 알고 있지만 아직 익숙하지 않아 글을 쓰면서 혼동에 빠진 결과이리라. 이런 오류는 학생이 쓴 글에서 실제 자주 보인다. 우리 학생들이 우리 문법에 얼마나 어두운지 잘 보여 주는 사례이다.

②는 비록 뜻을 전하는 데에 큰 불편은 없으나 올바른 문장은 아니다. '마찬가지다'는 명사 '마찬가지'에 종결어미 '다'를 붙여 서술형으로 쓰는 낱말이지만 홀로 쓸 수 없다. 비교 대상을 밝혀 써야 한다. '이와 마찬가지다'로 써야 원칙에 맞다.

고친 글)

사람은 무엇인가 잃어야만 그 소중함을 알고 후회한다. 언제나 풍족할 것만 같던 자원을 마구 사용하고 버린 끝에 생긴 현재 지구의 환경문제와 같다. 건강도 이와 마찬가지다. 언제나 건강할 것 같지만 절대 영원하지 않다.

또 장애가 없는 것을 당연하게 생각한다. 정상적인 몸을 가지고 있다는 사실에서 행복을 못 느낀다. 다리가 불편해져야만 비로소 걸을 때의 행복을 알고 뛸 때의 행복을 느낄 수 있다.(걷고 뛰는 데서 행복을 느낄 수 있다.)

다음 예문에는 문장 성분이 알맞게 호응하지 못한 문장이 보인다. 이러한 사례도 학생이 쓴 글에서 아주 흔하게 나타난다.

예문 2)

이제는 모두 대학생이 되어서 가끔씩 만나서 ①소주 한잔씩 채우고 고등학교 시절 이야기를 하곤 한다. 이렇게 ②술 한잔씩 마시면서 이야기 하다 보면 시간가는 줄 모를 때가 많다. ③이러한 순간순간이 나는 참 행복하다.
또 조금만 생각해보면 ④이 행복을 느끼는 순간이 친구들과 만나는 것뿐만이 아니다. 또 하나 ⑤내가 행복하다고 느낄 때는 바로 건강하기 때문이다.

①에서 소주를 채운다는 서술은 어색하다. 그리고 '한잔씩'이 다음 문장에 또 나오므로 '(소주)잔을 채우고' 정도로 바꾸어야 알맞다. ②는 비문은 아니지만 목적격 조사 '-을'을 빼고 말하듯이 썼다. 읽기에 껄끄러우니 조사를 붙여 쓰는 것이 바람직하다. ③에서 조사 '-이'는 서술어 '행복하다'와 어울리지 않는다. '순간'이 시간개념을 지닌 명사이기 때문이다. 시간과 장소를 나타내는 조사 '-에'를 써야 한다. 이와 마찬가지로 ④의 '순간'은 '것'과 제대로 호응하지 않는다. '것뿐이 아니다'에서 '것'을 예를 들어 '-때'와 같이 시간 개념을 지닌 낱말로 바꾸어야 한다. 아니면 '행복을 느끼는'을 뒤로 빼서 서술형 문장으로 다시 써야 적절하다. ⑤에서도 주어 '느낄 때는'과 서술어 '때문이다'가 서로 어울리지 않아 뒤틀어졌다. 바로잡아야 한다. 이러한 점들을 다져서 다음에 고쳐 보았다.

고친 글)

  이제는 모두 대학생이 되어서 가끔씩 만나 소주잔을 채우고 고등
학교 때 이야기를 한다. 이렇게 술을 한잔씩 마시면서 이야기하다 보
면 시간 가는 줄 모를 때가 많다. 이러한 순간순간에 나는 참다운 행
복을 느낀다.
  또 조금만 생각해 보면, 친구들과 만나는 때에만 행복을 느끼는 것
이 아니다. 나는 건강하기 때문에 행복을 느낄 수 있다.(나는 건강하
기에 행복을 느낀다.)

  다음 예문도 우리 문법에 익숙하지 않아 여러 면에서 문장을 정
확하게 쓰지 못한 경우이다.

예문 3)

  남태평양의 ①섬나라 바누아투라는 나라는 영국 신 경제제단이
발표한 행복지수 일 위로 경제규모가 ②이백 삼십 삼 개국 중 이백
구 위인 가난한 나라이다. ③반드시 행복지수가 높다고 행복한 건
아니겠지만 적어도 많은 사람들이 ④자신의 생활의 만족하는 정도를
수치로 나타낸 것이기에 우리들의 흔하게 말하는 '행복'에 가깝다고
할 수 있다.
  반면 스위스는 경제규모가 ⑤십 팔 위인 나라이나 세계보건기구에
서 발표한 남녀 세계 각국 자살률에 ⑥십 육 위의 순위에 올라와 있다.

  ①에는 문장 전체에서 낱말 '나라'가 세 번 쓰이고 있다. 군더더
기로서 지루한 느낌이 있으니 문장을 둘로 나누면서 하나쯤 줄여
야 한다. ②, ⑤, ⑥에는 숫자를 쓰면서 띄어쓰기를 잘못한 구절이
보인다. ③에서 '반드시'는 피수식어 '행복한'과 너무 멀리 떨어져
있어 뜻을 헤아리기가 불편하다. 가까이 붙여 놓아야 한다. ④는

조사 '-의'를 남용한 문장이다. '-의'를 풀거나 알맞은 조사로 바꾸어 문장을 다시 써야 한다.

고친 글)

　　남태평양의 섬나라 바누아투라는 영국 신 경제제단이 발표한 행복지수 일 위(1위)에 오른 나라이다(올랐다). 그러나 경제규모는 이백삼십 개국(230개국) 가운데 이백구 위(209위)로서 매우 가난하다. 행복지수가 높다고 반드시 행복한 것은 아니지만 적어도 많은 사람이 자신의 생활에 만족하는 정도를 수치로 나타낸 것이기에 우리들이 흔하게 말하는 행복한 삶에 가깝다고 할 수 있다.
　　반면 스위스는 경제규모가 십팔 위(18위)지만 세계보건기구에서 발표한 남녀 자살률에서 세계 십육 위(16위)에 올라 있다.

　　한편 우리 시대에는 '누리꾼'이 인터넷 각종 게시판에 자유롭게 글을 발표하고 있다. 이미 오래전에 일반 문화현상으로 굳어졌다. 그런데 게시판에 오르는 글 가운데는 내용이 진실한지 아닌지는 다음으로 치고 문법에 맞지 않는 글이 너무 많다. 이것은 우리 국민 전체가 우리말과 글을 올바르고 정확하게 쓰는 능력이 많이 부족하다는 사실을 잘 알린다. 아예 문법을 무시하기 일쑤이거나 필요성을 전혀 느끼지 못하고 있는 듯하다. 어찌 되었든 모두 바람직하지 못하다. 예를 하나 들어 본다.

예문 4)

왜 다른사람들의 주장과 권리는 무시하는것인지?
다들 자신들의 이익을 위해서 촛불을 이용하는것으로 밖에 안보이는것은 나만인가?

　　명분을 내새우면서 자신의 이익을 우선하여 대중을 선동하는것으
로 밖에 안보인다.
　　집단행동에 무력하게 넘어가고 집단행동이면 다 <u>되는줄아는 사람
들</u>....그러면서도 자신들 주장의 정확한 근거, 자료를 가지고 <u>이야기
하는것인지</u>...
　　민주주의는 방종이 아니고 무책임이 민주주의는 아니듯 제발 자제
하고 위법행위는 처벌하고 위정자의 처벌은 선거와 법으로 <u>해야하는데</u>
(naver에서 발췌, 전문)

　　보다시피 비록 짧고 자유롭게 쓴 글이지만 문단을 나누지 않아 문
맥이 어수선하다. 또 글을 쓰는 데에 기본이 되는 띄어쓰기 규칙을
제대로 지키지 않아 읽어 내기도 그렇고 내용파악을 하기에도 어려움
이 따른다. 물론 이러한 글을 자꾸 읽다 보면 곧 익숙해져서 불편을
느끼지 않게 될 수도 있다. 그러나 전체 국민은 물론이고 글쓴이 개
인 차원에서도 이러한 글쓰기 자세는 결코 바람직하지 않다. 우리말
을 정확하게 말하고 읽고 쓰는 능력을 기른 바탕 위에서 효율성 있고
참답게 우리 생각을 펼칠 수 있기 때문이다. 다음에 고쳐 놓았다.

　　고친 글)

　　왜 다른 사람들의 주장과 권리는 무시하는 것인지? 다들 자신들의
이익을 위해서 촛불을 이용하는 것으로밖에 안 보이는 것은 나쁜인
가? 그 사람들의 행동은 명분을 내세우면서 자신의 이익을 우선하여
대중을 선동하는 것으로밖에 안 보인다.
　　집단행동에 무력하게 넘어가고 집단행동이면 다 되는 줄 아는 사
람들…… 그나저나 자신들 주장의 정확한 근거, 자료를 가지고 이야
기하는 것인지…… 방종이 민주주의가 아니고 무책임이 민주주의는
아니다. 제발 자제하기 바란다. 그리고 위법행위는 강력하게 처벌하
고, 그 처벌은 법에 따라야 한다.

② 짧게 쓰기

　이렇게 문장을 써야 된다느니 글은 저렇게 써야 한다느니 하는 조언들이 참 많다. 그런데 이러한 훈수가 때로 선입견이나 고정관념이 되어 글쓰기에 걸림돌이 되기도 한다. 이에 얽매이지 말고 문법을 지켜 가며 그저 자기 쓰고 싶은 대로 자연스럽고 진실하게 글을 쓰면 그만이다. 모름지기 진정한 자기 체험에서 문장쓰기 요령을 터득해야 마땅하다. 그래도 한 가지 권장할 만한 미덕이 있다면 문장을 되도록 짧게 쓰라는 것이다.

　자기 생각에 충실하려고 특별히 길게 쓰고 싶다거나 제 나름대로 내용 전개 효과를 생각하여 길게 쓰려 한다면 마땅히 길게 써야 한다. 그러나 꼭 그래야 할 까닭이 없다면 주어 하나에 서술어 하나를 이어 뜻 하나를 담아내는 식으로 짧게 쓰는 것이 좋다. 그래야 글쓴이는 글을 써 내려가면서 생각을 잘 정리할 수 있고 읽는 이도 편하게 내용을 새길 수 있다.

　학생들이 쓴 글을 보면 대체로 문장이 너무 길다. 이는 학생 개개인이 지니고 있는 문체 특성에서 비롯하는 것이 아니라고 여긴다. 어디까지나 글쓰기에 익숙하지 않아 나타난, 그다지 바람직하지 않은 버릇이다. 생각과 말을 차근차근 문장으로 옮기는 능력은 아직 모자란데 생각은 많고, 그래서 생각이 머릿속에서 사라지기 전에 어떻게 해서든 급히 쏟아 놓으려 하니 당연히 무리가 따른다. 문장은 할 수 없이 그리고 쓸데없이 길어지는 것이다. 서두르면서 문장을 길게 쓰다 보면 앞뒤 내용이 서로 뒤틀어지기 일쑤이고 그래서 결국 비문이 될 가능성이 크다.

긴 문장은 읽기도 지루하다. 글을 쓰다가 자기도 모르게 문장이 길어진다 싶으면 잠시 글쓰기를 멈추자. 그리고 차분하게 자기 문장을 되돌아보자. 문장을 길게 쓰다가 뜻을 망치는 예가 참 많다. 올바로 글을 쓰고 개성 어린 문체를 세우려면 이 점을 먼저 이겨내야 한다. 예를 몇 개 들고 알맞게 고쳐 본다.

예문 1)

시골에서 29세의 나이로 4대가 살고 있는 대가족의 살림을 책임지고 있는 장은주 씨의 일상에 관한 내용이었다. 대가족의 세끼 밥을 가족 개개인의 취향에 따라 다양하게 준비하는 것은 물론 집안일이나 행사를 야무지게 해내 가며 노래를 배우기 위한 꿈을 위해 노래 연습 또한 게을리하지 않는 그녀의 능력은 거의 슈퍼우먼 수준이었다. 외며느리라는 자리에 서서 5살도 채 되지 않은 2명의 아이들과 시어머니의 병간호까지 돌봐야 하는 상황에서도 웃음을 잃지 않고 항상 긍정적으로 행동하여 주위사람들까지 모두 그녀의 편으로 만들어 버리는 그녀의 매력이 너무 부러웠다.

이 문장은 문맥이 어수선하고 뜻을 명쾌하게 전달하지 못한다. 문장을 길게 쓴 탓에 생긴 일반 된 폐단을 잘 보여 주고 있다.

고친 글)

29세의 나이로 4대가 살고 있는 시골서 대가족 살림을 책임지고 있는 장은주 씨의 일상에 관한 내용이었다. 대가족의 세끼 밥을 가족 개개인의 취향에 따라 다양하게 준비하는 것은 물론, 집안일이나 행사를 그녀는 야무지게 해낸다. 게다가 노래를 배우려는 꿈을 위해 노래 연습 또한 게을리하지 않는다. 이러한 그녀의 능력은 거의 슈퍼우먼 수준이다. 외며느리라는 자리에 서서 다섯 살도 채 되지 않은 아이 두

명과 병든 시어머니까지 돌봐야 하는 상황에서도 그녀는 웃음을 잃지
않는다. 오히려 항상 긍정적으로 행동하여 주위사람들까지 모두 그녀
의 편으로 만들어 버린다. 이러한 그녀의 마력이 너무 부러웠다.

아래 문장 역시 쓸데없이 길어 지루한 느낌을 줄 뿐만 아니라
과거와 현재가 뒤섞여 혼란스럽다. 그 결과 말하고자 하는 앞뒤 내
용을 매끄럽게 이어 펼치지 못했다. 생각을 짧게 끊은 다음 적절한
연결어미나 접속어를 써서 다시 이어 보았다.

예문 2)

그때 그렇게 순수하고도 강렬하게 불행을 실감했던 것은 아마 지
금 벌어진 이 상황이 온전히 나의 몫이고, 내가 헤쳐 나가지 않으면
누구도 도와줄 수 없다는 것이, 처음 느껴 보는 내 인생에 대한 책임
감의 무게가, 어린 나에게 그렇게 몸서리 쳐질 정도로 무서웠던 게
아닐까 생각해 본다.

고친 글)

그때 그렇게 순수하고도 강렬하게 불행을 실감했다. 아마 그 상황
이 온전히 나의 몫이고, 내가 헤쳐 나가지 않으면 누구도 도와줄 수
없었기 때문이었을 것이다. 그리고 처음 느껴 보는 내 인생에 대한
책임감의 무게가 어린 나에게 그렇게 몸서리 쳐질 정도로 무서웠던
게 아닐까 생각해 본다.

예문 3)에는 문장을 길게 쓰다가 내용이 뒤죽박죽이 된 경우가
나타나 있다. 여주인공이 창녀가 되었다는 이력과 진정 필요한 것
이 무엇인지 깨달았다는 사항은 어느 정드 사이를 두고, 다른 이야
기를 징검다리 삼아 차근차근 전해야 할 내용이다. 이를 한꺼번에

쏟아 놓으려다 전체 뜻이 매우 어색해졌고 문법에서 보아도 아주
틀린 문장이 되고 말았다.

예문 3)

처음 코엘류 파울뉴가 쓴 '11분'에 나오는 여주인공에 관해서 쓸
생각이었다. 브라질 태생인 여주인공 마리아는 고향을 떠나 스위스로
가서 스스로 창녀가 되어 돈이 세상의 전부가 아닌 그녀에게 진정으
로 필요한 게 무엇인지 깨달아 스스로의 삶을 개척해 나가는 게 줄
거리이다.

고친 글)

처음 코엘류 파울뉴가 쓴 '11분'에 나오는 여주인공에 관해서 쓸
생각이었다. 브라질 태생인 여주인공 마리아는 고향을 떠나 스위스로
가서 스스로 창녀가 되었다. 그리고 돈이 세상의 전부가 아닌 것과
그녀에게 진정으로 필요한 게 무엇인지 깨달아 스스로의 삶을 개척
해 나간다. 이것이 이 작품이 지닌 줄거리이다.

③ 쉬운 말로 쓰기

글은 말에서 왔다. 말이 먼저 생기고 한참 뒤에 글이 나왔다. 글
은 말을 눈으로 볼 수 있게 해 주는 보조 수단이다. 그러므로 글은
말에 가까울수록 읽고 뜻을 새기기에 편하다. 우리가 일상에서 쓰
는 말을 무리 없이 그대로 잘 옮겨 놓은 글이 좋은 글이라는 것이다.
말과 글이 분명히 다르기는 하다. 말은 목소리를 수단으로 한다.
목소리에는 높낮이와 길고 짧음이 있어 그에 따라 여러 가지 생각

을 나타낼 수 있다. 또 말하는 상황과 몸짓 따위가 뜻을 전하는데 도움을 주기도 한다. 글은 그런 것이 없다. 그래서 글로써 말을 완전히 담아내지는 못한다. 이는 글이 지니고 있는 한계이며, 말과 글은 이런 면에서 다르다.

그러나 역시 글은 말에 가까우면 가까울수록 좋다. 우리가 늘 쓰는 말을 살려 글을 써야 바람직하다. 어려운 한자어나 딱딱한 개념어, 외래어와 외국어 따위는 될 수 있으면 피하고 우리가 매일 쓰는 쉬운 우리말을 찾아 글을 쓰는 자세와 버릇을 지녀야 한다.

물론 관념어와 공식어를 주로 써야 할 곳과 때가 있기는 있다. 피할 수 없으면 쓰되 그렇지 않을 때에는 되도록 쉬운 말을 써야 한다. 그래야 글쓴이는 쉽게 글을 쓸 수 있고 읽는 이도 편안하게 글을 읽으면서 뜻을 잘 받아들일 수 있다. 어디에서 어떤 글을 발표하든 많은 사람이 쉽게 읽고 무리 없이 뜻을 알 수 있어야 좋다. 뜻에서 큰 차이가 나지 않는데도 쉬운 으리말을 버리고 전문용어나 외국어 따위 낯설고 어려운 말을 굳이 헤프게 쓸 까닭은 없다.

그런데 우리 주위에는 어려운 글이 퍽 많다. 한자말을 너무 즐겨 써서 어렵고, 영어 투로 글을 쓰니 낯설고 어색하다. 학술논문이나 문학작품이 특히 그렇고 각종 공문서도 그와 마찬가지다. 아래에 있는 예문은 문학평론이다. 우리나라에서 퍽 이름이 나 있는 문학 전문잡지에 실려 있다.

예문 1)

이 글을 단지 고은의 시와 나아가 민중―민족문학에 대한 비판의 맥락으로만 환원할 수 없는 것은 그런 까닭에서이다. 크게 보면 황종연의 문제제기가 지닌 생산적 차원은 무엇보다 그동안 많은 한국문학이 자발적으로 망각하고 있었던 보편가치에 대한 문학의 관계맺음을 근원에서 다시 사고할 수 있는 가능성을 열어 놓고 있다는 데 있다. 그런 의미에서 이 논의는 지금 한국문학의 현재를 있는 그대로 비추어 볼 수 있는 거울로서도 중요한 참조지점을 제공한다. 그리고 이것이 궁극적으로는 21세기 한국문학의 미래를 성찰하는 문제와 무관하지 않음은 물론이다. 굳이 2000년대 한국문학의 현재를 진단하는 이 글을 문학과 정치의 만남을 기대하는 황종연의 제안을 주목하면서 시작하는 까닭은 거기에 있다.

(김영찬, '2000년대, 한국문학을 위한 비판적 단상', 「창작과 비평」, 2005.09.11.)

이 예문은 누가 읽으라는 것인지 매우 어려운 말로 되어 있다. (환원, 생산적 차원, 참조지점) 영어식 글버릇이 눈에 띄고(문학의 관계맺음, 참조지점을 제공한다, 않음은 물론이다, 거기에 있다) 별다른 효과를 거두는 것도 아니면서 길게 쓴 문장이 더러 있어 거슬린다. 문학을 전공하는 이나 글쓴이와 같은 문학평론가가 아니면, 대한민국 땅에서 이 글을 읽고 큰 어려움 없이 뜻을 헤아릴 사람이 과연 몇이나 될까. 한쪽에서는 아쉽고 또 한쪽에서는 안타깝다는 생각이 든다. 글쓴이가 펼친 뜻을 해치지 않으면서 쉽게 고쳐 본다.

고친 글)

그렇기 때문에 단지 고은의 시와 나아가 민중, 민족문학을 비판하는 흐름에서만 이 글을 받아들일 수는 없다. 크게 보면 황종연이 내놓은 문제는 그동안 많은 한국문인이 스스로 잊고 있었던, 보편가치와 문학이 관계를 맺는 것을 근원에서 다시 생각할 수 있는 가능성을 열어 놓고 있는데, 여기에 퍽 쓸모 있는 가치가 어려 있다. 그런 의미에서 이 논의는 지금 한국문학의 현재를 있는 그대로 비추어 볼 수 있는 거울이 되어 우리가 중요하게 여겨야 할 곳을 알려 준다. 그리고 이것은 궁극적으로는 21세기 한국문학의 미래를 깊이 살피는 문제와 마땅히 이어져 있다. 이 때문에 굳이 문학과 정치의 만남을 기대하는 황종연의 뜻을 눈여겨보면서, 2000년대 한국문학의 현재를 살피는 이 글을 시작하는 것이다.

이처럼 어려운 말로 글을 쓰는 버릇과 그에 따른 문장은 정부와 공공기관에서 쓰는 공식문서에 두드러지게 나타난다. '될 수 있으면 어렵게 쓴다.'…… 이것이 공공기관이나 정부기관이 좇는 글쓰기 원칙쯤으로 보인다. 왕과 양반이 민중을 지배하던 중세부터 일본강점기 때를 거쳐 군사독재시대까지 이어진, 국민하면 그저 다스리는 대상으로 여기고 만 권위주의 세력이 먼저 말과 글에서 국민을 누르려고 글을 어렵게 쓴 듯하다. 4장에서 이미 예로 든 글을 다시 보며 쉬운 말로 고쳐 본다.

예문 2)

대행지역 쓰레기봉투(50L)
- 생활계폐기물 -

1. 음식물 쓰레기는 음식물 전용 봉투에, 재활용품은
품목별로 분리 배출하여 주십시오.
2. 재활용품 및 음식물쓰레기를 이 봉투에 혼합하여
배출할 시 20만 원 이하의 과태료를 부과합니다.
3. 쓰레기를 무단으로 투기할 시 100만 원 이하의
과태료가 부과됩니다.
4. 이 봉투는 성북구 (주)태안환경에서 청소하는 지역
에서만 사용하여야 합니다.

고친 글)

대행지역 쓰레기봉투(50L)
- 생활 쓰레기 -

1. 음식물 쓰레기는 음식물 전용 봉투에, 재활용품은
품목대로 따로 나누어 버려 주세요.
2. 재활용품과 음식물쓰레기를 이 봉투에 섞어서
내놓으면 20만 원 이하로 과태료를 매깁니다.
3. 쓰레기를 함부로 버리면 100만 원 이하로
과태료를 매깁니다.
4. 이 봉투는 성북구 (주)태안환경에서 청소하는 지역
에서만 써야 합니다.

아래 글에는 쓸데없이 어려운 말이 많을 뿐만 아니라 일본말 문장이 눈에 띈다. 쉬운 우리말을 써서 고쳐 본다.

예문 3)

일본 측의 각성이 중요하다. 우익세력은 물론 일부 각료들까지도 일제의 한반도 침탈을 미화하는 등의 망언으로 한일관계를 훼손하는 일이 다반사였다. 우선 그런 일이 재발하지 말아야 한다.

고친 글)

일본이 깨닫고 뉘우치는 것이 중요하다. 우익세력은 물론 몇몇 각료까지 일제가 한반도를 침탈한 것을 미화하는 따위 망언으로 한일관계를 해치는 일이 퍽 많았다. 먼저 그런 일이 다시 일어나지 않아야 한다.

지금까지 문법에 맞게 짧고 쉬운 문장으로 글을 쓰자고 주장했

다. 앞에서 말했지만, 문체는 나만이 지니고 있는 특성이다. 그런데 이러한 개성이 그냥 생기지는 않는다. 오랜 시간 글쓰기를 하면서 자기 글을 갈고 닦은 뒤에 생긴다. 자신만이 지니고 있는 문체를 참답게 익히기 전에 우선 이 세 가지 사항에 신경을 써 가며 글을 써야 하겠다. 이에 익숙해지면 그때 자기가 지닌 뜻과 취향에 따라 문법 틀을 벗어나 문장 쓰기를 꾀할 수 있다.

시나 소설 같은 예술문은 이러한 파격을 일부러 좇는다. 어떤 효과를 노려 일부러 문장을 길게 쓰거나 일상을 벗어난 관념어나 외국어를 활발히 구사하기도 한다. 이처럼 특별한 경우가 아니고 일상에서 뜻을 주고받으려 글을 쓴다면 역시 문법에 맞으면서 짧고 쉬운 문장을 즐겨 써야 하겠다.

④ 외국말 버릇에서 벗어나기

얼마 전(2008년 7월 29일) 텔레비전에서 '상상더하기'라는 오락 방송을 본 적이 있다. 그 방송 안에 '우리말 더하기'라는 시간이 따로 있었다. 일정한 외국어나 외래어를 우리말로 바꾸어 보는 시간인데, 설문 조사를 거쳐 뽑은 우리말 표현 몇 개를 숨겨 두고 연예인들이 그것을 하나하나 찾아내는 내용이었다.

그날 문제에 오른 외래어는 'skinship'이었다. 이 말은 정식 영어가 아니고 일본식 영어라고 한다. 그런데 우리는 아무 스스럼없고 불편 없이 '스킨십'이라고 발음하여 마치 우리말처럼 이 낱말을 쓰고 있다. 이 외래어를 순수 우리말로 바꾸자고 여러 시청자에게 물어보았더니 '살뽀뽀'라고 바꿔 쓰자는 사람이 가장 많았고 다음 순서대로 사랑손길, 피부교감, 닿음정, 다솜(사랑이라는 뜻)짓이 나왔다 한다.

이 방송을 보면서 두 가지 생각을 했다. 첫째 이 방송이 참 유익하고 의미가 있다고 여겼고, 둘째 우리가 외국어를 얼마나 분별없이 받아들이고 있느냐 하는 점을 되새기게 되었다. 사실 우리는 외국어 특히 영어를 거의 완전히 무방비로, 요즘 흔히 하는 말로 '개념 없이' 받아들이고 있다.

최근 들어, 몇몇 구절이나 낱말 수준이 아니라 아예 통째로 영어를 가져다 쓰자는 생각과 주장이 꽤 퍼져 간다. 일부 고급관리나 상업연예인들을 보면 이런 버릇이 도드라진다. 예를 들어 요즘 이른바 '걸 그룹'이라 하여 십대 소녀 가수들이 많은데 그 이름과 대표곡이 거의 영어로 되어 있다. 몇몇을 보면, '소녀시대(대표 또는 유행곡: gee)', '원더걸스(Tell me), '포미닛(Muzic)', 시크릿(I want you back)', '쥬얼리(one more time)', '티아라(거짓말)', '브라운아이드걸(Abracadabra), 애프터스쿨(Diva), 카라(Mr) 따위가 있다.

이 가운데 'Tell me'라는 노래는 가사 가운데 약 1/3 가량이 영어로 되어 있고 특히 마지막 부분은 'Please leave me alone all the boys be loving me/girls be hating me they will never stop/Cause they know I'm so hot hot'로 마무리 되어 있어 그 꼴이 미국 대중가요와 다르지 않다. 인기에 따라 차례를 매기면 이 노래는 한때 이 땅에서 단연 으뜸이었다. 그런데 잘 모르는 이가 이 노랫말을 보면, 미국 노래를 우리말로 풀어쓴 것으로 여길 수도 있겠다. 거의 반 가까이 영어로 노랫말을 썼고, 이 노래를 부르는 가수 이름이 또 'wonder girls'이기 때문이다.

이쯤이면 우리 시대가 세계화 시대라는 사실을 또렷하게 실감해야 하지 않을까. 외국에 노래를 수출해서 많은 돈을 벌어야겠다는 뜻이 이 노랫말의 밑바탕에 깔려 있다고 여겨진다. 그렇게 헤아리지 않으면 달리 어떻게 이해할 수 있을까. 한국 사람이 부르고 한국 사람이 듣는 노래에 이토록 영어가 많이 끼어든 까닭을.

그러나 그렇다고 해도, 우리나라 사람들 특히 어린이와 청소년이 나라 어디에서나 매일 이 노래를 부르고 듣고 했으니 뭔가 잘못되었다는 생각이 든다. 피치 못할 일이 있지도 않은데 한국 사람이 미국말을 밥 먹듯이 하고 있기 때문이다. 미국인이 보면 이만큼 신기한 현상도 드물다고 할 것이다. 아니면 자기 나라 말이 이렇게 한국인을 지배하고 있으니 가슴이 뿌듯해 올지도 모르겠다.

사람은 지니고 있는 정신에 따라 살고, 정신은 말과 글로써 나타낸다. 그러므로 말과 글이 바로 개인, 국가, 민족을 떠받치는 정신이다. 그 무엇보다 앞서 말이 개인, 국가, 민족을 있게 하고 그 삶을 끌어간다. 그러니 다른 나라 말과 글을 받아들이더라도 우리말과 글을 먼저 살려야 한다. 우리말로써 우리 정신과 문화를 올바로 가꾸고 또렷이 세운 뒤에 남에게 말이든 문화든 받아들여야 한다. 그래야 우리가 우리 자신을 잃어버리지 않는다. 그래야 바보가 되지 않는다.

이 노래뿐만이 아니다. 이미 오래전부터 이른바 가요 시장을 휩쓰는 노래는 대개 이렇듯 미국말에 푹 빠져 있다. 노랫말만 그런 것도 아니다. 우리가 일상에서 쓰는 말과 글에 미국말과 글이 너무 많이 섞여 있다. 예를 들어, '포인트를 준다.', '쿨-하다.', '엣지 있다.' 따위는 우리 경험과 정신, 상황 가운데 퍽 절실하고 미묘한 부분을 가리키고 표현하려고 만든 낱말들이다. 그런데 우리말을 쓰지 않고 온전히 남의 말에 기대었다. 이는 우리가 가지고 있는 귀한 자산을 스스로 저버리는 행위이며 주체성을 돌보지 않는 버릇이다. 우리가 신경을 기울여 노력만 한다면 이 낱말들을 대신할, 아름다운 우리말을 얼마든지 찾고 만들 수 있다 여긴다. 특히 요즘에는 미국말이 우리말을 점점 빠르게 먹어들어 간다. 게다가 미국말이 절실하게 필요해서 또는 피치 못하여 써야 하기에 그런 것 같지는 않다. 이러한 꼴이 몇 년 더 이어진다면 미국말은 외국어가 아니라 공용어가 될 판이다.

우리 역사에서 우리가 고유한 우리말만을 가지고 우리 마음대로 살았던 적은 없다. 아주 오랫동안 중국 글자를 써 왔다. 요즘에도 우리가 쓰는 낱말 가운데 약 70% 이상이 한자로 되어 있다. 이 말들은 원래 우리 것이 아니었지만 그토록 오랜 세월 동안 쓰다 보니 언제부터인가 우리말이 된 것이다. 예를 들어 산(山)을 가리키는 순수 우리말은 '뫼'이지만, 요즘 일상에서 '뫼'라고 하는 사람은 거의 없다. 너무나 오래 전에 '산'은 우리말이 된 것이다. 그다음 36년 동안 일본말과 글을 억지로 써야 했다. 어쩔 수 없이 우리말에는 일본말이 남기고 간 찌꺼기 흔적이 많다. 일본인이 물러간 지 오래되었지만 그 버릇은 지금도 여기저기 또렷하게 남아 있다.

해방이 된 뒤에는 미국말이 마구 쏟아져 들어오기 시작하였다. 중국말과 일본말은 억지로 쓴 것이었다. 미국말은 꼴이 다르다. 처음에는 시대 사정 때문에 미국말을 더러 썼다. 이제는 세계화라는 낱말에 휩쓸려 우리 스스로 미국말을 입에 가져다 붙이려고 갖은 노력을 다 기울이다시피 하고 있다.

정확하게 말하면 지금까지 우리는 고유한 우리말을 옆으로 제쳐 두고 다른 나라말을 가지고 이리저리 얽어서 쓴 셈이다. 이제부터 라도 우리말을 생각하고 우리말을 가려 써야 하겠다. 그래야 우리 가 한국 사람으로서 지녀야 할 정신과 문화를 제대로 세울 수 있 다. 이미 우리말이 된 외국말은 우리말로 받아들이되 이제부터 필 요한 외국말은 조심하여 받아들이고 꼭 쓰지 않아도 되는 외국말 은 버려야 한다.

마치 얼룩처럼 우리말에 끼어 있는 외국말 흔적을 몇 개 찾아보자.

ㄱ. 중국말(한자)버릇

우리가 쓰는 낱말은 한자에서 온 것이 참 많다. 이 말들을 다 외 국말로 생각할 수는 없다. 그러나 필요 없이 어려운 한자를 쓰지 말아야 한다. 알맞은 우리말이 있으면 한자를 버리고 그 말을 쓰도 록 하자. 다음에 거의 버릇이 되어 버린 구문 몇 개를 원래 우리말 과 함께 적어 놓았다.

◆ 본(本) - 우리말: 이
본 사건은 이제 종결되었습니다.→ 이 사건은 이제 끝났습니다.
◆ 및(及) - 그리고, 또, 와(과)
정치 및 경제 상황이 좋지 않다.→ 정치와 경제 상황이 좋지 않다.
◆ 내지(乃至) - 또는, 이나
미국 내지 캐나다에서 볼 수 있는 현상→ 미국이나 캐나다에서 볼

수 있는 현상

◆ '-ㄴ 바(所), -에 대(對)하여, -로 인(因)하여'

바라던 바를 이루었다.→ 바라던 일(것)을 이루었다.

그녀에 대한 관심→ 그녀에게 가진 관심(그녀에게 관심을 가지고 있다.)

태풍으로 인하여 큰 피해를 입었다.→ 태풍 때문에 큰 피해를 입었다.

ㄴ. 일본말버릇

◆ 관형격(속격) 조사 '의' 남용

우리말 문법에서는 조사를 격조사, 보조조사, 접속조사로 나눈다. 이 가운데 격조사에는 주격, 목적격, 보격, 관형격, 부사격, 서술격, 호격 따위가 있다. 관형격 조사는 소유격 조사, 속격 조사라고도 하는데 명사를 관형어로 만들어 주는 역할을 한다. 현재 '-의' 하나만을 쓰고 있지만, 두 체언을 앞뒤로 이어 여러 가지 뜻을 이룬다. 그런데 원래 우리말에서는 '의'를 거의 쓰지 않았다. 구한말에 지식인이라는 사람들이 앞장서서 일본말법에 매달리기 시작하면서 굳어진 것이다. 원래 우리말법에 따라 쓰자면 예를 들어 '나의 고향, 나의 집' 따위는 '내 고향, 내 집'으로 써야 한다.

이미 오래전에 습관이 되었고 학교 문법에서도 관형격 조사라 하여 정리, 규정하여 놓았지만, '의'를 남용하면 때때로 뜻을 또렷하게 전달하지 못할 수 있고 문장이 딱딱해진다. 예를 들어 '설렁탕의 요리법을 알려 주고 있습니다.'라는 문장에서 '설렁탕의 요리법'을 '설렁탕 요리법'이나 '설렁탕을 요리하는 법'으로 고쳐 써야 부드럽고 뜻이 또렷하여 우리말다운 문장이 된다.

우리말로 굳어졌기에 문법에 어긋난 사항이 아니고 '의'를 써야 앞뒤가 어울리는 때도 있다. 예를 들어 '미래의 설계'는 '미래 설계'로 써야 어울리지만 '미래의 행복'은 '미래 행복'보다는 '미래의 행복'으로 쓰는 것이 알맞은 듯하다. 그러나 '아버지의 사진' 같은 경우 아버지가 가지고 있는 사진인지, 아버지 얼굴을 담고 있는 사진인지 알 수 없다. '의'가 뜻을 어지럽힌 예이다.

'의'는 원래 우리말이 아니다. 일본말 찌꺼기다. 신중하게 쓰되 우리말을 갈고 닦는다는 뜻에서 앞으로 쓰지 말 것을 권한다. 문장을 쉽게 빨리 쓰려는 욕심에서 '의'를 남용하다 보면 오히려 뜻을 해칠 수 있을 뿐만 아니라 자기표현능력까지 깎아먹을 수 있다. 가능하면 '의' 풀어서 문장을 써야 읽는 사람이 편안하게 뜻을 알 수 있다.

◆ '~에서의, ~에의, ~에게의, ~있어서(의), ~으로서의, ~에 의하여 ~마다의, ~(로)부터의, ~(으)로서의, ~대로의' 따위도 모두 일본 어법이다. '의'를 풀어 써야 바람직하다.
　예) 학생으로서의 의무→ 학생으로서 해야 할 일(지켜야 할 것)
　　　희망에의 길→ 희망으로 가는 길(희망을 찾아 가는 길)

◆ 어색한 피동, 사동문: ~되어진

예) 이야기되어진 것이다.→ 이야기된 것이다.→ 이야기한 것이다.

◆ '보다, 뿐만' 오용

'보다, 뿐만' 은 모두 조사인데 마치 부사처럼 쓰고 있다. 일본말 영향을 받은 것이다.
　예) 보다 높이→ 좀 더 높이
　　　뿐만 아니라→ 그뿐만 아니라

◆ ~에 다름 아니다→ ~와 같다, 참여 있으시기 바랍니다.→ 참 여하시기 바랍니다, 발품에 값한다→ 발품을 팔 만하다, ~임 에 틀림없다→ 임이 틀림없다

◆ ~적(的)

'的'은 일본 식 한자어다. '객관적, 역사격, 사회적, 일상적인' 따위에서 자주 쓰인다. 이제 이 말을 버리고 문장을 쓰기가 힘들 정도가 되었다. 그래도 할 수 있다면 우리말로 바꿔 써야 한다.

예) 객관적 자료→ 객관 자료, 객관 된 자료,
　　전통적인 기법→ 전통어린 기법

◆ 사시미→생선회/와사비→고추냉이/아나고→붕장어/모찌→찹쌀떡
/닭도리탕→닭볶음탕/식사→ 밥, 진지/입장, 역할→생각, 뜻, 견
해. 방침, 태도, 형편, 체면, 처지, 의견, 의사, 주장, 소견/속속
→자꾸/지분→몫/수순→차례/신병→몸(신분)/인도→건넴/미소→
웃음/옥내→실내/옥외→바깥/세면→세수/천정→천장/하치장→
버리는 곳/상담→상의/수속→절차/수취인→받는 이/입구→들머
리/치환→바꿈/담합→짬짜미/가라오케→노래연습실/양복 기지→
양복 천/리더십→지도력/부케→꽃다발/빵구→구멍/무댓포로→미
련스럽게/오뎅→꼬치/십분 이해하고→충분히 이해하고/자부동
→방석/지부하다→치르다/취조→조사, 심문/터프하다→거칠다/하
꼬방→판잣집/후까시→부풀리다

ㄷ. 영어말버릇

◆ 인칭대명사 '그녀' '그' – 우리말에서는 '그녀'와 '그'라는 대명
사를 쓰지 않는다.

예) 그녀는 늘 웃는다.→ 그 여자는(사람은) 늘 웃는다.

◆ 관형절 남용

우리말은 대상을 관형절로써 길게 꾸미기보다는 '주어 + 서술어'로
풀어쓴다.
예) 늘 웃지만 어딘가 쓸쓸해 보이는 그녀→ 그녀는 늘 웃지만 어
딘가 쓸쓸해 보인다.

◆ 피동, 사동 구문 남용

예) 그는 영웅이라 불린다.→ 우리는 그를 영웅이라고 부른다.
　　그가 밥을 먹도록 하라.→ 그에게 밥을 주어라.

◆ 가지다(have) 남용

예문) 나는 딸을 다섯이나 가지고 있다.→ 나는 딸을 다섯이나 키
운다.

◆ 대과거 '-왔/었었-' 사용

우리말에서는 영어처럼 굳이 대과거를 쓰지 않아도 편안하게 과거
를 표현할 수 있다.

예) 그때 참 기뻤었다.→ 그때 참 기뻤다.

◆ 영어식 숫자 쓰기

영어에서는 '한 잔의 커피(a cup of coffee)'라고 하지만 우리말에서
는 '커피 한 잔'이라고 한다.

예) 다섯 개의 짐→ 짐 다섯 개

◆ '좋은 아침, ~하지 않으면 안 되다, 아무리 ~해도 지나치지
   않다, ~하여금 ~하게 하다, 불행을 가져오다, 몸을 눕히다,
   관계하는 한해서는' 따위도 모두 영어 구문을 그대로 받아들여
   쓰는 말이다.

우리말과 글에는 법이 있다. 그래서 '나는 밥을 먹고 싶다.'라고
해야지, '나는 싶다 밥을 먹고'라고 해서는 안 된다. 또 '셋째'라고
쓰지 '세째'라고 쓰지 않는다. 이런 사항은 우리가 모두 꼭 지켜야
한다.

그러나 위에서 예를 든 외국말 버릇을 따져 보면 사정이 꼭 그
렇지 않다. 예를 들어 '~적(的)'은 '절대적, 역사적, 주관적, 우호

적……’ 따위에서 우리가 만병통치약처럼 즐겨 쓰는데, 이야말로 원래 우리말이 아니고 전형된 일본말버릇이다. 그러나 이제는 완전히 우리말이 되었다고 보아야 한다. 사실 위에 든 모든 예들이 다 그렇다. 원래 우리말이 아니지만 이미 우리말이 된 것들이다.

따라서 이러한 말과 글을 써서는 안 된다는 법은 실제 전혀 없고 이 구절들을 꼭 버려야 한다고 주장할 수도 없다. 학생들에게 이 구절, 이 낱말을 앞으로 절대 써서는 안 된다고 못을 박아 줄 수 없다는 것이다. 다만 우리말답게 우리글을 쓰자는 뜻에서 버리자고 주장한다. 주체성을 가지고 우리말을 사랑하고자 한다면 자기가 쓰는 글에서 이 구절들을 버릴 것이요, 그렇지 않고 모든 이들이 좇는 대세에 맞춰 나가면 그만이라고 여긴다면 이 구절들을 그대로 쓸 것이다.

3. 논증문, 감상문 쓰기

예술문이든 비예술문이든 글 쓰는 법이 오직 한 가지로 고정되어 있지는 않다. 교과서 같은 요령과 법을 따지고 바라는 태도는 실제 글을 쓰는 데 큰 도움이 되지 않을뿐더러 별다른 의미도 없다. 같은 논증문, 감상문이라도 글 한 편마다 내용, 분량, 구성과 어조가 다르고 그에 따라 꼴이 다 다르다. ‘모범’ 하나를 못 박아 놓고 그에 맞춰 글을 쓸 수 없고 굳이 그렇게 할 필요도 없다. 법, 모범 따위에 얽매이면 생각이 좁게 굳어지기 십상이며 글을 보는 안목도 어느 한 수준에서만 계속 맴돌게 된다. 다만 전체 차원에서 길잡이가 되어 줄 사항이 몇 가지 있어 주목할 만하다.

첫째, 글쓰기라는 행위가 무엇인지 제대로 이해하면 그 덕분에 글쓰기 요령을 헤아릴 수 있을 것이다. 2~7장에서 문장 쓰기 방식과 글의 종류, 구성, 문체, 개요 짜기들을 살펴보았다. 이 개념들은 글쓰기를 이루는 핵심요소이다. 그 뜻을 바로 새기면 제 나름대로 글쓰기 요령을 세울 수 있으리라 생각한다. 글쓰기가 어떤 행위인지 깊이 이해하면 글쓰기 요령은 자연스럽게 우러나온다는 것이다.

둘째, 자기가 쓰려고 하는 글이 어떤 듯인지 또렷하게 새기며 글을 쓰는 자세가 가장 바탕이 되는 요령이고 법이다. 어떤 글을 쓰든 그 글이 지녀야 할, 종류에 따른 기본 특성과 덕목을 잘 지키고 살려 형식과 내용을 이에 맞춰야 한다. 감상문을 쓰면서 감상 대상에 어린 속성을 설명하는 데에 너무 매달려서는 안 된다. 논증문을 쓸 때 자기감정을 다스리지 못해 감탄과 수사를 분별없이 마구 쓰면 또한 알맞지 않다. 이래서는 결코 제대로 된 글을 쓸 수 없다. 이 점이 퍽 중요하다. 내가 어떤 글을 쓰려고 하는지 중심을 굳게 세우고 주제 핵심을 잘 추린 뒤 이에 따라 구성과 분량을 꾸미고 문단을 운영하며 문장과 낱말을 골라 써야 한다.

셋째, 남이 쓴 글 한 편 한 편이 모두 훌륭한 본보기이다. 좋은 글은 좋은 글대로 나쁜 글은 나쁜 글대로 자기 글을 이끄는 가르침을 머금고 있다. 우리가 꼼꼼하게 읽기만 한다면 모두 훌륭한 선생님이 된다. 여기 논증문 한 편이 있다고 하자. 무엇을 주장하고 어떤 근거를 지녔으며, 분량은 얼마로 했고, 구성은 어떠하며, 문단은 어떤 관계로 이어지는지, 문장과 낱말을 운용한 개성은 무엇인지 따위를 눈여겨본다. 그다음 전체에 어린 장단점을 따져 논증문을 어떻게 써야 하겠다는 기준을 세울 수 있다.

이 책에서는 글쓰기 기법이라 하여 따로 이론체계를 세우려 하지 않는다. 그보다는 예문을 읽고 이제까지 익힌 사항을 다시 새기는 데에 초점을 맞춰 글쓰기 요령을 살피려 한다.

설명문, 논증문, 감상문에 속한 여러 가지 글, 예를 들어 보고서, 공문서, 이력서, 자기소개서, 서평, 평론, 학술논문, 기행문, 편지, 일기, 축사, 조사 따위를 일일이 살피고 쓰는 요령을 덧붙여야 바람직할 것이다. 그러나 여기에서는 일반 된 논증문과 감상문만을 우선 살핀다. 이것이 바탕이라고 생각하기 때문이다.

① 논증문

논증문은 글쓴이 자신이 옳다고 여기는 의견과 판단을 밝혀 상대방이 동조하도록 이끌려는 글이다. 그래서 글을 쓰는 목적이 감상문에 비해 좀 더 현실성과 구체성을 띤다. 갈등 상황에 처했을 때 예를 들어 상대방과 내가 같은 처지에 있다는 점을 강조하거나 동정심, 정의감 따위 감정에 호소하여 상대방이 뜻과 태도를 바꾸도록 할 수도 있다. 그러나 논증문은 올바른 이치가 무엇인지 따져 문제를 풀고자 하는 뜻을 원칙과 생명으로 하는 글이다. 따라서 감정에 기대서는 안 되며 논리와 합리에 따라 문장을 쓰고 주장을 펼쳐야 한다. 논리와 합리를 바탕으로 하여 조리와 설득력을 갖추지 않으면 글을 쓰는 목적을 이룰 수 없다.

'논리와 합리에 따른 주장'이란 논거로써 완성한다. 논거는 주장을 뒷받침하는 근거이며 이유로서 논증문을 이루는 핵심 요소이다. 논거가 올바른지 그른지, 깊은지 옅은지 하는 것이 주장을 살리기도 하고 죽이기도 한다. 그리고 첫째, 논거와 주장이 서로 맞지 않아 어긋나거나 둘째, 논거는 약한데 그에 비해 주장이 지나치게 거창하거나 그 반대일 경우 셋째, 논거 내용이 상식을 벗어나지 못한 채 지나치게 늘어지면 주장이 공허해질 수밖에 없다. 그러므로 글을 쓰기 전에 논거 내용을 미리 일목요연하게 정리, 요약해 살펴야 하며 논거로서 가치가 충분한지 알맞은지 또렷하게 새겨보아야 한다. 특히 학술논문 따위 실험과 실증을 바탕으로 주장을 펼치는 논증문에서는 논거가 더욱 확실해야 한다.

자신이 직접 겪은 일, 관찰 조사한 현상, 관련이론, 통계자료, 위인이 남긴 말과 행동, 옛날이야기, 격언과 금언 따위를 논거로 쓸 수 있다. 무엇이 되었든 간에 논거는 주장을 효과 있게 뒷받침하여 잘 살려 낼 수 있어야 한다. 여기에 참신성을 띠어 읽는 이가 재미를 느끼고 깊은 관심을 가질 수 있다면 더 좋을 것이다. 반대로 지나치게 널리 알려진 소재를 되풀이하면 지루한 끝에 설득력이 떨어질 테니 이 점도 따져 보아야 한다.

이제 예문을 읽고 논증문을 이루는 기본 요소를 새기면서 논증문 쓰기 요령을 헤아려 보자. 먼저 예문 하나를 골라 보았다.

예문 1)

존엄사 정착 위한 제도 정비 시급하다

국내에서 처음으로 존엄사가 시행됐다. 세브란스 병원은 식물인간 상태에서 인공호흡기에 의지해 생명을 유지하던 김 모 할머니의 인공호흡기를 어제 제거했다. 김 할머니가 식물인간 상태에 빠진 지 490일 만이며 대법원이 판결로 존엄사를 인정한 지 33일 만이다. 김 할머니에 대한 존엄사 시행은 인간의 죽음이라는 철학적이며 근원적 문제뿐 아니라 어떻게 죽을 것인가에 대한 의학적·윤리적 과제를 우리 사회에 던지고 있다.

그동안 존엄사를 둘러싼 사회적 논란은 '생명 존중'과 '품위 있게 죽을 권리'라는 두 가지 가치의 충돌에서 비롯된 것이다. 그러나 김 할머니의 존엄사 시행으로 환자 스스로 자신의 죽음을 선택할 수 있는 길이 열리게 됐다. 병마와 싸우는 고통보다 편안한 죽음을 선택할 수 있는 권리를 환자에게 부여한 것이다. 의식도 없고 소생할 가망성도 없는 환자에게 무의미한 연명치료를 계속해 고통만 안겨 주느니 차라리 자연사할 수 있도록 길을 터 품위 있게 죽음을 맞이할 권리를 주자는 뜻에서다.

그러나 우리 사회가 과연 존엄사를 제대로 받아들일 여건이 돼 있는지는 의문이다. 우선 존엄사 판단에서 가장 중요한 연명치료 중단 조건이 모호하기만 하다. 대법원은 '회복 불가능한 사망 단계'라고 기준을 내놓았으나 이에 대한 판단근거가 명확하지 않아 병원마다 기준이 제각각이다. 사회적인 협의를 바탕으로 한 '존엄사 가이드라인'이 필요한 이유다. 또 존엄사가 현대판 고려장으로 악용될 가능성도 있다. 치료비가 없는 저소득층의 경우 환자의 뜻과는 다르게 가족들이 치료 중단을 요구할 수 있고, 병원도 병원비를 못 내는 환자의 치료를 거부할 수 있기 때문이다. 더욱이 존엄사 결정으로 연명치료 장비를 떼 낸 뒤부터 사망 때까지 돌보는 시설도 턱없이 부족하다.

존엄사를 죽음의 하나로 받아들이는 문은 열렸지만 이제까지의 존엄사 논의는 초보적 단계에 불과하다. 아직 우리 사회는 '품위 있게 사는 것'에는 관심이 높지만 '품위 있는 죽음'에 대한 인식이 부족한 게 사실이다. 존엄사라는 새로운 죽음의 방식에 대한 사회적인 논의와 함께 이의 악용을 막도록 법적 제도적 보완을 서둘러야 한다.

(사설, 경향신문, 2009. 06. 29.)

이 글은 요즘 우리 사회에서 큰 관심거리로 떠오른 존엄사를 다루고 있다. 문단을 따라가며 '현상＋진단→진단→근거→주장'으로 구성되었다.

1문단은 앞부분에서 먼저 '김모 할머니' 사례를 소개한다. 이 사례는 우리나라에서 최초로 존엄사를 인정하고 시행한 경우다. 존엄사 시행은 글에서 다루고자 하는 핵심 문제요 주제이며, 논증문을 이루는 요소라는 면에서 '현상'에 해당된다. 이어 뒷부분에서는 이러한 존엄사 시행이 철학, 의학, 윤리 면에서 죽음에 관하여 우리 사회에 문제와 과제를 던져 주었다고 한다. 존엄사 시행에 어린 의의를 '진단'한 것이다.

이로써 1문단은 '현상＋진단1'로써 문제를 내놓으며 글머리를 열어 놓았다. '김모 할머니' 사례가 죽음에 관한 여러 문제와 과제를 우리 사회에 던져 주었다는 것으로 그 내용을 정리한다면, 1문단을 '현상＋진단 1'이 아니라 그냥 '현상' 문단으로 볼 수도 있다.

2문단에서는 존엄사 시행에 어린 근본 의의를 좀 더 자세하게 짚어 낸다. 환자가 고통을 덜고 품위 있게 죽을 권리와 자유를 존엄사 시행이 보장한다고 한다. 글쓴이는 존엄사 시행에 찬성하는 뜻을 지니고 있다. 1문단에서 이미 존엄사 시행에 어린 의의를 전체 차원에서 얘기했고 여기에서는 한 걸음 더 나아가 따진 것이다. 진단을 두 번 내린 셈인데 이는 첫째, 존엄사 문제 자체가 그만큼 심각한 사안이고 둘째, 진단을 강화하여 앞으로 있을 주장을 제대로 뒷받침하려 했기 때문이다. 진단은 현상에 어린 의미, 원인, 가치 따위를 살피고 서술하여 주장과 근거가 펼쳐질 길을 열고 바탕을 마련하는 요소이다. 글쓴이는 이 점에 특히 초점을 맞추었다.

3문단은 근거를 서술한다. 우리나라에서도 이제 존엄사를 인정하기 시작했지만 여러 가지로 실천 여건이 갖추어지지 않았다고 한다. 첫째, 병원마다 사망 단계를 가르는 기준이 달라 헷갈리며 둘째, 저소득층과 병원이 각자 지닌 형편과 이해관계에 따라 제도를 악용할 가능성이 있고 셋째, 존엄사 시행 뒤 환자를 돌볼 시설이 많이 부족하다는 점들을 지적하고 있다. 근거를 세 가지로 추려 놓았다.

4문단은 결론 문단이며 주장 문단이다. 존엄사 논의에 관하여 우리 사회는 아직 '초보 단계'에 머물러 있으며 그에 따라 '품위 있는 죽음'을 인식하는 수준이 낮다고 앞부분에서 지적한다. 이는 앞에서 서술한 근거 내용을 다시 전체에서 집약한 것으로 평가할 수 있다. 이러한 근거를 바탕으로 하여 글쓴이는 두 가지를 주장한다. 그것은 첫째, 사회 차원에서 문제를 논의하고 둘째, 시행을 악용하지 못하도록 법과 제도를 서둘러 보완해야 한다는 것이다.

이상 살핀 내용을 요약, 정리하면 다음과 같다.

1문단→현상 1＋진단 1: 국내에서 처음으로 존엄사가 시행됐다. 이는 죽음에 어린 철학, 의학, 윤리 문제와 과제를 불러왔다.

2문단→진단 2: 존엄사 시행은 환자가 고통 없이 품위 있게 죽을 권리를 주자는 데에 뜻이 있다.

3문단→근거 1: 존엄사 시행을 시작했지만 기준 미비, 악용 소지, 사후 시설 부족 따위 문제점이 나타나 있다.

4문단→결론→주장 1: 사회 차원에서 문제를 논의하고 서둘러 법 제도를 보강해야 한다.

신문 사설은 대개 짧다. 이 글도 1,054자(200자 원고지 5.6장)로 썼으니 다른 글에 비해 분량이 적다고 할 수 있다. 그러나 이렇게 짧은 대신 이 글은 보다시피 논증문이 갖추어야 할 요소인 현상, 진단, 주장, 근거들을 두루 알맞게 갖추고 있다. 그러면서 내용에 군더더기가 없고 논지가 또렷하여 간결함이 돋보인다.

다만 글이 짧다 보니 문제를 좀 더 깊이 있게 다루지 못한 아쉬움이 있다. 예를 들어, 주장을 뒷받침하는 근거로 세 가지 사항을 서술했는데 이를 하나하나 자세히 따져 살펴볼 수 있다. 또 존엄사 시행에 서린 철학, 도덕, 윤리 명제를 한발 더 깊이 들어가 살필 수도 있다. 그러면 전문성과 문제의식이 커해져 주장은 물론 글 전체 내용이 좀 더 넓어지고 깊어질 것이다.

또 진단 내용이 1문단과 2문단에 흩어져 있어 조금 어수선하다. 예를 들어 1문단에서는 순수하게 현상을 설명하여 문제를 내놓고, 진단 내용은 2문단에 한데 모아 놓는다면 어떠할까. 현상이면 현상 진단이면 진단…… 이렇게 각 요소가 문단에 따라 잘 구별되어야 글에 집약성이 어리고 좀 더 또렷하게 주장을 전할 수 있을 것이다.

다음에는 학생이 쓴 글들을 예로 보인다.

예문 2)

자살 증가의 원인과 대책
학생 글

최근 자살이 급격하게 늘어 사회적으로 큰 문제가 되고 있다. 자살하는 연령층은 청소년부터 노인까지 폭넓고 직업도 다양하다. 게다가 2007~8년에는 OECD국가 중 자살률 1위를 기록해 우리나라는 한동안 자살공화국이라는 오명을 받았다.

'생명은 하늘이 내려준 고귀한 선물이다.', '사람은 축복으로 태어났으며 해야 할 일이 많다. 그러므로 생명을 함부로 하지 말라.', '부모님이 주신 목숨을 함부로 해하려 해서는 안 된다.' 라는 말이 있다. 생명은 존귀한 것이므로 쉽사리 생명을 포기하는 행위는 절대 용납될 수 없다. 도대체 무엇 때문에 자살이라는 극단적 선택을 하는 것일까?

그 원인은 여러 가지다. 첫째, 인터넷 비방이다. '유니'라는 가수는 3집 앨범 발매 시 악플러들이 가수로서의 자질평가를 지적하며 인격적 모독을 하자 자살했다. 유명 인터넷 사이트에서 연예인 문제와 탄핵심판 등 다양한 사회적 이슈에 대해 글을 올려오던 한 20대 네티즌은 인신공격성 비방 때문에 괴로워하다 아파트에서 투신했다. 특정 연예인이나 특정 사람을 두고 자기와 의견이 다르다거나 싫다고 해서 무조건 비방하는 것은 자살을 불러오는 한 원인이 된다. 둘째, 경제적인 문제이다. 탤런트 안재환 씨는 외식업과 화장품 사업이 연이어 실패하자 스스로 목숨을 끊었으며, 채무문제로 고민하던 60대 김 모 씨는 모텔에서 자살했다. 심지어 현직 시의원까지 목을 맨 경우도 있다.

셋째 현재 우리나라의 교육현실이다. 사교육을 조장하고 수능을 강요하는 현 교육현실과 그에 따른 정책 때문에 자살하는 사람이 있다. 성적 부진을 비관한 한 재수생은 어머니 앞에서 투신했고 서울대 낙방생은 실패의 아쉬움을 달래지 못해 자살했으며, 한 여중생은 학업의 압박으로 물에 빠져 자살했다. 학벌을 중시하는 사회 풍토 속에서 초등학교 교육을 포함한 교육기간 12년 동안 오로지 좋은 대학가기에 매달려야 하는 현실은 어린 학생들을 죽음이라는 극단적 선택으로 이끈다. 넷째 질병과 장애이다. 재연배우 여재구 씨는 평소 앓아오던 우울증을 견디지 못하고 결국 자살했고, 중앙노인보호전문기관에 따르면 노인 35%는 질병 때문에 건강하지 못한 노후생활이 길어지면서 자살까지 생각하는 경우가 늘고 있다고 한다. 마지막으로 언론과 정부이다. 노무현 전 대통령은 뇌물수뢰사건 때 주변 인물에서 차츰 가족으로 수사가 강화되자 괴로워하다 자살했다. 이처럼 여러 원인으로 자살률이 증가했는데, 그렇다면 이를 방지할 수 있는 방안은 없는 것인가? 자살에 대한 대책은 다음과 같다

첫째, 인터넷 실명제를 더욱 확대하는 것이다. 인터넷 비방 문제가 심각해지면서 많은 사이트에서 인터넷 실명제를 도입하긴 했으나 일

부 사이트와 카페, 블로그에서는 아직도 실명을 쓰지 않고 악플을 올리는 것이 가능하다. 그동안 실명을 올리지 않은 상태에서 타인에 대해 악플을 남길 수 있었기 때문에 인터넷 비방이 심했던 것이다. 따라서 인터넷 실명제는 좋은 대책이 될 수 있다. 둘째, 성숙한 인터넷 문화를 만드는 것이다. 남을 생각해서 하는 선의의 충고는 때로 상대의 잘못된 점을 고쳐주고 그 사람을 바른길로 인도할 수 있다. 악플을 달 때 '무조건 싫다.'는 식이 아니고 왜 싫은지 이유를 또렷이 밝히고 앞으로 그런 행동은 자제해 달라는 식으로 글을 남겨 성숙한 인터넷문화를 만드는 것이다.

셋째 청소년 상담 사이트를 활성화하는 것이다. 문제를 가진 아이들이나 정서적으로 불안정한 아이들을 주기적으로 상담해 문제를 해결하도록 한다면 자살을 예방하는 데 큰 드움이 될 것이다. 그런데 청소년들을 위한 청소년 상담 사이트, 청소년상담사, 청소년상담센터는 존재하지만, 그 수가 너무 적고 다직 청소년들에게 알려지지 않아 모르는 학생이 많다. 각 학교마다 포스터를 붙인다든지 TV나 인터넷을 통해 그 존재를 널리 알리는 것이 중요하다. 넷째 공동체 구성원이 상호 존중하고 배려하는 체계를 활성화하는 것이다. 이것은 군대 내 자살을 줄이기 위한 대책 중 하나이다. 군대 안에서는 하극상이나 상급자의 무차별적인 폭언과 구타 같은 문제가 늘 일어난다. 이 문제를 해결하려고 군 당국은 노력중이지만 제대로 활성화가 되지 못하고 있다. 우리 군이 오랫동안 수직적이고 위계질서적인 전통 속에서 운영되어 왔기 때문이다. 군 지휘부에서 솔선하여 새로운 인식을 진작하고 상호 존중하고 배려하는 체계를 잘 살린다면 자살을 줄이는 데 크게 도움이 될 수 있다.

마지막으로 국가적인 차원에서 자살 대책 위원회를 만들어야 한다. 자살 문제를 정부에서 간과하거나 민간단체에 맡길 것이 아니라 자살 대책 위원회를 세워 자살 원인을 깊숙이 파헤치고 근본적인 대책을 세워야 한다. 정부가 적극적으로 지원하그 참여한다면 자살공화국이라는 국가적 오명을 씻고 자살률을 줄여 건강한 사회를 만들 수 있을 것이다.

자살을 단지 한 개인의 죽음으로 보는 것은 잘못된 시선이다. 자살에는 여러 가지 원인이 있겠지만, 자살률이 증가하는 데에는 사회문제가 크게 작용했다. 따라서 위에 제시한 대안을 실천하고 더불어 개인 스스로 생명을 귀하게 생각한다면 자살을 방지할 수 있을 것이다.
마지막으로, 자살은 자기 자신과 하는 싸움에서 지는 것이며 부모님
께는 죽어서까지 불효하는 것임을 잊지 말아야 할 것이다.

이 글은 모두 여덟 개 문단으로 되어 있다. 글쓴이는 제목에 어린 뜻 그대로, 자살이 자주 일어나는 세태를 보고 원인을 가늠한 뒤 대책을 내놓았다. 서론 문단인 1, 2문단에서 자살이 늘어나는 현상을 짚었고, 3, 4문단에서 그 원인을 분석했으며(진단), 5, 6, 7문단에서 대안을 내놓았다. 8문단은 결론 문단인데, 자살 증가가 사회 문제라는 사실을 다시 새기고 아울러 개인이 도덕에서 재무장할 것을 촉구하며 끝을 맺었다.

글쓴이가 추려낸 원인은 다섯 가지다. 인터넷 비방, 경제 문제, 교육 현실, 질병과 장애, 언론과 정부 들이다. 그 대안은 인터넷 실명제, 성숙한 인터넷 문화 구축, 청소년 상담 사이트 활성화, 상호 존중하고 배려하는 시스템 활성화, 국가 차원에서 자살 대책 위원회 운용 들이다. 이유와 대책을 논하면서 글쓴이는 어느 한 면만 보지 않고 할 수 있는 한 문제에 얽힌 사항 전체를 살피려 한 것이다. 이는 문제를 폭넓게 다루려 한 시각으로서 이 글이 지닌 장점이자 특성이다.

그러나 이 글에는 '효과 있는 논증'이라는 면에서 몇 가지 되새겨보아야 할 점이 있다. 첫째, 1문단에서 자살 현황을 설명했는데 좀 더 구체 된 서술이 아쉽다. 자살하는 사람의 연령층과 직업이 다양해진 가운데 자살률이 늘었다고 했지만 무엇이 어떻게 변했는지 구체성 있게 알 수 없다. 막연하다. 실제 수치를 가져와 실상을 밝히면서 문제의식을 높일 필요가 있다. 둘째, 2문단에서는 생명은

존귀하므로 자살은 용납될 수 없는 행위라고 주장하면서 문장 세 개를 내놓았는데, 서술 태도와 문장 내용이 논증 자세에 맞지 않는다. 심정 차원에서 신념을 드러냈기 때문이다. 또, 이러한 문장은 결론 단락에서 한 개 정도 써서 주장을 뒷받침할 만한 것이다. 그런데 이렇게 글머리에서 더구나 세 개씩이나 구사하여 강조하니 마치 서론이 결론인 듯 앞뒤가 바뀌어 보인다.

셋째, 원인을 분석한 부분에 허점이 보인다. 자살을 일으키는 두 번째 원인으로 경제 상황을 들고 그 예로 탤런트 안재환과 '채무문제로 고민하던 60대 김모 씨'를 보였지만, 이 사람들이 사회 전체에 퍼져 있는 경제 상황을 집약, 대표한다고 보기 힘들다. '채무문제'에 어떤 사정이 얽혔다는 것인지 불분명하거니와 이것은 어디까지나 개인이 지닌 문제일 뿐이다. '시의원'이 자살한 일도 왜 그랬는지 앞뒤 사정이 나와 있지 않아 예로서 구실을 하지 못했다. 네 번째 원인으로 내놓은 '질병과 장애'는 현재 우리 사회가 안고 있는 문제이기에 앞서 인간 사회에 보편으로 나타나는 문제다. 이 문제가 우리 시대에 어린 문제로 떠오르려면 좀 더 구체 된 조사내용이 뒷받침되어야 한다. 마지막 원인 제시에서는 노무현 전 대통령의 죽음과 언론·정부가 어떤 관계였는지 역시 전혀 설명을 덧붙이지 않아 문제제기 자체가 되지 않았다. 전체로 볼 때, 예시를 들되 좀 더 자세하고 구체성 있게 분석, 설명하는 방식과 자세가 아쉽다.

넷째, 대안 부분에서도 몇 가지 약점을 지적할 수 있다. 인터넷 실명제를 확대하자고 하면서 그 근거로 내놓은 것이 '그동안 자신의 실명을 올리지 않은 상태에서, 타인에 대해 악플을 남길 수 있었기 때문에, 인터넷 비방이 심했던 것이다.'이다. 이는 흔히 말하

는 대로 '지나친 상식론'이다. 주장을 뒷받침하는 근거로서 큰 힘
이 되지 못한다. 그래서 주장이 주장으로서 힘을 지니지 못했다.
예를 들어, 실명제를 강력하게 실행하지 않아 생긴 폐단을 좀 더
구체성 있게 조사, 서술하는 것이 좋겠다. 주장도 벌률 강화 따위
실제성 있는 측면에서 논의해야 바람직하다. 그리고 인터넷 실명제
를 강화하자는 대안을 내놓고 그 뒤에 성숙한 인터넷 문화를 논했
는데, '문화'가 바탕을 이루는 개념이니 문화를 먼저 논하고 이어
실명제 따위 구체 사안을 덧붙이면 조리가 좀 더 안정감 있게 펼쳐
질 수 있을 것이다. 마지막 대안인 국가 참여 주장 부분도 근거가
약하다. 자살을 방지하자는 데 국가가 나서야 하는 것은 두 말할
것 없이 당연하지만, 예를 들어 민간 수준에서 펼치는 활동이 어떤
한계를 보이는지 밝혀 국가 지원과 참여가 절실히 필요하다는 점
을 주장하면 뜻이 좀 더 튼튼해질 것이다.

앞에서 말했지만 글쓴이는 문제를 폭넓게 다루려 했다. 총체성을
살리려 아마 오랜 시간 자료를 조사하면서 많은 정성과 노력을 기
울였을 것이다. 그러한 의욕이 글 여기저기에 배어 있다. 다만 그
렇다 보니 세부에서 깊이 있는 논의로 나아가지 못했다. 여러 원인
과 대안 가운데 어느 한 부분에 집중하여 글을 썼다면 어떠했을까
생각해본다.

다음 예문 역시 우리 시대 우리 사회에 나타난 문제를 다루었다.

예문 3)

아동 성범죄자 처벌이 미미하다
학생 글

　최근 신문이나 TV 등 언론 매체를 접하면 성범죄기사가 나날이 늘어가는 것을 본다. 이번에 문제가 된 '조두순 사건'의 조두순은 인간으로서 할 수 없는 만행을 저질렀는데, 본래 받은 형보다 5년이나 감형된 12년형을 선고받았다. 이 사건뿐 아니라 현재까지 발생한 성범죄처벌 중 실형 선고율은 33%에 불과하다. 솜방망이 처벌도 모자라 실형조차 제대로 이루어지지 않고 있는 것이다.

　대표적인 사례로 2008년 3월에 발생한 여아 납치 성폭행 미수사건이 있다. 피고인은 엘리베이터 안에서 여아를 끌어내 성폭행하기 위해, 때리고 칼로 위협하는 등 만행을 저질렀으나 이웃주민이 발견하여 미수에 그쳤다. 그에게는 징역 8년과 열람 정보 5년 제공이라는 판결이 내려졌다. 1심에서 받은 15년보다 7년이나 감형된 결과이다. 법원에서 내놓은 감형 이유는 사건이 미수라는 점, 사건 발생 전에 아는 사람과 싸우고 나서 분노 때문에 저지른 범죄라는 점, 피고인이 잘못을 뉘우치고 있다는 점 등 세 가지였다.

　그러나 법원에서 말한 이유들은 모두 문제를 지니고 있다. 첫 번째 이유는 분명 이웃사람의 도움이지 자기의지로 미수에 그친 게 아니기 때문에 적절하지 못하다. 피고인이 칼을 들고 여아를 위협하였으므로 오히려 성폭행 미수죄에 살인기수죄도 덧붙여야 한다. 두 번째 이유도 오히려 가중사유로 적합하다. 대부분 범죄가 분노 때문에 발생하는 것이지만 그런 감정을 제3자에게 도출한 점은 더욱 처벌받아 마땅하기 때문이다. 세 번째 이유는 이유조차 될 수 없다. 이 피고인은 95년, 96년에도 비슷한 수법으로 성폭행을 하거나 미수에 미친 전과자이다. 출소한 지 얼마 되지도 않은 시점에 재범을 한 이 사람에게 '잘못을 뉘우친다.'를 근거로 한 감형은 설득력을 갖지 못한다. 이 이외에 문제로 삼을 수 있는 감형사유도 '술'이 있다. 술은 자신을 책임질 수 있는 만 19세 이상의 성인에게만 제공되는 것으로, 자신을 책임지지 못하는 사람은 술을 마셔선 안 된다. 술을 마시고 범죄를 저지른 사람은 더욱 가중된 처벌을 받아야 한다. 영국 등 선진국에서는 위의 감형사유들을 오히려 가중해야 할 문제들로 인식하고 있다. 이에 비해 우리나라는 참 안이하게 대응한다.

　지금 이루어지고 있는 '솜방망이 처벌'은 범죄자들에게 공포감을 심어주기에 부적합하고, 그래서 아무렇지 않게 범죄를 저지를 수 있는 상황을 마련해준다. 이런 상황을 개선할 수 있는 방법으로 첫째,

일차적으로 법률에 적힌 만큼의 형은 반드시 지켜야 한다. 나아가, 외국의 모범 사례들을 본받아, 종신형, 사형, 심한 경우엔 화학적 거세 등의 시행을 검토해야 한다. 이렇게 법률이 강화될 때 '공포감'으로 범죄가 줄어들 수 있다. 둘째 범죄자의 신상을 공개해야 한다. 2010년부터 보건복지가족부에서 성범죄자의 신상을 공개하기로 되어 있지만 이것도 처벌이라고 하기에 미약하기만 하다. 시행기간이 너무나 짧고 확인 절차가 매우 복잡하기 때문이다. 무엇보다 만 20세 이상의 성인만 열람이 가능하다는 점을 고쳐 아동, 청소년 성범죄의 피해 당사자들이 열람할 수 있도록 해야 한다. 또한 이 자료를 유명 포털사이트 메인화면 맨 위 왼쪽 부분에 누구든 열람 가능하도록 설정해 놓아야 한다. 이러한 신상공개 방법은 예비범죄자가 수치심을 우려해 범죄를 저지르는 데에 어려움을 느끼도록 이바지 할 것이다. 마지막으로 배심원제도를 도입해야 한다. 문제가 심각해지고 있는 이상 판사들에게만 맡겨선 해결이 되지 않는다. 모든 성범죄 재판에 배심원제도를 도입해, 명확한 증거가 확보된 상황이라면 시민의 의견을 100% 반영할 수 있도록 해야 한다.

성범죄율은 나날이 늘어만 가고 있는 가운데 강력 대응한다는 정부의 반응이 반대로 허술하기만 하다. 아동과 여성들은 매일같이 두려움에 사로잡혀 살아가고 있다. 그들을 위해 다른 무엇보다 하루 빨리 법안을 강화하는 조치가 필요하다.

이 글은 다섯 단락으로 구성되어 있다. 1, 2문단에서는 현상을 다루었는데, '조두순 사건'과 '여아 납치 성폭행 미수 사건'에 따른 '솜방망이 처벌'이 문제라고 했다. 이 문제를 내놓으며 글쓴이는 상황을 제대로 알 수 있도록 사건 전말을 효과 있게 요약, 제시하였고 특히 구체성 있는 수치로써 서술하여 무엇이 문제인지 읽는 이가 잘 알 수 있도록 했다. 이 정도면 문제를 제기하는 서론 단락으로서 제 역할을 다한 것으로 본다.

3문단에서는 '솜방망이 처벌'을 내리며 법원이 내놓은 이유가 잘못되었다고 했다. '솜방망이 처벌'이라는 현상을 진단한 것이다. 글쓴이는 법원이 내세운 논리를 조목조목 따져 반박했는데, 피고인이 동일 전과범이라는 사실을 밝혀 지적한 부분은 퍽 단호하고 명쾌하여 설득력이 크다. 또 자신을 책임지지 못하는 사람은 술을 마셔서는 안 되고 따라서 음주는 감형 사유가 될 수 없다는 논리는 단순하면서도 역시 명쾌하다. 이렇게 꼼꼼하게 현상을 진단한 문단은 말할 것도 없이, 다음에 펼쳐지는 주장을 든든하게 뒷받침한다.

4문단이 주장 문단인데 상황을 개선하기 위해 법률이 정한 형량을 준수하고 범죄자 신상 공개를 좀 더 철저히 할 것을 글쓴이는 먼저 주장한다. 앞에서 내린 진단이 이미 이 주장을 뒷받침하지만 여기에서 다시 범죄자가 느낄 '공포감'과 '수치심'을 근거로 내세웠다. 이는 상식으로 생각할 수 있는 내용이지만, '화학적 거세'라든가 '포털사이트 운영' 따위 구체 시행 방안까지 제시하고 있어 현실성이 충분하다. 마지막에 배심원제도를 시행하자는 주장을 덧붙인 것은 법원이 제 역할을 다하지 못할 때를 대비한 대안으로서 폭넓은 문제 대응력으로 평가된다.

마지막 문단은 결론 문단이다. 정부 태도가 허술한 점을 다시 비판하고 성범죄에 따른 불안을 되새긴 뒤 법안 강화 조치를 촉구했다. 결론 단락은 지금껏 펼친 내용을 간략하게 요약, 정리하여 주제(주장)를 확인하는 공간이다. 이 글에서는 세 문장으로 되어 있어 좀 허술한 듯하다. 물론 보기에 따라 달리 평가할 수 있겠지만, 앞 내용을 단순하게 다시 서술하고 있다는 인상이 짙다. 결론을 형식상 서술하고 있다는 느낌이 든다는 말이다. 두 문장 정도 더 써서 앞 내용을 좀 더 돈독하게 요약, 강조하여 읽는 이에게 글쓴이 주장을 깊이 새겨주어야 할 것이다.

논증문에는 지금 이 사회에서 벌어진 문제를 다루는 글이 많다. '지금 이 사회에서 벌어진 문제'란 대개 절실하며 급히 해결해야 할 문제이다. 우리가 늘 눈여겨보고 해결할 실마리를 찾아 논의를 거듭해야 당연하다. 다음은 이러한 사회문제가 아니라 행복, 사랑 같은 보편 문제를 다루는 글들을 보자.

예문 4)

내가 생각하는 행복
학생 글

인간은 누구나 행복하게 살기를 바란다. 태어나서 죽을 때까지 끊임없이 행복을 추구하고 행복을 누리려고 노력하며 살아간다. 톨스토이와 함께 19세기 러시아 문학을 대표하는 세계적인 문호인 도스토예프스키는 행복이란 누가 주는 것이 아니라 스스로 찾는 것이라고 하였다. 독일 철학자 칸트는 행복의 원칙은 첫째 어떤 일을 할 것, 둘째 어떤 사람을 사랑할 것, 셋째 어떤 일에 희망을 가질 것이라고 하였다. 도스토예프스키와 칸트는 행복해지려면 스스로 행복을 찾아야 한다고 말한 것이다.

취업을 앞둔 학생에게 좋은 직장에 취업하는 것이 행복일 것이고 입시를 앞둔 학생에게는 좋은 학교에 입학하는 것이 행복일 것이다. 배고픈 거지에게 빵 한조각보다 더 큰 행복은 없을 것이다. 이렇게 사람들마다 행복의 조건이 다르다. 이는 각자 처한 상황이 다르고 중요하게 여기는 가치관이 다르기 때문이다.

얼마 전 텔레비전을 보다가 전 세계에서 가장 행복한 나라는 경제 대국인 미국도 일본도 아니고 인구 20만 명밖에 되지 않는 남태평양의 작은 섬나라인 바누아투라라는 사실을 알게 되었다. 지난 1980년에 영국과 프랑스의 공동통치에서 독립한 신생 독립국가인 바누아투는 에메랄드빛 푸른 바다가 아름다운, 화산과 산호의 섬나라이다. 70

년대 우리 시골 읍내의 모습과 비슷한 시가지, 코코넛 나무그늘 아래
서 낮잠을 즐기는 사람들 모습에서 여유를 느낄 수 있었다. 주민들은
얼굴에 항상 웃음이 넘치고, 낯선 사람에게도 반갑게 인사를 건넨다.
그들의 생활 모습을 보면 그리 다차롭지 않다. 컴퓨터, 텔레비전, 핸
드폰 등 현대인이 가지지 않으면 안 될 최신 물품이나 생활을 편리
하게 만드는 전기 청소기, 자동차, 전화 등도 거의 없다. 그 사람들은
직업도 없으며 먹을 것도 열대 과일, 바다에서 잡은 물고기, 가축 등
으로 우리나라와 비교했을 때 그 종류가 너무나 적다. 그러나 그들은
행복하다. 작은 일에 만족하고 늘 긍정적인 사고를 하기 때문이다.

　지난겨울에 울산시 축구협회에서(UFA) 거최하는 2007클럽 축구대
회가 있었다. UFA에서 일하는 친구가 권유하여 축구대회에 참가하
게 되었다. 축구 선수로 활동했던 사람들이 모여서 만든 쟁쟁한 팀들
이 많이 참가했는데, 우리 팀은 어렸을 때부터 친한 친구들로 구성되
어진 아마추어 팀일 뿐이었다. 그런데도 우리는 우승을 꿈꿨다. 노력
으로 안 되는 것은 없다고 생각했기 때문이다. 그리고 열심히 연습했
다. 결과는 8강 탈락이었다. 하지만 대회가 끝나고 우리는 승리한 팀
보다 더 기뻤다. 최선을 다했기 때문이었다. 온몸이 아프고 상처만
남았지만 후회하지 않았다. 점수에서는 졌지만 누구도 졌다고 생각하
지 않았다. 다음엔 더 멋지게 잘할 수 있다는 희망을 남겨 두고 왔기
때문이다. 이렇듯 행복이란 결과가 중요한 것이 아니다. 진정한 행복
은 최선을 다하는 과정에서 나오는 것이다.

　아브라함 링컨은 한때 세상에서 가장 불행한 사람이었다. 어머니는
사생아였으며 그가 나이 4살 때 남동생을 잃었고 9살 때 어머니, 18
살 때 여동생을 잃었으며, 나중에는 그의 아들도 잃었다. 정치생활에
서도 실패가 연속되었다. 그러나 그는 미국에서 가장 위대한 지도자
로 손꼽히며 세상에서 가장 행복한 사람이기도 했다. 그의 자서전을
보면 그의 생활신념을 알 수 있다. 불행한 상황에서도 그는 늘 긍정
적으로 생각했다. 그는 이렇게 말했다. "난 낙선 했다는 이야기를 듣
고 곧바로 음식점으로 달려갔다. 그리고는 배가 부를 정도로 많이 먹
었다. 그 다음 이발소로 가서 머리를 곱게 자르고 기름도 듬뿍 발랐
다. 이제 아무도 나를 실패한 사람으로 보지 않을 것이다. 왜냐하면
난 이제 곧바로 시작했으니 말이다. 배가 든든하고 머리가 단정하니
내 걸음걸이가 곧을 것이요. 내 목소리는 힘이 찰 것이다. 이제 나는

또 시작한다. 내 스스로 다짐한다. 다시 힘을 내자." 행복이란 스스로 극복하고 노력할 때 오는 것이다.

사람들이 불행한 이유는 불행한 이유가 변하기 때문이다. 우리에게는 변하지 않았으면 하고 바라는 것들이 있다. 부모님이 늘 건강한 모습으로 옆에 있어 주길 바라며, 어린 시절 친구들이 변하지 않고 늘 같은 모습이었으면 하고 바란다. 이러한 것들이 변하면서 슬픔이 시작된다. 나이가 들수록 자유로워지지만 책임져야 할 일들이 많아지는 것은 행복한 일이 아니기도 하다. 이 일들이 보이지 않는 구속처럼 느껴지기 때문이다. 그래서 불행이란 소중한 것을 오래 오래 간직하고 싶은 욕구에서 온다. 가질 수 없는 것을 가지려 하여 스스로 불행을 만든다. 만약 현재에 만족하고 감사한다면 불행을 피할 수 있다.

'만족'이란 낱말은 첫째 마음의 흡족함, 둘째 모자람 없이 충분하고 넉넉함이라는 뜻을 지닌다. 아주 쉽고도 어려운 개념이다. 흡족하면 얼마나 흡족하여야 하며 넉넉하다면 얼마나 넉넉해야 하는지 알 수가 없다. 그 기준은 개인의 주관에 달렸다. 똑같은 돈을 가지고 있지만 이것에 만족한다면 행복하고 만족하지 못한다면 불행하다. 이렇듯 행복과 불행의 기준은 종이 한 장 차이다. 즉 행복과 불행은 상대적인 것이다. 만약 누군가가 한 달밖에 살 수 없는 시한 부 인생을 선고 받았다면 그에게 평범하기만 하던 하루가 소중한 보물과 같이 달라질 것이다. 햇빛을 보는 것도 행복이고 친구와 웃고 떠들 수 있는 것도 행복일 것이다. 이처럼 행복이란 절대적인 것이 아니라 상대적인 것이다.

그래서 행복이란 마음가짐의 문제이다. 세상 모든 일은 내가 어떻게 바라보느냐에 따라 달리 해석되기 마련이다. 사소한 것에서 행복을 찾는다면 삶이 행복으로 가득하다는 것을 느낄 수 있을 것이다. 하지만 우리는 늘 곁에 행복이 있는데 먼 곳에서만 행복을 찾으려 한다. 숨을 쉬는 것조차 죽은 사람에게는 행복일 수 있고 장님에게는 앞을 볼 수 있다는 것만도 행복일 수 있다. 이렇듯 우리가 늘 겪는 일상 자체가 행복일 수 있다. 하지만 우리는 이 사실을 외면하고 있다. 우리에게 행복이 보이지 않는 이유는 늘 행복이 우리 곁에 있기 때문이기도 하다. 너무나 익숙하기 때문에 행복함을 못 느끼는 것이다.

인간은 자기가 행복하다는 것을 알지 못하기 때문에 불행하다고 도스토예프스키가 말했듯 행복한 사람이라 할지라도 행복을 느끼지 못한다면 행복하다고 할 수 없다. 작은 일에 만족하고 늘 긍정적으로 사고하며 당장의 결과보다 최선을 다한 과정에 가치를 둔다면 진정한 행복을 느낄 수 있을 것이다. 행복이란 행운처럼 갑자기 오는 것이 아니라 스스로 시련을 극복하고 노력할 때 올 수 있다.

글쓴이는 마치 행복에 관한 모든 명제와 주장을 한자리에 모아 보려한 듯하다. 1문단에서부터 '주장＋근거'라는 틀에 서서 8문단까지 내려가며 행복에 관한 주장을 활발하게 펼쳤다. 문단을 따라가며 그 내용을 정리하면 다음과 같다.

1문단에서는 도스토예프스키와 칸트가 한 말을 빌려 행복은 스스로 찾는 것이라 하며 글을 열었다. 2문단에서는 거지와 학생을 예로 들어 행복을 바라보는 가치관이 사람마다 다 다르다는 점을 밝혔다. 3문단에서는 작은 일에 만족하고 긍정 된 생각을 해야 행복할 수 있다고 했다. 그 근거로 신생독립국 바누아투를 들었다. 4문단에서는 글쓴이 자기가 겪은 일을 토대로, 진정한 행복은 결과보다 최선을 다하는 과정에서 나온다고 주장했다. 5문단에서는 미국 대통령 링컨의 일생을 더듬어 보면서 불행을 극복하려고 스스로 노력할 때 행복을 얻는다고 했다. 6문단에서는 행복이 아니라 사람들이 불행한 이유를 따지고 그를 근거로 현재 가진 것에 감사할 수 있다면 행복하리라 주장했다. 7문단에서는 시한부 인생을 예로 들어 행복은 절대성이 아니라 상대성에 따른다고 했다. 이 주장을 이어 받아 8문단에서는 행복은 마음뜨기에 따라 결정되며 그래서 사소한 것에서 행복을 찾아야 한다고 했다.

이렇게 볼 때 글쓴이는 모두 여덟 개 주장을 내놓은 것이다. 간략하게 정리하면 그 내용은 자발성, 개별성, 자기만족, 과정중시,

불행 극복, 현재 만족, 상대성, 사소한 것이 주는 행복 들이다. 1문단에서부터 군더더기 없이 주장을 내세워 8문단까지 거침없이 써 내려간 서술태도가 돋보이고 각 주장을 뒷받침하는 근거도 다양하면서 또렷하다. 이렇듯 여러 명제를 던진 것은 읽는 이에게 그만큼 많은 사유공간을 준다는 가치를 지닌다. 이러한 점들이 이 글이 지닌 개성이요 미덕이다.

그러나 각 주장을 한 의미망으로 꿰지 않은 것이 아쉽다. 이것들이 물론 '행복'이라는 큰 주제에 묶이기는 하지만 조금씩 다른 층위에서 행복을 논하므로 문단 사이에 그리고 주장 사이에 유기성이 떨어져 전체로 조리가 또렷하게 서지 않았다. 예를 들어 '과정 중시'와 '불행 극복'은 직접 연관성은 없는 독립된 명제이며 이것들과 '마음가짐'을 견주어 보아도 그와 마찬가지다.

이렇게 볼 때 행복에 관한 여러 명제를 집대성하려 한 뜻은 오히려 글을 지루하게 한 까닭이 되었다. 어느 한 주장에 집중하여 역량을 모으거나, 각 주장을 글쓴이 나름대로 세운 논리에 따라 하나로 엮어냈다면 이보다 더 좋은 글이 되었으리라 여긴다.

한 가지 더 얘기한다면, '내가 생각하는 행복'이라는 제목은 너무 평범하여 식상하니 좀 참신한 제목을 찾아내보는 것이 좋겠다. 글에서 제목이란 앞으로 전개될 내용을 가늠하게 해주면 그것으로 그만이다. 그러나 할 수 있는 한 읽는 이가 좀 더 흥미와 관심을 가질 수 있도록 배려하는 것도 그 나름대로 뜻과 가치가 있다.

다음 예문은 사랑을 주제로 주장을 펼친 글이다. 이 글도 제목이 식상하다. 호소력과 창의성을 겸비한 것으로 제목을 달리 붙이면 좋겠다.

사랑엔 용기가 필요하다?!
학생 글

이 세상 사람은 사랑을 해 본 사람과 안 해본 사람으로 나눌 수 있다. 사랑이란 많은 사람에게 친숙하지만 한편 알 수 없는 일이기도 하다. 사랑을 안 해본 사람은 직접 사랑을 하며 느낀 사랑의 의미를 말할 수 없다. 그 대신 친구가 사랑을 나누는 모습을 보며 깨달은 것을 짧게 적어볼 수는 있을 것이다.

벌써 삼 년 전인 고등학교 일학년 때 이야기이다. 나는 전원이 기숙사 생활을 하는 고등학교에 다니고 있었다. 그곳에서 같은 방을 쓰는 친구들과 마음 속 깊은 얘기를 나누며 친하게 지냈다. 어느 날 룸메이트 중 한 친구가 심상치 않았다. 나는 그 친구와 이야기를 했다. 그 친구는 이성에 대하여 고민하고 있었다. 그 친구의 고민은 이랬다. 같은 반 친구를 좋아하는데 사귀자는 말을 못하겠다는 것이다. 왜냐하면 그 이성 친구와 자기는 친구로서 정말 좋은 사이이니까. 자기가 고백을 했을 때, 잘되면 좋지만 잘 안 됐을 때 받을 상처와 친구 사이가 깨질지 모른다는 것에 대한 두려움이 앞선다는 것이었다. 누구나 동감할 수 있는 고민이었다.

하지만 나에게는 약간 충격적인 일이었다. 그 친구는 이전에 연애에 대해서 전혀 관심이 없었다. 나도 그 친구와 마찬가지로 연애에 대한 지식이 전혀 없었고 또 그 친구와 반도 달랐기 때문에 문제의 그 남자 친구를 알 수 없었고 현재 둘이 어떤 관계인지도 가늠하지 못했다. 그래서 다음 날부터 쉬는 시간마다 친구 반으로 출동(?)하여 둘을 바라보았다. 둘은 정말 친한 사이인 듯 했다.

그 반에 나와 친하면서 문제의 남자아이와도 친한 친구가 있어서 남자아이의 속마음을 알 수 있는 기회가 생겼다. 정말 다행이면서 놀랍게도 그 아이도 내 친구를 좋아하고 있었다. 그러나 내 친구가 자기를 좋아한다는 사실은 모르고 있었다. 나는 룸메이트들이 개입할 때라고 생각했다. 그 날부터 나와 친구들은 밤에 사감들 몰래 여자 친구를 붙잡고 설득하기 시작했다. 그 남자 친구도 너를 좋아하는 것 같으니 네가 먼저 적극적으로 나가도 괜찮을 것이라 했다. 그러나 그 친구는 자신이 없다며 도저히 용기가 안 난다고 고개를 저었다. 그 모습이 우리는 답답할 수밖에 없었다. 자신이 안서서 고백을 못하지만 그 친구를 너무 좋아하는 모습이 확실하게 보였기 때문이다.

그렇게 여자아이가 주저하고 있을 때 다른 친구는 남자아이를 공략했다. 남자아이에게도 먼저 고백을 하라고 여러 번 설득했지만 그도 그러길 주저했다. 연애를 못해본 나지만 이쯤 되자 그 둘이 이해가 안 되고 은근히 짜증이 나기 시작했다. 아무리 친구 사이라지만 친구로서 친한 것 이상을 느끼는 걸 둘은 모르는 걸까? 서로 좋아해서 놓치기 싫은 거라면 좀 더 용기를 내야하는 것 아닐까? 둘은 좋아할 줄만 알 뿐 사랑에 대한 용기가 부족했다. 나중에 우리가 적극적으로 설득한 끝에 남자아이가 먼저 고백을 해서 둘이 사귀게 되었고 둘이 사귀는 것을 보면서 뒤에 있는 우리들이 더 흐뭇해했지만 참 답답했던 기억이 난다.

사랑엔 역시 용기가 필요하다. 내 친구들뿐 아니라 남녀가 사귀기까지 전 과정을 지켜보면 사랑에는 우선 용기가 필요하다. 원초적인 부끄러움을 이기기 위해 또는 실패할 두려움을 넘어서기 위해 용기가 필요하다. 수많은 사람 가운데 처음 보는 남녀 둘이 우연히 마주치는 일은 운명이지만 그 때부터 실제 만나고 뭔가를 이루어나가는 원동력은 자발적인 용기일 것이기 때문이다. 또 사랑을 이어가는 동안에도 순간순간 기지와 용기를 발휘해 슬기롭게 헤쳐 나가는 것이 바로 사랑을 잘하는 자세이다.

사실 이 글은 논증문으로 보기 힘든 면이 있다. 글쓴이는 자기 친구가 사랑앓이를 하고 어렵게 그 사랑을 이루어가는 과정을 내내 지켜봤고 그때 마음이 퍽 답답했던 기억을 되살렸다. 이것이 주 내용이고 지면 대부분을 차지하고 있다. 이렇듯 일상 속 일화를 주로 펼치고 있기 때문에 이 글은 감상문이라고 주장할 사람도 있을 것이다. 그러나 경험 끝 결말은 '사랑엔 역시 용기가 필요하다.'는 명제로 지어졌다. 이는 글쓴이가 일정한 상황을 겪고 난 뒤 얻은 깨달음으로서 소박하지만 분명 사랑이라는 문제를 다루어 내놓은 자기주장이다. 결국 '친구와 내가 겪은 이야기 전말'은 '사랑에는 용기가 필요하다.'는 주장을 낳은, 이 주장을 뒷받침하는 근거가 된 것이다. 그래서 이 글은 '주장＋근거' 구조에 선 논증문이다.

논증문 하면 주로 사회 문제를 다루면서 객관 자료와 논리를 근거로 주장을 밝히는 경우가 많지만 이렇게 자기가 생활하면서 겪은 일을 적절히 서술한 끝에 어떤 주장을 내놓기도 한다. 논증문을 쓰되, 일상 정서를 풀어내고 이를 근거로 삼는 방식으로 논증을 펼치면 오히려 좀 더 큰 설득력을 얻을 수도 있다. 이때 겪은 일이 그 앞뒤가 어떠했는지 적절하게 서사, 설명하는 것이 글 전체에서 주장과 근거를 알맞게 끌어가느냐 마느냐를 가른다.

이제까지 예문에 나타난 장점과 더불어 단점을 짚어 보았다. 이는 물론 논증문 쓰기 요령을 제 나름대로 세우는 데에 참고 자료가 될 한 개 의견이요 평가일 뿐이다. 앞에서 전제했지만 꼭 어떻게 써야 한다는 강박을 가질 필요는 없다. 글쓴이가 지닌 취향과 버릇, 주제 성격, 읽는 이의 성격과 수준, 지면이 지닌 성질에 따위에 맞춰 현상, 진단, 주장, 근거, 대안들을 적절히 선택, 배열, 구사하면서 얼마든지 여러 가지 방식으로 논증문을 쓸 수 있다. 다만 논증문은 본질이 '주장＋근거'라는 사실을 늘 잊지 말아야 한다.

② 감상문

어떤 글을 쓰든 늘 그렇게 해야 하지단 감상문을 쓸 때에도 먼저 주제를 또렷하게 가다듬어야 한다. 감상문이 다룰 수 있는 주제는 제한이 없다고 했다. 감상문은 크게 일정 대상을 다루는 것, 어떤 사건이나 특별한 정황에 따른 느낌을 쓰는 것, 자연이나 인생 자체를 놓고 사색하는 것으로 나눌 수 있다. 어떤 방향을 택하든지 꼭 하고 싶은 이야기, 체험에서 우러나온 절실한 느낌, 깊이 고민한 결과 고인 생각을 주제로 삼아야 한다. 그다음 중요하게 여겨야 할 점은 지금 자신이 지닌, 글로써 표현하려고 하는 감정 세계가 어떤지 그 폭과 깊이를 있는 그대로 가늠보는 일이다. 자기 자신을 제대로 헤아리지 못해 감정을 헛짚거나 자기도 모르게 과장, 축소하면 안 된다. 그래서야 올바르게 글을 쓸 수 없다.

주제선택과 함께 주제를 효과 있게 드러낼 적절한 소재를 고르는 일도 중요하다. 자기감정, 이야기에 딱 어울리는 사물을 찾아야 하는데 감정을 정확하게 표현한다고 하여 겪은 일에 얽힌 상황과 사물을 하나도 빠짐없이 동원하여 글을 쓸 수는 없다. 그 가운데 적절한 소재를 가리는 안목이 필요하다.

주제를 바로 세웠고 알맞은 소재를 추렸다면, 이제 구조와 구성을 가늠한다. 구조는 내용상 '대상＋감상' 형식상 '처음→중간→마무리'에 따르면 무난할 것이다. 구성은 먼저, 대상과 감상 내용 둘 가운데 어디에 좀 더 초점을 맞출 것인지를 정하고 다음, '처음, 중간, 마무리'를 어떻게 배분, 배치하여 글을 펼쳐낼 것인지를 결정하여 꾸민다. 이때 논증문에 비해 자유롭게 글을 구성하면서 창의성과 개성을 한껏 좇아 볼 만하다.

감상문을 쓸 때에는, 주장이 있으면 근거가 꼭 뒤따라야 한다는 기본 사항 따위에 크게 매일 필요가 없다. 그래서 구성에서 자유로

울 뿐만 아니라 시, 소설, 희곡 따위 예술문, 일기, 편지 심지어 보고서 양식 따위 다양한 방식을 활용할 수 있다. 그러나 '3장. 글의 종류'에서 이미 말했듯 전체에서 글을 지탱하는 조리는 엄히 세워야 한다. 구조를 세우는 기본 요소를 소홀히 해서는 안 된다는 점과 함께 이 점을 새겨야 한다.

책, 공연, 시사문제, 자연 풍경 따위 일정 대상을 보고 감상문을 쓸 때 흔히 다음 사항을 생각한다. 첫째, 대상을 보게 된 까닭과 과정 따위를 꺼내 놓으며 이야기를 시작할 수 있다. 둘째, 감상 대상에 어린 특성, 상태 따위를 요약, 제시한다. 무엇을 보고 감상이 생겼는지 읽는 이에게 대상 내용을 설명하고 소개하는 것이다. 이때 내용 소개가 너무 길어 전체 분량 배분 측면에서 적정한 선을 넘는 일이 없도록 주의해야 한다. 셋째, 기쁘거나 슬프거나 즐거웠거나 놀라웠던 여러 가지 감상내용을 펼쳐 낸다. 이떠 막연하게 좋다고 해서는 안 되고, 무엇이 어떻게 좋았는지 구체성 있게 서술해야 한다. 넷째, 감상과 함께 가벼운 평을 덧붙이기도 한다. 이때에도 역시 막연하게 옳다 그르다 해서는 안 된다. 평은 논하는 것이요 논하는 것은 주장하는 것이다. 따라서 감상문이라 할지라도 이 부분에서는 객관성 있는 근거를 마련해야 한다. 마지막으로 다섯째, 글쓴이 자신이 지닌 가치관에 비추어 대상을 새롭게 해석한 뒤 자기 삶을 가다듬는 이야기 따위로 글을 이어 가면 감상문 내용이 더욱 풍부해질 것이다.

이 다섯 가지 가운데 꼭 필요한 것은 둘째와 셋째고 나머지는 글쓴이의 취향과 처지에 따라 자유롭게 운용할 수 있는 요소들이다. 이 밖에 얼마든지 또 다른 요소를 더하여 감상문을 쓸 수 있다.

사건에 따른 감상문을 쓸 때에는 우선 사건에 어린 전체 흐름을 잘 드러내야 한다. 이 경우 감상내용이란 사건에서 비롯되기 때문에 앞뒤 사정을 잘 전해야 사건에 어린 감정과 정서가 제대로 표현되고 그에 따라 읽는 이도 내용을 올바로 공감, 이해할 수 있다. 따라서 사건 전체에서 가장 핵심되는 부분을 선택하여 효과 있게 글을 구성하는 일이 무엇보다 중요하고 어렵다. 선택한 부분이 전체를 떠받치는 바탕이 되고 실제 내용이 되므로 여기에 신경을 집중할 필요가 있다. 그리고 설명이 필요한 때에는 설명을, 묘사가 필요한 곳에서는 묘사기법을 알맞게 활용할 수 있어야 한다.

이제 예문을 들어서 감상문 쓰는 요령을 얻는 데 길잡이로 삼을까 한다. 먼저 일정 대상을 보고 자기 느낌을 쓰는 감상문을 보자. 어린이가 쓴 독후감을 예문으로 골랐다.

예문 1)

전 세계에 메아리친 우리의 독립정신
　　- <윤봉길>을 읽고

언제인가 우리 선생님께서 세상에서 제일 무서운 것이 무엇일까 하고 물으셨다. 그때 우리는 호랑이, 도깨비, 괴물 같은 것이라고 했다. 독재나 암흑이라고도 했다. 원자 폭탄이라고도 했다.
그러나 선생님은 그보다 더욱 무서운 것은 무식이라고 하시며, 공부를 하는 것은 그러한 무식의 두려움에서 해방되기 위한 것이라고 하셨다. 그 때는 솔직히 말해서 그 뜻을 잘 몰랐고, 다만 우리들에게 공부를 열심히 하라는 말씀이라는 것만 알았다.
그런데 윤봉길 의사에 관한 전기를 읽으면서 나는 우리 선생님이 하신 말씀의 참뜻을 알게 되었다.

　　윤봉길 의사는 우리나라가 다른 나라에 짓밟히게 된 원인이 무식에 있다고 믿고, 자신도 공부를 열심히 했지만, 시골에서 농사나 지으며 살아가는 무식한 농민들을 가르치기어 온갖 힘을 기울였다. 야학회를 열고 농민 독본을 지어서 가르치는 한편, 월진회와 수암 체육회 등을 만들어 농촌을 계몽하고 자주 독립 정신을 고취하려고 노력했다. 이러한 노력 때문에 윤봉길 의사는 일본 경찰의 감시를 받게 되었고, 광주 학생 운동이 일어난 뒤에는 더 이상 견디지 못하여 중국으로 망명하였다. 나이 23세 때였다.

　　중국 상하이에서 독립운동을 계속 하던 윤봉길 의사는 1932년 4월 29일, 침략자 일본인들을 향하여 폭탄을 던지고, 그들에게 잡혀서 25살 젊은 나이로 일생을 마쳤다. 그러나 일본인들을 향하여 던진 폭탄은 우리 민족의 분노가 폭발한 것이었고, 세계에 메아리친 자주 독립의 함성이었다.

　　우리는 조국이 좀 더 발전하도록 더욱 열심히 배우고 힘을 길러야 한다. 무식하기 때문에 남에게 침략당하는 열을 되풀이해서는 안 된다.

　　이 글은 어린이가 썼지만 독후감이라는 면에서 볼 때 어른이 쓴 글과 뿌리가 다르지 않다. 어린이가 쓴 글이다 보니 독후감을 어떻게 써야 할지 원형과 참모습을 오히려 더 잘 살펴볼 수 있다.

　　이 글에서 글쓴이는 첫째, 자신이 읽은 책 내용을 다음과 같이 간추려 놓았다. 윤봉길 의사는 일찍이 민족계몽과 자주독립사상을 불러일으키려고 노력했다. 이것이 여의치 않자 중국으로 망명하였고 1932년 4월 29일 중국 상하이에서 적에게 폭탄을 던진 뒤 이십오 세 때에 숨을 거두었다. 둘째, 주요 내용인 윤봉길 의사의 의거를 보고 깨우친 점을 새로운 의미 차원에서 밝히고 있다. 글 첫머리에 쓴 대로 무식이 세상에서 가장 무섭다는 것이 그 내용이다. 셋째, 이러한 감상내용을 바탕으로 각오와 태도를 새롭게 다지고 있다. 조국 발전을 생각하여 열심히 배우고 힘을 길러서 무식 때문에 침략당하는 일이 없어야 한다고 글쓴이는 깨우쳤다.

이로서 볼 때 이 글은 감상문이 지녀야 할 요소 가운데 내용 요약 소개, 느낀 점, 읽는 이의 각오…… 이렇게 세 요소를 갖춘 셈이다. 여기에 책을 읽게 된 까닭 또는 동기를 머리말쯤에 덧붙이고, 예를 들어 '책 내용이 윤봉길 의사의 삶을 충분히 담아내지 못했다.' 따위로 책 내용 자체를 평하는 서술을 곁들였다면 어떠했을까? 그리고 책에 써 있는 대로 윤봉길 의사가 걸어간 삶은 퍽 고난어린 길이었을 텐데, 그 점을 보고 글쓴이가 마음에 느낀 점을 서술해 주었으면 또 어떠했을까? 아마 감상문 내용이 좀 더 풍부해졌을 것이다.

한편 윤봉길 의사가 던진 폭탄은 민족 분노가 폭발한 것이라고 풀이한 대목과 더욱 열심히 배우고 힘을 길러야겠다고 다짐한 부분은 퍽 판에 박아 낸 듯하다. 무슨 글이든 글쓴이만이 할 수 있는 이야기를 적어야 글이 사는데 이 글을 쓴 어린이는 그 점을 깊이 생각하지 못한 듯하다. 어린이가 쓴 글이어서 아직 미숙하다고 생각해 두자.

독후감은 감상문이다. 감상문이란 결국 무엇인가를 보고 느낀 점을 쓰는 글이다. 누구나 다 꼭 좇아야 할 체계와 형식은 없다. 앞에서 말한 다섯 가지 요소는 많은 이들이 정석으로 여기는 것이니 이를 존중하고 염두에 두면 나쁘지 않겠지만 늘 이에 따라야 할 필요나 의무는 없다. 무엇을 보았는지 그 내용이 무엇인지를 적절히 설명, 소개하고 자신이 무엇을 느꼈는지 꾸밈없이 말한 뒤 느낀 점을 자기 삶과 이어 풀이하면 된다. 중요한 것은 글쓴이 자신이 참말 무엇을 느꼈느냐 아니냐 하는 것이다. 구성과 형식은 이에 따라 자연스럽게 꾸며 내면 그만이다. 다섯 가지 요소를 얼마든지 여러 가지 형태로 운용할 수 있다는 것이다.

저작물, 자연경관 따위를 대상으로 하는 감상문을 쓸 때에는 이처럼 관례에 따른 요소를 적절히 선택, 배열하여 글을 완성한다. 그러나 그밖에 살면서 길어 올리는 다양한 느낌을 적는 감상문에서는 사정이 조금 다르다. 사람이 살아가는 꼴 자체가 층과 폭이 다양하여 일정한 틀로써 제한하여 그 형태와 의미를 규정해놓을 수 없다. 이 '살아가는 꼴'을 그려내고 반영하는 감상문도 이와 마찬가지다. 쓰는 법을 논하면서 '이렇게 써야 한다.'는 식으로 일정한 규범을 정해놓기는 어렵다.

앞서 '5장. 구조와 구성'에서 짚어보았지만, '마음 가는 대로' 생각을 펼치는 것이 감상문을 엮는 바탕요령이다. 이때 '마음 가는 대로'란 자기가 진정 절실하게 느낀 내용을 또렷하게 세워가는 과정이며 물론 조리가 전제가 되어야 한다. 다음 예문에서 마음과 생각이 문장과 문단이 되어 글을 이루어 간 흐름을 눈여겨보자. 살펴보기 편리하도록 문단마다 번호를 주었다.

예문 2)

별
김동인

1. 무슨 글자를 보노라고 옥편을 뒤적이다가 별 성(星) 자를 보았다.
2. 星자를 보고 생각하는 동안, 문득 별에 대한 정다움이 마음속에 일어났다.
3. 별을 못 본 지 얼마나 오랬는지, 별의 빛깔조차 기억에 희미하다. 보려면 오늘 저녁이라도 뜰에 나가서 하늘을 우러러보면 있을 것이건만.
4. 밤길을 다니는 일이 적은 나요, 그 위에 밤길을 다닌다 하여도

위를 우러러보는 일이 적은데다가 고층거루(高層巨樓)가 즐비하고 전등불이 휘황한 도회지에 사는 탓으로 참 별을 우러러본 기억이 묘연하다.

5. 물론 그 사이에도 무의식적으로 별을 본 일이 있을 것이다. 그러나 「별을 본다」는 의식을 가지지 않고 보았겠는지라, 별을 의식한 기억은 가-ㅁ 하다.

6. 「별 하나 나 하나, 별 둘 나 둘, 별 셋 나 셋……」

7. 여름날 뜰에 누워서 목청을 돋우며 세어 나아가던 그 시절의 별이나 지금의 별이나 변함은 없을 것이며, 그 뒤 중학시대에 음울한 소년이 탄식으로 우러러보던 그 시절의 별이나 지금의 별이나 역시 변함이 없을 것이며, 또는 그 뒤 장성하여 시적 흥취에 넘친 청년이 매생이를 대동강에 띄어 놓고 거기 누워서 물결소리를 들으면서 탄미하던 그별과 지금의 별이 변함이 없으련만 ― 그리고 그 시절에는 날이 흐려서 하루 이틀만 별이 안보이더라도 마음이 초조하여, 마치 사랑을 따르는 처녀와 같이 안타까워하였거늘, 지금 이렇듯 별의 빛깔조차 잊어버리도록 오래 별을 보지 않고도 그다지 부족함을 느끼지 않고 살아 나아가는 이 심경은 어찌된 셈인가?

8. 세상만사에 대하여 이젠 흥분과 감동을 잊었나? 혹은 별을 보고 싶은 감정이 생기지 못하도록 현대인의 감정이란 빽빽하고 기계적인 것인가?

9. 지금도 별을 우러러 보면 옛날의 그 시절이 괴롭고도 즐거운 감동에 잠길 수가 있을까? 그렇지 않으면 「전등(電燈)만치 밝지 못한 것」이라고 경멸하여 버릴만치 마음이 변하였을까?

10. 지금 생각으로는 오늘 저녁에는 꼭 다시 별을 우러러보려 한다. 그러나 저녁이 되어도 그냥 마음이 그대로 있을지부터가 의문이다. 날이 춥다는 핑계가 있고 바쁜 원고가 많다는 핑계가 있고, 그 위에 오늘이 음력 팔일이니 그믐별이 아니고야 무슨 흥취가 있겠느냐는 핑계도 있고 하니, 어찌 될는지 의문이다.

11. 보면 새지고 안보면 문득 솟아오르던 별―
   저 별이 장가를 가지 않는가고 긴밤을 지키고 있던 별.
   내 별 네 별 하며 동생과 그 광휘를 경쟁하던 별.

12. 생각하면 생각할수록 언제 다시 잠 못 자는 한밤을 별을 우러

러보며 새우고 싶다.

13. 그러나 현대인의 생활과 감정이 너무 복잡다단함을 어찌하랴!
   별을 쌀알로 보고 싶을 터이며, 달을 금덩이로 보고 싶을 테니
   까, 이런 감정으로는 본단들 아무 감흥도 없을 것이다. (1935)

밤하늘에 뜨는 별은 아름답다. 높고 깊은 어둠 속에서 빛을 내기 때문이다. 게다가 별은 동서고금에서 우리 사람에게 희망, 순결, 이상 따위를 상징한다. 그러나 지금 글쓴이는 별이 지닌 빛을 우러르며 포근한 서정에 잠겨있지는 않다. 그보다는 과거에 별을 보고 설렜던 자신과 지금 별을 잊고 살아가는 자신을 비교, 응시하며 씁쓸하다. 별과 멀어진 마음이 바로 현대인이 지닌 마음이라 여겨 그 메마른 정서를 안타까워한다. '내 마음'이 '우리마음'으로 나아간 것은 글쓴이 스스로 자기가 현대인이라는 사실을 각성하여 좀 더 깊이 자아인식에 이른 결과로서 주제 폭이 그만큼 넓어진 것이다.

이러한 각성이 흘러가는 여울이 바로 글이 이루어지는 순서요 과정인데, 우연히 옥편에서 별 성 자를 본 것에서 시작된다.(1문단) 이어 별 성(星) 자는 문득 별을 그리워하는 마음을 일으키고(2문단), 이때 글쓴이는 별을 잊고 살았던 자기를 깨닫게 된다.(3~5문단). 그래서 이에 반동하여 빛나던 추억이 떠오르고(6문단), 이 때문에 과거에 별을 싸고돌던 순수 시절과 현재 자기 인식이 뒤섞여 흐른다(7문단). 여기에서 글쓴이는 갈림길에 선 듯하다. 현실을 떠나 온전히 추억어린 세계로 흘러들어 갔다면 오늘 잠시나마 마음에 별빛이 촉촉하게 젖어들었을 것이다. 그러나 글쓴이는 별과 멀어진 자기 자신과 현대인을 새기는 데 골몰하며 안타까운 회한에 젖는다(8~10문단). 이 안타까운 마음이 다시 지난 시절 아련하고

달콤했던 '별 마음'을 되새기고(11문단) 옛날로 돌아가고자 하는 소망을 밝힌다.(12문단). 그러나 아쉽게도 이 글은 삭막한 현대 조건을 회의하는 것으로 끝났다.(13문단)

이 같은 흐름을 따라가며 글쓴이는 이 글을 쓴 것인데 이 흐름이란 말 그대로 글쓴이 자신이 자기 마음을 그대로 진솔하게 따라간 결과이다. 마지막에 글을 다듬는 과정에서 몇 가지 효과를 노려 앞뒤를 조금 바꿀 수도 있지만, 자기감정을 있는 그대로 자연스럽게 늘어놓는 것, 이것이 말하자면 감상문을 쓰는 바탕 원리이다.

다음 예문은 일상에서 겪은 작은 일화로 쓴 감상문이다.

예문 3)

구두
계용묵(1904~1961)

구두 수선을 주었더니, 뒤축에다가 어지간히는 큰 징을 한 개씩 박아 놓았다. 보기가 흉해서 빼어 버리라고 하였더니, 그런 징이래야 한동안 신게 되고, 무엇이 어쩌고 하며 수다를 피는 소리가 듣기 싫어 그대로 신기는 신었으나, 점잖지 못하게 저벅저벅, 그 징이 땅바닥에 부딪치는 소리가 심히 귓맛에 역(逆)했다. 더욱이 시멘트 포도(鋪道)의 딴딴한 바닥에 부딪쳐 낼 때의 그 음향이란 정말 질색이었다. 또그닥또그닥, 이건 흡사 사람은 아닌 말발굽 소리다.

어느 날 초으스름이었다. 좀 바쁜 일이 있어서 창경원 곁담을 끼고 걸어 내려오느라니까, 앞에서 걸어가던 이십 내외의 어떤 한 젊은 여자가 이 이상히 또그닥거리는 구두 소리에 안심이 되지 않는 모양으로, 슬쩍 고개를 돌려 또그닥 소리의 주인공을 물색하고 나더니, 별안간 걸음이 빨라진다.

그러던 걸 나는 그저 그러는가 보다 하고, 내가 걸어야 할 길만 그대로 걷고 얼마쯤 가다가 이 여자는 또 뒤를 힐끗 돌아다본다. 그리고 자기와 나와의 거리가 불과 지척임을 알고는 빨라지는 걸음이 보통이 아니었다. 뛰다 싶은 걸음으로 치맛귀가 용이하게 내닫는다. 나의 그 또그닥거리는 구두 소리는 분명 자기를 위협하느라고 일부러 그렇게 따악딱 땅바닥을 박아 내며 걷는 줄로만 아는 모양이다.

그러나 이 여자더러, 내 구두 소리는 그건 자연이요 인위가 아니니 안심하라고 일러 드릴 수는 없는 일이고, 그렇다고 어서 가야 할 길을 아니 갈 수도 없는 일이고 해서, 나는 그 순간 좀 더 걸음을 빨리하여 이 여자를 뒤로 떨어뜨림으로 공포에의 안심을 주려고 한층 더 걸음에 박차를 가했더니, 그런 게 아니었다. 도리어 이것이 이 여자로 하여금 위협이 되는 것이었다. 내 구두 소리가 또그닥또그닥, 좀 더 재어지자 이에 호응하여 또각또각, 굽 높은 뒤축이 어쩔 줄을 모르고 걸음과 싸우며 유난히도 몸을 일어내는 그 분주함이란, 있는 마력(馬力)은 다 내 보는 동작에 틀림없었다. 그리하여 한참 석양 놀이 내려 퍼지기 시작하는 인적 드문 포도 위에서 또그닥또그닥, 또각또각 하는 이 두 음향의 속 모르는 싸움은 자못 그 절정에 달하고 있었다. 나는 이 여자의 뒤를 거의 다 따랐던 것이다. 2~3보만 더 내어 디디면 앞으로 나서게 될 그런 계제였다. 그러나 이 여자 역시 힘을 다하는 걸음이었다. 그 2~3보라는 것도 그리 용이히 따라지지 않았다. 한참 내 발뿌리에도 풍진(風塵)이 일었는데, 거기서 이 여자는 뚫어진 옆골목으로 살짝 빠져 들어선다. 다행한 일이었다. 한숨이 나간다. 이 여자도 한숨이 나갔을 것이다. 기웃해 보니, 기다랗게 내뚫린 골목으로 이 여자는 횅하니 내닫는다. 이 골목 안이 저의 집인지, 혹은 나를 피하느라고 빠져 들어갔는지, 그것은 알 바 없으나, 나로선 이 여자가 나를 불량배로 영원히 알고 있을 것임이 서글픈 일이다.

여자는 왜 그리 남자를 믿지 못하는 것일까. 여자를 대하자면 남자는 구두 소리에까지도 세심한 주의를 가져야 점잖다는 대우를 받게 되는 것이라면, 이건 이성(異性)에 대한 모욕이 아닐까 생각을 하며, 나는 그 다음으로 그 구두징을 뽑아 버렸거니와 살아가노라면 별(別)한 데다가 다 신경을 써 가며 살아야 되는 것이 사람임을 알았다.

살다보면 가끔 치르는, 오해 또는 누명을 불러오는 상황에 글쓴이는 빠졌다. 구두 징을 새로 박았고, 어느 날 초저녁 이 징 때문에 한 여자와 쫓고 쫓기는 추격전 아닌 추격전을 벌이게 된 것이다. 글쓴이는 이 짧은 순간에 겪은, 엎치락뒤치락하며 교묘하게 꼬인 갈등과 그에 어렸던 심리를 치밀하게 서사했다. 이 대목은 가장 많은 지면을 차지하고(2~4문단) 글에서 절정을 담당하며 읽는 이에게 재미를 준다. 마지막 단락에서 글쓴이는 이 억울한 오해를 바라본 자기 감상 내용을 간략하게 서술하여 끝을 맺었다.

여기 서술한 오해나 누명은 심각한 갈등이나 피해를 가져오는 수준은 아니다. 그저 일상에서 겪거나 목격하는 작은 사단일 뿐이다. 그렇기 때문에, 자신이 치한으로 누명을 쓴 꼴이 되었지만 살아가다보면 그저 '별한 데'에 신경을 쓰게도 된다고 푸념하며 글을 마무리 할 수 있었던 것이다.

이렇듯 일상에서 자주 대하는 사물, 상황, 문제 들을 소재로 하여 그에 따른 느낌, 생각, 가치판단 따위에 초점을 맞춰 쓴 감상문을 우리는 자주 본다. 내용은 대개 누구나 이해할 수 있고 우리 모두가 공감할 수 있는 것들이다. 소박한 느낌과 이야기를 들려주는 가운데 글쓴이 개인이 지닌 생활과 그에 묻어나는 인간성을 느낄 수 있기에 친근하다. 누구나 쉽게 동감을 얻을 가능성이 큰 것은 이 때문이며, 읽는 이도 글쓴이도 부담 없이 다가갈 수 있다는 점을 미덕과 특징으로 삼는다.

그러나 이러한 감상문을 쓰고자 할 때에도 말 그대로 일상 잡사를 소개하는 데에 그쳐 감동은커녕 작은 동감조차 없이 진부하고 속된 이야기를 쏟아내는 데 그쳐서는 안 된다. 일상은 일상이고 잡

사는 잡사이되, 그것이 동감을 끌어내고 재미를 줄 수 있는 소재여
야 하며 소박한 가운데에서도 글쓴이 나름대로 얻은 개성어린 느
낌과 깨달음이 나타나야 한다. 일상에서 새롭게 발굴한 국면, 낯익
은 사물을 산뜻하게 재해석한 안목, 생활을 싸고도는 진솔하고 발
랄한 감각과 의식 따위를 생각해 봄직하다.

다음 예문들은 일상이라는 틀을 넘어선 특별한 자기 체험을 서
술하여 짙은 개성을 드러낸 글들이다.

예문 4)

다시 사랑하기
학생 글

'처음부터 다시 사랑하기 위해, 지금 만나러 갑니다.' 라는 문구가
마음에 와 닿는다. 얼마 전 개봉한 일본영화 홍보 포스터를 보며 머
리를 매만졌다. 4년 만에 그를 만나러 가는 길. '어떻게 변했을까?
날 보고 실망하면 어쩌지?' 등 여러 생각이 머릿속에서 뒤섞였다. 약
속시간보다 20분 빨리 왔다. 늦어서 헐레벌떡 뛰어오는 것보단 여유
롭게 그 순간의 설렘을 느끼고 싶었다. 그도 나와 마찬가지였던 걸
까? 멀리서 그가 걸어오고 있었다.
　내가 그를 처음 만난 건 중학교 2학년 여름이었다. 친구들과 방학
숙제를 하러 음악회에 갔는데 그 역시 친구들과 그곳에 왔다. 그는
나보다 한 학년 위로 내 친구와 알고 지내던 터라 우리는 쑥스러운
듯 인사를 나눴다. 방학이 끝나고 며칠 후 교실에 들어섰을 때 고이
접힌 연두색 편지지가 내 책상위에 놓여있는 것을 보았다. '너와 친
해지고 싶어.' 그 후 우리는 부모님 몰래 전화통화를 하고, 교환일기
를 쓰고, 같이 등교를 하며 첫사랑의 추억을 만들었다. 하지만 시간
이 지나고 각자 다른 고등학교로 진학하면서 자연스럽게 우리는 헤
어졌다. 그렇게 3년이 지났다. 수능시험이 끝난 후 한창 유행하던 동

창사이트에서 편지 한통을 받았다. 그였다. 자기가 아는 사람이 나 맞느냐고. 두근거리는 마음으로 답장을 보냈다. 며칠 후 메일이 왔다. 반갑다며 자기는 내일 군대를 간다고 했다. 잘 다녀오라는 말 한마디 제대로 하지 못하고 연락이 끊겼다.

대학생활은 재미있었다. 지하철을 타고 가다가 그가 사는 역을 지날 때 쯤 이면 습관처럼 고개를 들어보기도 했지만 첫사랑은 생각하지 못할 정도로 바쁘게 지냈다. 하지만 그 날은 왠지 초조하고 기분이 이상했다. 열차에서 내려 계단을 올라가고 있는데 누군가 나를 불렀다. 낯익은 목소리. 혹시 잘못 들었나? 심장이 뛰었다. 차마 뒤를 돌아 볼 수 없을 정도로 정신이 없었지만 겨우 정신을 차려 뒤를 돌아 봤을 때, 짧은 머리를 한 그가 있었다. 그 역시 말한다. 그 날 그 가슴 떨리는 순간은 평생 잊지 못할 거라고. 마침 그와 같은 방향으로 가는 덕분에 20분 정도 이야기를 나눌 수 있었다. 너무 떨려 무슨 이야기를 나눴는지 기억도 나지 않지만 마치 늘 연락을 해왔던 것처럼 어색하지 않았다. 아쉬움을 뒤로 한 채 우리는 헤어졌고 간간히 메일로 안부 정도만 전하며 지냈다. 첫사랑은 추억으로만 남겨야 한다는 엉터리 같은 말만 되뇌면서⋯⋯. 그런데 어떤 심경의 변화가 있었던 것일까? 그 운명의 날로부터 4년이 지나고 봄바람에 가슴이 울렁이던 어느 날, 그가 몹시 보고 싶었다. 실망해도 좋아. 지금이 아니면 평생 못 볼 것 같은 그런 생각이 들었다. '밥 한 끼 먹자.' 텔레파시가 통했는지 그도 흔쾌히 화답했다. 그리고 하얀 재킷을 입고 눈부신 햇살을 받으며 그가 내게로 걸어왔다.

사랑은 운명의 힘과 용기에 의해 이뤄진다. 내가 만약 그때 그 지하철을 안탔더라면, 또 변한 내 모습에 실망할까 두려워 만나자는 말도 못하였더라면, 지금 내 곁에 있는 소중한 이 사람을 어떻게 다시 만날 수 있었을까? 첫사랑. 가물거리는 기억의 한 편으로 남겨 두었음직한 이 애물단지. 아직도 첫사랑을 못 잊고 있다면, 운명을 믿으며 용기를 갖고 처음부터 다시 사랑하기 위해 가보시길.

이 글에는 사랑을 하고 있는 사람이 마음에 지니게 마련인 기쁨과 설렘이 가득하다. 그래서 공감이 짙다. 약속 시간보다 20분 일찍 도착하여 설렘을 누리고자 하는 애틋한 속셈, 첫사랑을 '애물단지'로 비유한 구절과 읽는 이에게 용기를 촉구하는 태도에 어린 여유 들이 읽는 이를 웃음 짓게 하는데, 그 감정 수위가 넘치지도 모자라지도 않게 절제미를 지니고 있다. 이러한 부분이 바로 글쓴이가 지닌 개성이요 이 글에 어린 자미이다.

이러한 공감 효과는 지나온 시간과 그때마다 맺혔던 마음을 있는 그대로 솔직하게 펼쳐낸 기교 아닌 기교에서 우선 비롯한다. 그 다음 지나온 시간을 알맞게 압축하여 내놓아 전후 사정을 적절하게 전한 점이 꼭 지적해야 할, 이 글이 지닌 장점이다. 글쓴이는 사 년이라는 시간을 감당했다. 처음 만나 편지와 전화를 주고받았던 중학시절, 상대를 잊고 지나며 편지 한 통으로 버텨낸 고교와 대학시절, 운명처럼 우연히 마주친 그 순간, 그리고 그로부터 사 년 시간이 흐른 바로 그날… 이 매듭들은 끊어질 듯 이어져 온 사랑의 역사를 증명하는데 글쓴이는 짧게 개요만을 간추려 각 순간을 다루었다. 이에 더하여, 지나온 세월이 꽤 긴 것에 비해 서술이 너무 간략하다보니 어떤 이는 싱겁다고 느낄지도 모르겠으나, 명쾌한 속도감 속에서 필요한 정보를 남김없이 전하고 있다. 그 덕분에 글에 담긴 사연이 생생하게 살아나면서 글 전체가 활기를 지니게 되었다.

다음 글은 이에 비해 퍽 격렬한 마음을 담고 있다.

예문 5)

나의 사랑은…병신
학생 글

영국에 '라디오 헤드'라는 밴드가 있다. 그 밴드의 대표곡이 바로 '크립'이라는 곡인데, 나에게 사랑은 무엇이냐고 묻는다면, 나는 '크립'의 가사가 내가 느끼는 사랑을 꼭 맞게 풀어놓았다고 대답하겠다. '크립'은 의역하면 '기어가다'라는 뜻이다. '크립'의 작사가 톰 요크는 말했다. 사랑하는 사람 앞에서, 나는 바보같이 기어 다닐 수밖에 없는 반쪽짜리 병신이었다고.

나에게 가장 지독하고 끈덕졌던 그래서 내 기억 속에서 언제나 나를 자조로써 갉아먹고 있는 사랑이 있다. 그 사랑 속에 꼭 톰 요크의 생각과 같은 감정들이 끼어있는 것이다. 그 사랑을 생각하면 라디오 헤드의 크립이 연상되는 것이며 라디오 헤드의 크립을 듣고 있노라면 나의 그 끈덕졌던 사랑이 떠오르는 것이다. 이제부터 써내려 갈 것은 크립의 가사를 생각하면 떠오르는 그 시절의 상념들이다.

'전에 당신이 여기 이 자리에 있었을 때, 저는 당신의 눈을 바라볼 수가 없었어요.'

나는 감히 그 사람의 눈을 바라볼 수가 없었다. 나에게 그 사람의 눈을 바라볼 자격이나 있었는지. '눈을 바라본다는 것'은 그 사람과 동등한 위치에 서서 서로를 존중한다는 뜻이다. 만약 내가 그 사람과 동등한 입장에서 그 사람의 눈을 직시한다면, 그건 그 사람에게 더 없는 치욕이 될 것이었다. 어떻게 감히 나 따위가 그 사람과 동등한 높이에서 존중받으며 눈을 마주 할 수 있겠는가?

'이 아름다운 세상 속에서 당신은 천사 같고, 당신은 깃털처럼 떠다니고요 나는 내가 특별해지기를 바랐고, 당신은 너무나 특별한 사람이었어요.'

그 사람은 한없이 아름다웠다. 현명한 귀부인처럼 성숙했고 동시에 아홉 살짜리 아이처럼 순수했다. 그 사람이 다른 사람들 틈에 끼여서 웃고 이야기하고 즐거워 할 때 그 사람은 하얀 깃털처럼 떠다녔다. 그 사람이 건강하고 예쁜 강아지처럼 새까만 눈동자를 반짝거리며 류시화를 이야기하고 히라노 게이치로를 이야기 할 때 그 사람은 천사였다. 그 사람이 그렇게 깃털이고 천사일 때, 그 사람이 그렇게 깃털이고 천사여서 한없이 특별할 때, 나는 아무것도 아니었다. 나는 무엇도 아니었다. 나도 그 사람처럼 깃털이고 천사여서 그 사람과 함께이기를 바랐지만 나는 그저 먼발치에서 그 사람을 바라볼 수밖에 없었다. 꿈속에서조차 먼발치에서 바라 볼 수밖에 없었고, 먼발치에서 그 사람을 바라보던 꿈에서 깨어나면 언제나 쓰라림에 초라했다.

'나는 당신 앞에서 기는 수밖에 없는 존재지요, 나는 이상한 존재지요. 염병할 나는 지금 당신 앞에서 뭘 하고 있는가요?'

내가 할 수 있는 일은 그냥 그 사람 앞어 엎드려서 기는 것뿐이었다. 아니다. 그런 것은 내가 할 수 있는 열이라고 할 수 없겠다. 그 사람과 나 사이에 놓인 어찌 할 수 없는 수직선과 그 수직선을 그리는 거리감에서 오는 열등감에 내가 행할 수 있었던 것들이 하나 둘 짓이겨 지워진다. 그렇게 내가 할 수 있는 모든 행동들이 지워지고, 나에게 허락된 것은 오로지 그 사람이 보이지 않는 곳에서 비참하게 기는 것뿐이었다. 내 의지와 상관없이 나는 병신이었다.

'내가 주위에 없을 때 당신이 나를 좀 알아줬으면 좋겠어요.'

내가 그 사람 앞에서 지었던 태도와 자세들은 무기력했다. 그런 무기력함이 나에게 남기는 상처들보다 나를 더욱 고통스럽게 만든 것은 그 사람 앞에서 처절하게 기는 내 모습을 그 사람은 알아주지 않는다는 것이다. 내 그 몸부림이 갑자기 사라져 그 공허가 쓸쓸함을 만들고, 그 쓸쓸함에 안은 채 내가 있던 자리를 그 사람이 쳐다보며 내가 미친 듯이 기어서 땅바닥에 남은 릿자국이라도 보아주었으면 하고 바랐다. 그런 공허를 만들기 위해 나는 몇 번이나 창밖으로 몸을 던져 그 사람의 눈 밖에서 사라졌던지. 하지만 내가 그런 공허를 만들고 돌아왔을 때 그 사람은 오히려 나를 잊어버렸지. 내 이름 석 자마저 잊어버렸지.

'그녀는 결국 달아나버렸고, 나는 그녀의 곁에 있을 수 없게 되었지….나는 그녀의 곁에 있을 수 없게 되었지….'

　　너는 정말로 병신이었고 그따위 병신 같은 감정들은 사랑이 아니
라고 어떤 사람들은 얘기할 수 있겠으나, 사실 사랑을 하는 사람이든
그 사람들이 간직하는 사랑이든 조금씩은 병신 같은 구석이 있게 마
련이라는 점을 감안한다면, 내가 간직했던 찢어진 걸레 같은 감정의
조각들도 사랑이라는 감정의 목록에 첨가 할 수 있지 않을까한다.

　　이 글에서 글쓴이가 보이는 마음은 스스로 굴종하고 자학하는
수준에 이르러 있다. 감히 그 사람의 눈조차 바라볼 수 없고, 그
사람이 한없이 아름다워 보이며, 결국 자기가 할 수 있는 일은 그
사람 앞에 엎드려서 기는 일뿐이라 한다. 이러한 자세는 위험하다
싶을 정도로 뜨겁고 민감한 감정을 동반하고 있는데, 이는 ‘크립’
이라는 낱말에 바탕으로 실려 있고 ‘병신’이나 ‘걸레’ 같은 낱말에
서 또렷하게 드러난다. 글쓴이가 지닌 사랑에 어린 감정은 아마 젊
은이로서 지닐 수 있는 한계선, 그 앞에 이르러 있는 것인 듯 적나
라하다. 그만큼 격렬한 체험세계이며 그만큼 개성이 돋보이는 예이
다. 솔직한 자기고백으로 여겨지는가 하면 긴장이 팽팽하여 비장함
까지 엿보인다.

　　그러나 이러한 감정세계가 끝내 대상에 함몰하여 자기를 잃어버
리는 단계로 나아가지는 않았다. 마지막 단락에서 글쓴이는 자기감
정을 사랑이라는 범주에 엄연히 포함시키려 한다. 이는 가치판단행
위로서 비감으로 가슴이 물든 가운데 자기 사랑, 자기 삶을 또렷하
게 규정하고 인식하려는 자세다. 한 발 떨어진 곳에서 자기를 바라
보고 있는 것이다. 이로서 볼 때, 겉으로 보기와 달리 성숙이라는
문턱에 글쓴이는 이미 퍽 가까이 온 듯하다.

　　글쓴이가 이렇듯 끝내 자기를 추스른 힘은 글을 펼쳐낸 방법 다시

말해 구성력에도 비슷한 양상으로 어려 있다. 글쓴이는 자기감정과 비슷한 질량을 지닌 세계를 가져와 자기를 비추었는데 그것은 바로 '라디오 헤드'라는 영국 그룹이 부른 '크립'이라는 노래의 노랫말이다. 글쓴이는 노랫말에 어린 삶과 감정에 한껏 동감했다. 자기 처지와 상통하는 점을 느꼈기 때문일 것이다. 그래서 이 노랫말을 조각내어 자기감정이 흐르는 길목마다에서 자기마음과 대응, 교차하여 서술하고 있다. 이러한 서술 방식은 글쓴이가 자기 통찰력을 지니고 있다는 사실을 한 번 더 증명하면서 글이 전체에서 열정 일변도로 흘러 자칫 가벼워질 위험을 덜었고 결국 효과 있게 자기감정을 펼치는 데 큰 도움을 주었다. 이것이 말하자던 격렬하면서도 자조 섞인 감정을 질서 있게 배열하여 이 글을 써내려간 힘이요 방법이다.

다음 예문은 글쓴이가 품은 대상이 글쓴이 개인이라는 울타리를 넘어 선 경우이다. 글쓴이가 지닌 인간성이 퍽 풍부하다. 어떤 마음이 어떻게 흘러 글 한 편을 이루었는지 이제까지 글을 가늠보았던 안목을 모두 더해 자세히 살펴보자.

예문 6)

레바논에서 돌아오지 않는 편지
오수연/소설가

그는 콜라만 마셨고 닭튀김은 손도 안 댔다. 한국에서는 가축을 죽이기 전에 이슬람 의식을 치르지 않는다는 이유로, 어떤 육류도 입에 대지 않았다. 이라크에서 만났을 때보다 더욱 경건해진 듯했다. 2003년 '한국 이라크 반전평화팀'의 현지 파트너였던 그는 무척 어렵게 비자를 받아 우리나라에 잠시 다니러 왔다. "바그다드 시민들은 요즘 행복해. 열 시간에 한 시간씩만 들어오던 전기가 요즘은 일곱 시간마다 들어오거든. 그 한 시간도 십 분마다 이삼분씩 끊기지만. 수돗물이 언제 나올지는 기약이 없지. 미국이 3년 동안 이라크에서 한 일이 이거야. 우리가 어떻게 사느냐고? 살아야 하니까."

그의 친척 몇 명은 팔루자에서 죽었고, 처갓집 식구 한명은 아부 그레이브 근처에서 미군 탱크에 받쳐 죽었고, 친구 둘은 바그다드의 알 후리야라는 그의 동네에서 괴한들의 총에 맞아 죽었고, 또 한명은 시내 한복판에서 칼에 찔려 죽었다. 나는 그가 죽지 않고 살아남아 한국인 친구들을 만나러 와줘서 고맙고, 또 너무나 미안했다. 평생 술 한 방울 마셔본 적 없다는 그에게, 내가 취해도 미쳤다고 생각하지 말아달라고 부탁했다. 그는 너그럽게 웃으면서, 자기가 한국까지 와서 술을 안 마신다고 미쳤다고 생각하지 말아달라고 반대로 부탁했다. 창밖에서 조용히 비가 내렸다.

"왜냐고? 그들에게는 주기적으로 전쟁이 필요해. 발작 같은 거지. 우리는 그들이 전쟁을 일으키면 아, 또 때가 됐나보다 해." 역시 무척 어렵게 우리나라에 잠시 와 있는 한 팔레스타인 시인은, 이스라엘이 팔레스타인과 레바논을 침공한 이유를 이렇게 설명했다. 별로 경건하지 않은 그와 나는 포장마차에서 많이 마시고 술김에 대판 싸우기까지 했다. 나는 폭우 속으로 뛰쳐나와 집에 와버렸다. 그러나 다음날 아침 술이 깨고 나니 물론 그에게 미안했고, 자기 혼자 내버려두라고 홍알거리며 간이의자에 앉아 있던 그의 뒷모습을 떠올리고는 슬퍼졌다. 그는 80년대 후반 1차 인티파다(팔레스타인 민중봉기) 당시 십대였던 이른바 '장미의 세대'다. 수두룩하게 죽어나간 친구들을 위해 한 사람마다 한편씩 연작시를 쓰고 있는데, 아마 평생 써야 할 거라고 했다. 지금도 계속 친구와 친지들이 감옥과 길바닥에서 죽어가고 있으므로.

나는 올 초에 '인사미술공간'이 마련한 '시제일치'라는 영화제에서 레바논 영화를 몇 편 보았다. 그중 다큐멘터리 〈내전〉(모함마드 수에이드 감독)은 전쟁의 후유증에 관한 것이었다. 한 사나이가 전쟁이 다시 터질 거라는 강박증에 걸려 점점 얼굴이 어두워지고 담배만 피워대더니, 전쟁 때 폭격당해 버려져 있는 건물에 들어가 계단을 하염없이 걸어올라 가다가 심장마비로 죽는다. 주변 인물들은 그에 관한 추억을 회고하다가도 결국은 자신이 겪은 전쟁 이야기를 한다. 모든 이야기가 전쟁으로 수렴되고, 죽은 사람만큼은 아니더라도 모두가 전쟁의 후유증을 앓는다.

우리가 '레바논 내전'이라고 알고 있는 1982년 전쟁은 실은 이스라엘, 미국이 개입하고 이웃 아랍국들이 연투된 국제전이었다. 이스라엘에서 특별훈련을 받고 온 기독교 민병대가 팔레스타인 난민촌에 쳐들어가 사흘간 1~3천명(언제나 무더기로 학살당한 피해자들의 숫자는 부정확하다)을 남녀노소 가릴 것 없이 죽이기도 했다. 이제 다시 전쟁이 터졌으니 영화 속 죽은 남자가 사로잡혔던, 전쟁이 다시 터질 거라는 강박관념은 병이 아니라 현실인식이었던 셈이다.

많은 정세 분석가들이 이번 레바논 전쟁은 미국과 이스라엘의 '중동 판짜기'의 예정된 수순일 뿐이라고 말한다. 팔레스타인, 아프가니스탄, 이라크, 그리고 레바논. 그러나 판짜기란 자기가 판을 짜거나 구경하는 입장에서 하는 말이다. 새로 짜여지는 그 판 속에 들어 있는 당사자들로서는 하늘이 무너지고 땅이 요동치는 재앙이 아닐 수 없다. 팔레스타인 도시들은 어디나, 어느 거리나 반쯤 무너져 있다. 아프가니스탄은 말할 것도 없고, 이라크도 2003년 공식 종전 이후 점점 더 망가져간다고 한다. 이제 베이루트마저 가자지구, 카불, 바그다드와 흡사하게 되었다. 미국과 이스라엘이 성공한다면 시리아의 다마스쿠스와 이란의 테헤란도 그렇게 될 것이다. 판짜기의 실제 내용은 파괴와 학살이다. 인간에 대한 믿음이 가장 강한 사람들이 미국인들과 이스라엘인들인 듯싶다. 자기들이 그런 짓을 해도 아랍인들은 견딜 수 있다고 생각하는 것일까? 그러나 실망스럽게도 그렇지 않다. 인간은 그렇게 강하지 않다. 내가 아는 그 사람들은 비록 살아남았으며 살려고 안간힘을 쓰고 있을지언정, 너무도 힘들고 고통스럽게 보였다.

이제 장마가 끝나면 본격적인 휴가철이다. 우리에게 시간은 이렇게 착착 흘러간다. 그러나 며칠 전 바그다드로 돌아간 내 친구는 어떨까. 그가 말하기를 바그다드에서는 매순간 삶과 죽음이 오락가락한다고 했다. 나는 그가 그 모든 순간다다 공포와 분노의 영원한 지속을 느낄까봐 겁난다. 똑바로 앉아 감자튀김만 집어먹던 그를 생각하면, 순간 미쳐버릴 것 같다. 석 달 뒤면 제 나라로 돌아갈 팔레스타인 시인은 연작시를 쓰는 틈틈이 우산 없이 장맛비를 맞으며 걸어 다녔다고 했다. 한국의 정상적인 삶의 리듬에 젖어 있다가 팔레스타인에 돌아가 거기서 삶보다 더 흔한 죽음에 적응하지 못할까봐, 자기를 훈련시키려고 그랬다는 것이다. 그러나 아무리 훈련한들 석 달 뒤에 적응이 될까? 사람이 어떻게 죽음에 적응할 수 있겠는가, 어떻게.

또 다른 이라크 친구는 내게 불길한 이메일을 보냈다. 자기는 이번 전쟁이 지상의 마지막 전쟁이라는 아마겟돈 전쟁이 아닌가 하는 생각이 자꾸 든다는 것이다. 물론 그렇지 않기를 빌지만, 한편으로는 이렇게 세상이 끝나버렸으면 하는 마음도 있다고 했다. 70년대 말에 태어난 그의 첫 기억은 80년 이란-이라크 전쟁 때 하늘에서 비처럼 쏟아지던 폭탄이었다. 레바논 사태, 걸프전, 아프가니스탄 전쟁, 이라크 전쟁, 다시 레바논 전쟁, 그리고 60년 동안 희생양인 팔레스타인. 늘 전쟁 속에서 살아왔던 그로서는 지긋지긋한 전쟁이 끝나려면 세상이 끝나야만 할 것 같지 않겠나. 나는 할말이 없었다. 세상이 존속하기 위해서 지구 어디선가 전쟁을 대가로 치러야만 한다면, 누구를 위한 세상이고 존속인가?

한국에 한번 왔다가서 종종 이메일을 주고받았던 레바논 여성작가는, 얼마 전 내가 보낸 이메일에 답장을 보내지 않는다. 하긴 컴퓨터를 켤 경황이 없을 것이다. 그도 베이루트를 떠나 피난을 갔을 텐데 어디로 갔을까? 내게 구경시켜주겠다던 그의 고향, 아름다운 남 레바논도 쑥대밭이 되었으니. 시리아 국경을 넘었을까? 시리아가 예정된 다음 판짜기 대상이라는데? 한두 달 뒤에도 그로부터 답장을 받지 못한다면, 나 또한 이 더러운 전쟁과 함께 세상이 중단되기를 바랄지도 모르겠다.

(창비주간논평, 2006.08.01)

이 글은 소재가 퍽 특이하다. 이야기 속에 글쓴이 친구가 네 명이나 나오는데 모두 중동 사람이다. 이라크 사람이 둘, 팔레스타인 시인 한 명, 레바논 여성 작가 한 명, 이렇게 넷이다. 이들은 모두 전쟁이 떠넘긴 극심한 고통에 시달리고 있다. 어떻게 다들 이럴까. 이러기도 쉽지 않은데⋯ 그래서 특이하다고 하는 것이다. 그만큼 많은 이가 지금 그 땅에서 고통에 시달리고 있기 때문이라는 사실을 읽는 이들은 헤아릴 수 있다. 이 글은 우리나라가 아니라 중동 지역에서 일어나고 있는 전쟁을 담아내면서 중동사람들이 얼마나 참혹한 상태에 놓여있는지 전하고 더불어 뒷면에 서린 실상을 날카롭게 진단한다.

이 글은 총 3,305자, 아홉 문단으로 되어 있다. 1~4문단은 이방인 친구들이 겪는 전쟁 고통에 초점을 맞추고 있다. 여기에서 글쓴이는 전쟁 때문에 벌어진 참혹한 상황과 그에 따른 고통이 극한에 이른 현실을 친구들의 말과 행동을 빌어 또렷하게 전하고 있다. 일곱 시간 마다 한 번씩 한 시간 동안만 전기가 들어온다는 바그다드(1문단), 시시각각 죽어가는 친구와 친지들(2문단), 죽은 친구를 기리는 연작시를 쓰고 있는데 아마 평생 써야할 것만 같다는 상황(3문단), 레바논에서 일어났던 허망한 자살 사건(4문단) 들이 그 내용이다. 이는 '현상＋반응'이라는 감상문의 기본 구조를 따라 먼저 감상 대상에 어린 사정과 상황을 다룬 부분이다. 감상문은 어떤 대상을 보고 마음에 느낀 점을 쓰는 글이니, '느낀 것'이 진실하고 절실한 것으로 받아들여지려면 먼저 대상에 어린 현상을 잘 설명하고 묘사해야 할 필요가 있다. 이 과정에서 글쓴이는 '너무나 미안했다'(2문단) '슬퍼졌다'(3문단) 하면서 간간이 감상을 드러낸다.

5~6문단에서는 전쟁에 어린 실상을 파헤치고 있다. 우리가 국가 내전으로 알고 있는 레바논 전쟁은 사실 미국과 이스라엘이 꾸며낸 '중동 판짜기'에 따른 파괴와 살육이라고 글쓴이는 밝힌다. 나아가 미국인과 이스라엘인이 지니고 있는 인간인식이 퍽 그릇되었다고 꼬집는다. 현상에 어린 사정과 상황을 살피되, 좀 더 깊이 있게 파고들어간 것이다. 이러한 비판의식을 주로 하여 나머지 지면

을 채웠다면 이 글은 논증문이 되었을 것이다. 그러나 글쓴이는 이 쯤에서 태도를 달리 한다. 그들이 '너무나 힘들고 고통스러워 보였다.'고 하며 문단 끝을 맺었다. 현상을 진단하고 근거를 대면서 어떤 주장을 펼치기보다는 친구들을 바라본 뒤 생긴 심회를 털어놓으며 다음 문단을 펼쳐간 것이다. 감상문이기 때문이다.

이제 7~9문단에서 글쓴이는 이방인 친구들의 처지를 깊이 염려하는 마음을 또렷하게 드러낸다. 7문단에서 '똑바로 앉아 감자튀김만 집어먹던 그를 생각하면, 순간 미쳐버릴 것 같다.'는 대목에서 글쓴이의 비감은 한 절정을 이룬다. 또 끝에서 '그러나 아무리 훈련한들 석 달 뒤에 적응이 될까? 사람이 어떻게 죽음에 적응할 수 있겠는가, 어떻게.' 라는 진술은 문제를 제기하고 답을 찾으려는 서술이 아니라 결국 답답하고 분노에 찬 심정을 설의법으로써 드러낸 구절로서 깊이 자탄하는 대목이다. 8문단에서 '누구를 위한 세상이고 존속인가?' 라고 하면서 내놓은 의문도 이와 마찬가지다. 9문단에서는 설의법을 세 번이나 쓰고 있다. 그만큼 글쓴이는 감정이 복받쳐 오른 것이다. 마지막에 '나 또한 이 더러운 전쟁과 함께 세상이 중단되기를 바랄지도 모르겠다.'고 한 문장에는 글쓴이가 지닌 분노와 답답함이 다시 절정을 이루는데, 절벽 끝에 몰린 상황을 생각한 결의가 서려 있다. 마음이 결코 가뿐하지 않은, 보기 드물게 암울하다 못해 괴롭기 짝이 없는 감상내용이다.

이처럼 강렬하고 동시에 어두운 심정표현에는 글쓴이가 지니고 있는 성품이 그대로 드러나 있다. 여기에서 이 글을 읽는 의의와 재미를 찾을 수 있다. 일정 대상을 바라본 느낌과 정보뿐만 아니라 글쓴이의 인간성을 직접 만나볼 수 있기 때문이다.

글쓴이는 아주 따뜻한 눈길로 외국 친구를 바라본다. 친구가 겪는 고통을 자기 것으로 여기고 있다. 이 각별한 우정 또는 동감 능력이 바로 글쓴이가 지닌 고유 개성이면서 이 감상문에 어린 주요 내용이다. 이러한 연민의 밑바탕에는 또 전쟁을 향한 분노가 짙게 깔려 있다. 전쟁은 인간을 살상하고 인간의 삶을 황폐하게 만드는 범죄행위다. 이것이 글쓴이가 지닌 신념으로 여겨지는데, 이 마음이 글을 떠받치고 있는 또 다른 주제인 셈이다.

감상문을 쓸 때 일정 형식에 따른 틀에 얽매일 필요가 없다고 했다. 글을 끌어가는 힘은 우선 글쓴이가 지닌 마음에 어린 깊이와 폭이요 그 진정성에서 나온다. 글쓴이는 그에 충실히 따라 가면 그만이다. 글쓴이 자신이 속에 지니고 있는 감동이 진실하고 알차야 대상을 설명하든 과정을 묘사하든 매끄럽게 글을 쓸 수 있을 것이다.

작은 사물, 생활을 이끌어 가는 일상, 그 안에서 맺는 인연 더 나아가 인생 전체에 어린 뜻을 소재와 주제로 감상문을 쓴다. 이미 몇 번 말했지만 감상문은 논증문이나 설명문과 다르게 글쓴이가 지닌 고유 정서와 성품, 인생 태드 따위를 그대로 보여준다. 이것이 감상문이 지닌 고유 가치다. 따라서 감상문을 쓸 때 글쓴이는 자기 삶과 그에 따른 느낌을 진솔하게 펼치는 데에 먼저 정성을 기울여야 한다. 이것이 감상문을 쓸 때 글쓴이가 새겨야 할, 가장 근본이 되는 감상문 쓰기 요령이다.

황효일 ────────────────────────────────────

▌약 력

서울 생. 국민대학교 졸업.
1997년 국민대학교에서 논문「황순원 소설 연구」로
박사학위 받음.
「수필 문학의 이해」(2000)
「거리의 시인 - 기형도에 대하여」(2001)
「현대소설의 한 흐름에 대한 소고」(2005)
「아주 작은 소리의 큰 울림 - 김종삼의 시세계」(2006)
등 논문을 썼고
수필집『하고 싶은 말이 있군요』(2006)를 발간했음.
서경대, 부천대, 강남대, 금강대 등에 출강한 바 있고
현재 국민대학교에서 문학과 글쓰기를 가르치고 있음.

글쓰기로 가는
기초 이론
여덟 구비

초판인쇄 | 2010년 4월 30일
초판발행 | 2010년 4월 30일

지은이 | 황효일
펴낸이 | 채종준
펴낸곳 | 한국학술정보㈜
주 소 | 경기도 파주시 교하읍 문발리 파주출판문화정보산업단지 513-5
전 화 | 031) 908-3181(대표)
팩 스 | 031) 908-3189
홈페이지 | http://www.kstudy.com
E-mail | 출판사업부 publish@kstudy.com
등 록 | 제일산-115호(2000. 6. 19)

ISBN   978-89-268-0471-1 93710 (Paper Book)
        978-89-268-0472-8 98710 (e-Book)

이담
Books 는 한국학술정보(주)의 지식실용서 브랜드입니다.